教育学の根本問題

奥川義尚
川村覚昭
﨑野　隆
竹熊耕一
田中圭治郎
村島義彦　著

ミネルヴァ書房

はしがき

現在は混乱の時代である。価値観が多様化し、人々は自己の目指すべき目標をしばしば見失う。人間関係は希薄になり、時として人が相手を人間存在として認めない情況が出現する。その現象は巨悪犯罪であり、また残忍な殺人事件として表出する。われわれ教育学を研究する者に対して、それらを解決するために教育は何をすればよいかが問われている。

アメリカの心理学者マスローは、「価値にもとづく生活（精神的、宗教的、哲学的、価値論的その他）は、人間の生物学的特質の一面であり、「低次」の動物的生活と、（分離し、二分法化された、相互に排他的な領域ではなく）同一の連続線上に位置している。したがって、それは実在するために文化によって実現されなければならないとしても、おそらく人類に普遍的な、文化を超越したものである」（A・H・マスロー、上田吉一訳『人間性の最高価値』一九九一年、誠信書房、三八四頁）とし、「人間性を定義づける」すなわち「完全な人間性」を求めるものとして、「基本的欲求」だけでなく、「高次欲求」の発見が必要であるとする。彼は「高次欲求」を得る人を「自己実現する人」と規定する。

「自己実現する人びとは、普通、欲求をみたしてくれる特質を、抽象する必要もなければ、人を道具として見るにもおよばなく…ありのままの現実を明確に洞察的に認知し、理解することができるようになるのである。」

（A・H・マスロー、上田吉一訳『完全なる人間――魂のめざすもの』一九九〇年、誠信書房、六五頁）

彼はさらに自己実現した人について述べている。

「自己実現の人は、普遍的人間である。彼は人類の一員である。特定の文化に根をおろしながらも、その文化の上にそびえ立ち、さまざまな形でそれらから独立し、高みからそれを見おろし、ちょうど土壌に根を置きながら、その枝は天高く上がり、その根の張っている木の本の地面が見えない大木のようなものである。」

（『人間性の最高価値』三一八頁）

教育はマスローのいう「自己実現する人」を求める営みである。それは、物事を客観的に判断出来、自分の頭で思考し、さらに善悪の正しい判断が出来る人間を養成することである。大人、教師は、子どもたちに善への指針を与え、子ども自身がそれを身につけ、自律的に判断できるようになることを援助することが必要である。

本稿では、このような視座から、われわれ執筆者は、人間の本質、人間性とは何か、それらを学校、家庭や地域社会の中でどのように教えたらよいかを論じている。第1章から第4章までは、深い思想的な探求の中から、人間の本質と教育学の根本問題に迫ろうとしている。第5・6章では、欧米と日本の教育思想の流れについて歴史的分析を、第7章では、学校現場の中でそれらが具体的にどのように教えられるべきかという教育方法的分析を、第8・9章では、国際化の流れの中で、異質な文化をどのように教えるべきかについて、異文化理解教育的分析を、第10章では、学校経営・制度について比較教育学的分析を基に論じている。第11章では生涯教育について発達課題の切り口で、第12章では人間的本質を求める教養教育の視点で、内容の本質に迫っている。このように、各章では理論的なものから実践的なものへと幅広く体系的かつ整合性を持って、まとめている。

これらすべての章を読んでいただければ、混乱の時代の教育にどう対処すべきか、特に学校教育の中で、教師はどのように生徒と向きあうべきかの答えが、読者の頭の中に浮かび上がってくると確信している。

最後になったが、六人の執筆者の遅々として進まない原稿に対して粘り強くお世話願ったミネルヴァ書房編集部の浅井久仁人氏に謝意を表する次第である。

二〇〇六年十月十二日

執筆者一同

教育学の根本問題　目次

第1章　人間と教育

1　人間の基礎構造としての教育と教育学研究の問題意識

かつてカント（Immanuel Kant, 1724-1804）は人間と教育の関係について次のように語った。すなわち、「人間は教育によってはじめて人間になることができる。人間とは、教育がその人から作り出したところのものにほかならない。人間が人間によってのみ教育されるということ、しかも同じように教育を受けた人間によってのみ教育されるということは、注目すべき事実である」［Kant, 1977, S. 699（『カント全集17』二〇〇一、二二一頁）］と。カントのこの言説は、人間の基礎構造としての教育を語る言葉としてきわめて重要である。

カントは、ヨーロッパ近代の啓蒙時代を代表する哲学者である。彼の主張する哲学は、一般に「理性哲学」と言われ、絶対精神を理性の自己目標とするドイツ観念論の淵源となったことは、周知の事実である。このため彼の哲学では、何からも束縛されない意志の自由、すなわち自律が理性の根本問題となり、それを理論的に明らかにして、近代的人間の生の有り方を確立することに寄与することになった。彼が考える人間とは、「自分の理性を公的に使用する」〔Kant. 1789（篠田訳、一九九五、一〇頁）〕人間であり、そこに人間としての自由を認めるのである。こうした人間は、原則「公共体の利害関係」〔篠田訳、一一頁〕に拘束されることはない。むしろ「自由な精神」〔篠田訳、一七頁〕で論議をし、問題を明らかにするのである。かかる人間の在り方を彼は「世界公民的」〔篠田訳、一一頁、『カント全集17』三四頁〕と言い、そこに「人間理性の究極目的」〔『カント全集17』三四頁〕を見るのである。したがって、人間形成論的な視点から言えば、かかる在り方へ人間を形成することが教育の目的であり、理性を公的に使用できるように啓蒙することが教育の重要な役割となる。カントは、一七八四年一二月に月刊誌「ベルリン月刊（Berlinische Monatsschrift）」で「啓蒙とは、人間が自分の未成年状態から抜け出ることである」〔篠田訳、七頁〕というが、それは、啓蒙された人間こそ本来の人間と見る認識がそこにあるからである。それゆえ、カントは言う、「人類がこれからの啓蒙にあずかることを永久に阻止するために結ばれるような契約は絶対に無効である、よしんばその契約が最高権力により、国家により、またきわめて厳粛に締結された平和条約によって確認されようとも、それが無効であることには変りはない。一の世代は、それにつぐ時代の認識を拡張し、この認識に含まれている誤謬を除き、また一般に啓蒙に関してかかる認識を進歩せしめる等のことを不可能にせざるを得ないような状態に、次代を陥しいれるような制度を協約したり宣誓することはできない。そのようなことは、人間の本性に対する犯罪であると言ってよい、啓蒙を進歩せしめることこそ、人間性の根源的本分だからである」〔篠田訳、一四頁〕と。そしてこの「人間の本性の完成（Vollkommenheit der menschlichen Natur）」こそが、人間教育の歴史的に展開すべき方向であることをカントは言う。すなわち「おそらく、教育はこれからますます改善されて、あとに続くどの世代も人間性の完成に近づいてゆくであろう。なぜなら、教育の背後には人間の本性の完成という偉大な秘密が潜んでいるからである」［Kant. 1997. S. 700（『カント全集17』二二二頁）］と。

さて、今、われわれは、教育が、人間の基礎構造として人間の本質形成と密接な関係にあることを理性哲学の立場から主張したカントの教育論を管見した。その意味で、われわれは、教育が人間にとって不可欠な現象であることを理論的に明確にしたカントの努力は高く評価しなければならないであろう。しかし、カントのこうした努力にも問題がないわけではない。つまり、カントは、人間の基礎構造としての教育の位置づけについては明確にしたが、教育そのものに対する認識は、人間理性の究極目的を実現する技術的手段以外の何ものでもなく、教育は、啓蒙の手段すなわち技術として考えられているのである。それゆえ、彼は教育について次のように言う、すなわち「教育とは、それを完全に遂行するためには多くの世代をへなければならないような一つの技術である。どの世代も、それに先行する世代が蓄積したさまざまな知識を受け継いでゆくので、人間のあらゆる自然素質を調和的で合目的的に発展させ、またそうした仕方で人類全体をその使命に導くような教育を完成に向って次第に仕上げてゆくことができる」［Kant. 1977. S. 702（『カント全集17』二二五頁）］（傍点筆者）と。そしてこうした「教育の技術」を研究する学問が「教育学」と考えられているのである［Kant. 1977. S. 703-704］（『カント全集17』二二七頁）］。したがって、カントにおいては教育学は、人間理性の究極目的を究明する哲学に奉仕するものであり、考えられた哲学を教育の場面でいかに実践するかを明らかにするのが教育学の役割なのである。その意味で、教育学は哲学の応用であり、教育学の学問としての自律性は基本的に認められないことになる。われわれは、ここにカントの教育論の根本問題があると言わなければならないであろう。

カントがすでに区別しているように、教育には公共的な側面と私的な側面がある［Kant. 1977. S. 709（『カント全集』二三五頁）］が、国民国家が形成される近代社会の形成期においては教育の公共的側面に対する認識が高まり、教育の役割が強調される。カントの生きた時代は国民国家が自覚されはじめた時代であり、教育の社会的国家的要請からそれを研究する教育学が「公講義」として大学で行なわれることになったのである〔『カント全集17』解説参照〕。したがって、教育学は、当初から国家と結合しており、国家のための教育学という性格を持っていた。カントが奉職したケーニッヒスベルグ大学では、一七七四／一七七五年の冬学期から教育学が哲学部の公講義として講じられるが、カントも哲学部の教授として一七七六／一七七七年の冬学期から通算四回講義をしている。当時の「公講義」と言われる講義は、原則として「国家によって決められた内容を決められた仕方で講義」〔カント全集17』四二六頁〕するというものであるが、カントは、そうした枠の中でも比較的自由に講義をしたと言われている。しかし、そうであっても教育学は、公講義として公共体の利害関係と密接に関わっているのであり、公共体の利害関係を自由に論議する人間理性を人間の本質と見るカントにおいても教育学の国家との関係を無視することはできなかったのである。カントが、教育を技術と捉え、教育学を哲学に奉仕するものと見做したのは、当時のこうした教育学成立の事情と重なっているのであり、国家を批判的に見る自由な立場を強調しながらも、教育学の学問性に対しては奉仕的性格を払拭できなかったのである。しかし、教育が人間形成にとって不可欠とするカントの教育論は、教育と人間形成に対する学問的研究を生み出す背景になっていることも事実であり、彼以後、教育学研究に対する学問的展開が急速に開花することになる。したがって、カントの教育言説は、今日の教育学的研究から言うと、教育の本質を考える起点になっていると言え、その限り近代教育学史に於ける彼の位置はきわめて大きいものがあると言わねばならないであろう。

しかし、カント以後の教育学研究は、彼の教育論とは逆に学問的に自律した教育学の構築に向けて進むことになる。その意味では、現代教育学もその系譜の内にあり、教育学の学問的自律性を如何に確保するかが、教育学研究の最大の課題なのである。それは、教育がどこまでも人間の基礎構造として人間形成にとって不可欠なものである限り、教育学は人間諸科学の中でも最も高い地位を占めねばならないという認識が教育学研究の根底にあるからである。その意味で、われわれは、次に、現代の教育学研究に最も強い影響を与えた「精神科学（Geisteswissenschaft）」に注目して、そこから如何なる教育学が構築され、人間と教育に対して如何なる教育学的知見と課題が抉出されたかを見てみたいと思う。

2　教育学研究の諸相

（1）精神科学的教育学

精神科学は、W・ディルタイ（Wilhelm Dilthey 1833-1911）が自然科学に対抗する学問として構想し、近代ドイツの学問体系として登場したものである。

ディルタイが、精神科学を最初に構想したのは『精神科学序説』（*Einleitung in die Geisteswissenshaften*, 1883）においてであるが、彼は、この著作において、当時絶大な影響力を人間諸科学に対して持っていた自然科学の問題点を指摘するとともに、それを哲学的に支持していたカントの認識論（Erkenntnistheorie）の問題点を明らかにして、精神科学の立場から認識論を再構築しようとするのである。それゆえ、彼は言う、「私は、ロック、ヒューム、およびカントの認識論学派と一方ならず一致していたのであるが、哲学の全基底がそこにあることを我々はひとしく認めるあの意識の諸事実の連関そのものについては、私はやはりこの学派とちがった解釈をしなければならなかった」［Dilthey, 1966. S. XVIII（山本・上田訳、一九七九、一二頁）］と。彼は、「精神科学の中心」が、カントと同じく「意識の事実の分析」にあることを認めながら、別の立場を歩むのである。

すでに前節で見たように、カントは人間理性を全面に主張する理性哲学を確立したが、かかるカントの立場は、ディルタイからすれば、「単なる思惟活動としての理性（Vernunft als bloßer Denktätigkeit）」と「単なる表象（das bloßen Vorstellen）」へ収束させるものにほかならない。事実、理性の立場に立つカントは彼の主著である『純粋理性批判』（*Kritik der reinen Vernunft*, 1781）において「表象」について次のように言う、すなわち「或るものを対象として認識することが表象によってのみ可能であるとすれば、その場合にはやはり表象は対象に関して、先天的にこれを規定する働きをなすものである」［Kant, 1956, S. 133］と。つまり、カントは、対象の認識が理性による先天的な表象能力によって行われることを主張するのである。われわれは、そこに理性を重視する近代的思惟の根本特質を見ることができるが、ディルタイは、そうした近代的思惟に対して、むしろそうした認識能力を持つ「全体的人間（der ganze Mensch）」を認識作用の根底に置き、その「全体的人間の本性（ganze Menschennatur）」から認識の全体を構築しようとするのである。それゆえに、ディルタイは言う、「私は、全体的人間について歴史的ならびに心理学的研究を進めた結果、認識やその諸概念（たとえば外界、時間、実体、原因）を説明するにあたって――たとえ認識はこれらの概念を単に知覚、表象および思惟という素材だけから作り上げるように見えるにしても――いろいろな力を具えたこの全体的人間、この意欲的感情的に表象する存在者を、説明の根底に置くようになったのである。したがって以下の探究においてとられる方法は次の通りである。つまり、現在の抽象的科学的思惟のすべての構成要素を、経験と言語や歴史の研究とが示すような全体の人間の本性から分離しないで、その間の連関を求めるのである」［Dilthey, 1966, S. XVIII（山本・上田訳、一三頁）］と。少し長い引用をしたが、ここにディルタイの立場が明確に示されていることが分かるであろう。彼は、理性や表象に認識を特化するのではなく、むしろ人間の全体性から従来の認識論で論じられてきた問題を捉え直し、認識論を再構築しようとするのである。

もとよりこうした立場が「精神科学」と呼ばれることになるが、それは、明らかに自然科学とは異なる。自然科学は、原則として、主観と客観の二項対立を基盤に、外界が自己の外に立てられ、それを外から分析する立場である。したがって、自然科学も基本的に表象的立場に立つものであり、従来の認識論と異なるものではない。ディルタイは、こうした自然科学の原理と方法を用いて歴史的世界の謎を解決しようとする、いわゆる実証科学を「貧しく低級な見方（eine dürftige und niedere Anschauung）」［Dilthey, 1966, S. XVI（山本・上田訳、一〇頁）］と呼ぶが、それは、どこまでもこうした自然科学が成立する根底に注目し、そこに精神科学の理論的基礎を置こうとするからである。とすれば、それは何か。

先にわれわれは、ディルタイが構想する精神科学が全体的人間の本性を問題にし、そこから認識論を再構築するものであることを見たが、それは、換言すれば、人間世界の一切の現象を人間精神の表現と見るものであり、したがって「人類の間で歴史的に発展してきたもの」は全て人間の「精神的事実（die geistige Tatsache）」にほかならないのである［Dilthey, 1966, S. 5（山本・上田訳、二一頁）］。したがって、精神科学は、ここに理論的基礎を置き、この精神的事実を理解しようとする科学である。その際、注意しなければならないのは、この精神的事実が歴史的社会的現実と切り離せないことである。そのことは、ディルタイが人間存在の構造を捉える次の言説、すなわち「人間が歴史や社会に先行する一つの事実であるというのは、発生的説明の虚構である。健全な分析的科学が対象とするような人間は、社会の一構成要素としての個人である」［Dilthey, 1966, S. 31（山本・上田訳、五二頁）］によく現われている。したがって、精神科学とは何かと言えば、それは、人間の歴史的社会的現実に注目し、この社会的歴史的事実、すなわち精神的事実を記述し分析しようとする理論と言うことができるであろう。以上、われわれは、ディルタイの構想した精神科学の全体像を簡単に見てきたが、精神科学的教育学（die geisteswissenschaftliche Pädagogik）は、こうした精神科学的思惟を教育学の自律的な研究と構築にとって有効な手段と見るものである。

ディルタイは、一八八八年に「普遍妥当的教育学の可能性について（Über die Möglichkeit einer allgemeingültigen pädagogischen Wissenschaft）」という有名な論文を発表しているが、彼は、ここで普遍妥当的教育学の可能性を否定したのである。彼が批判の対象とした普遍妥当的教育学とは、カントの実践哲学の影響を強く受けたＪ・Ｆ・ヘルバルト（Johann Friedrich Herbart, 1776–1841）が時間空間を越えて妥当する教育学を自然科学をモデルにして構想したものである。しかし、自然科学に対する精神科学の独自性を主張するディルタイは、いかなる教育も人間の精神的事実として歴史的社会的に限定されており、歴史的社会的コンテキストの中で捉えねばならないことを主張するのである(1)［Dilthey, 1968］。その意味で、ディルタイは、教育学に、人間の「生きた事実（lebendige Tatsache）」に即する視点を与え、教育学研究の新たな可能性を開くもととなったのである。こうした精神科学の視点は、ディルタイ以後、Ｈ・ノール（Herman Nohl, 1879–1960）、Ｔ・リット（Theodor Litt, 1880–1962）、Ｅ・シュプランガー（Eduard Spranger, 1882–1963）、Ｗ・フリットナー（Wilhelm Flitner 1889–1990）、Ｅ・ヴェーニガー（Erich Weniger, 1894–1961）、Ｏ・Ｆ・ボルノウ（Otto Friedrich Bollnow, 1903–1991）、Ｍ・Ｊ・ランゲフェルド（Martinus J. Langeveld, 1905–1989）などに受け継がれ、教育学の有力な潮流として精神科学的教育学派が形成されることになる。そしてその中から様々な独創的な研究が現われるが、その中でも、特に、注目されるのが解釈学的教育学と現象学的教育学である。それは、今日、教育学研究において教育学の自律性を形成する最も有力な研究領域となっているからである。それゆえに、われわれは、次にその両者に注目したいと思う。

（2）解釈学的教育学

解釈学的教育学が成立する淵源にはやはりディルタイの精神科学的思惟の影響があることに注目しなければならない。彼は、すでに一九〇〇年に「解釈学の成立（Die Entstehung der Hermeneutik）」を発表している。そこで彼は精神科学と解釈学との密接な関係に触れて、「解釈の理論は、精神科学の、認識論、論理学、方法論のつながりのなかに迎え入れられることによって、哲学と精神科学とをつなぐ重要な連鎖、精神科学の基礎づけの主要部分となるのである」［Dilthey, 1964, s. 331（久野訳、一九七八、四一頁）］と言うが、彼の遺稿集である『精神科学における歴史的世界の構成』（*Aufbau der geschichtlichen Welt in den Geisteswissenschaften*）においても精神科学の研究方法として解釈の重要性を論じている。すなわち「理解と解釈は精神科学にかなった方法である。あらゆる機能が理解・解釈に帰一する。理解・解釈は、あらゆる精神科学上の真理をその内に含んでいる。どの地点でも、理解は一つの世界を開示する」［Dilthey, 1965, S. 205（尾形訳、一九八一）］と。

ディルタイがこうした見解を示すのは、彼のうちに「学問にとって基本になるのが理解と解釈の過程である」［Dilthey, 1964, S. 317（久野訳、八頁）］という認識があるからであるが、かかる認識に影響を与えたのが、今日、近代的解釈学の出発と見做されているF・シュライエルマッヘル（Friedrich Schreiermacher, 1768–1834）である。それゆえ、ディルタイはシュライエルマッヘルについて次のように言う、すなわち「すべてが、シュライエルマッヘルにおいて、統一的に作用しつつ、……世界の全形式を私たちのうちにあらわならしめる創造的な能力へと、意識内に与えられたものの背後に立ち戻っていく、ドイツ先験的哲学の手続きと、結びついていた。まさしくこの二つの契機から、彼独特の解釈の技術と、学問的な解釈学への決定的な基礎づけが、成立したのである」[Dilthey, 1964, S. 327（久野訳、三二頁）]と。したがって、解釈学に対するシュライエルマッヘルの研究が先行していなければ、ディルタイの精神科学の研究方法も確立していなかったと言うことができるであろう。では、解釈学とはいかなるものであろうか。それは、ディルタイが、シュライエルマッヘルの解釈学に対して、「いまや、文筆的所産を理解するために、全く新しい概念が適用される」[Dilthey, 1964, S. 327（久野訳、三三頁）]と指摘するように、文筆作品の単なる文献学的な理解を意味しているのではない。それは、シュライエルマッヘルのプラトン研究が示したように、「著者自身が自分を理解していた以上によく、著者を理解することである」[Dilthey, 1964, S. 331（久野訳、四〇頁）]。つまり、シュライエルマッヘルがプラトンの生の表現である多くの著作物の連関を通してプラトン自身への理解を進めていったように、解釈の対象となる「テクスト」を通して、もとの生を明らかにしようとするものである。そしてこうした解釈学的方法を教育学の研究に導入したのが解釈学的教育学（Hermeneutische Pädagogik）である。しかし、解釈学的教育学は、テクストを教育に関する文献だけに限るのではなく、むしろ、すでにわれわれが存在している場所である「教育現実（Erziehungswirklichkeit）」をもそれと見立て、そこから人間と教育の全体を理解しようとするのである。こうした解釈学的教育学を教育学の自律性の立場から明らかにしたのが先のボルノウである。

ボルノウは、今日では教育人間学（Pädagogische Anthropologie）の研究者として知られているが、それは、精神科学の解釈学的方法をより明確にすることによって人間学研究の視点を教育学に導入したからである。では、彼の言う解釈学的方法とはどのようなものであろうか。それは、ディルタイが暗示し、M・ハイデッガー（Martin Heidegger, 1889-1976）によって綿密に分析された認識の新たな構造から手がかりを得て展開されたものである。

つまりわれわれの生は、ディルタイが指摘したように生の理解が等根源的に与えられているがゆえに、われわれが理解をする（Verstehen）ときには、かならず前理解（Vorverständnis）があるということ、したがって理解はそれを土台にして出発するのであり、全くのゼロ点から一歩一歩積み重ねられるのではないこと、それゆえ、解釈（Auslegung, Interpretation）は、前理解を前提にして理解を構成するのであり、こうした理解の構造が、ハイデッガーの基礎的存在論（Fundamentalontologie）によって明らかにされたように人間の存在理解の中にすでに組み込まれているということである。(2) したがって、いかなる教育も人間の生の事実である限り、教育に対してはそうした理解の構造があるのであり、教育学研究はそこから出発しなければならないのである。ボルノウは、その事実を次のように指摘する、すなわち「われわれは、幼い時から、われわれがその内に生きる世界をその秩序や制度に関して理解するし、その中で有意義に動くすべを心得ている。われわれは、出会う出来事とそこで実現しなければならない課題とともに自分の生を理解する。この生と世界との理解は根源的な所与性であり、われわれは、確実な認識を得ようとするさいに、その所与性から出発しなければならない。……こうしたいつもすでに存在する生の理解にとりわけ属しているのが教育である。われわれは、あらゆる理論に先立っていつもすでに教育について一定の理解を持っている。つまりわれわれは教育の意味と目的、そのやり方や諸制度についての理解を持っている。」[Bollnow, 1988, S. 79] と。先にわれわれは、教育現実を一つのテクストと見立て、そこから人間と教育の全体を理解するのが解釈学的教育学の立場であることを明らかにしたが、その教育現実は人間の生の事実として前理解で構成されているのであり、その限り教育学はその前理解を明確にしなければならないのである。そのことが以上のことから分かるであろう。したがって、現代教育学者のダンナー（Helmut Danner, 1941–）も教育学研究の方向を次のように指摘している、すなわち「まず理解されるべき教育と陶冶は、われわれの誰によってもうすでに前もって理解されている。それらは、もっとも広い意味においてわれわれの前理解に属しており、われわれ自身、われわれの人生、われわれの課題等々についてどう理解するかという連関性のもとにある。しかしまさに教育者としてのわれわれは、理解の対象である中心的な関係をさらに明確に見据えるために、教育と陶冶についてのわれわれの前理解を分化させ根拠づけなければならない」[Danner, 1979（浜口訳、一九八八、一四七－一四八頁）]と。

ところで、上来の説明から、解釈学的教育学の方法論的特徴が教育現実を一つのテクストと見立てるところにあることが分かったが、この教育現実は、言うまでもなく様々な人間や様々な事物と関わる歴史的社会的世界の内に置かれており、その限り教育現実は、世界の内に生まれ育つ人間にとって「所与性（die Gegebenheit）」にほかならない。それゆえ、教育現実に対する前理解が先行し、教育学研究は、前理解において理解されている教育現実の解釈からはじまることになるが、そのさい問題なのは、その理解を真正な理解として記述できるかどうかである。つまり所与性の前理解の吟味、すなわち理解に先与された現象の真正な把握が教育学にとって大事なことになるのである。それゆえ、解釈学的教育学の研究が教育現実の解釈からはじまる限り、また「あらゆる先入観の構成や無理な単純化」[Bollnow, 1971（浜田訳、一九七三、二九頁）]に左右されないで現象そのものを捉える特別の方法が求められることになる。現代の教育学においては、その方法として現象学（Phänomenologie）が重視され、解釈学的教育学とともに現象学的教育学（Phänomenologishe Pädagogik）が教育学研究の重要な学問領域として構想されている。したがって、われわれは、教育学研究の諸相の最後として現象学的教育学について見てみたいと思う。

(3) 現象学的教育学

現象学的教育学が問題にする「現象学」は方法概念のそれであるが，かかる意味で使用される以前から現象学という表現はすでに見られる。たとえば，ドイツ観念論を体系化したヘーゲル（Georg Wilhelm Friedrich Hegel, 1770–1831）は，彼の主著に『精神現象学』（Phänomenologie des Geistes, 1807）という表現を使用している。しかし，ここで言われている現象学は，絶対精神を理性の自己目的とする人間意識の弁証法的発展に対して名づけられた名称であって，現象そのものを捉える方法概念ではない。今，われわれが，現象学的教育学において問題にする方法概念としての現象学は，20世紀初頭にE・フッサール（Edmund Husserl, 1859–1938）によって提唱されたそれを起点とするものである。

フッサールの現象学は，「純粋意識（das reine Bewußtsein）」を現象学固有の領域と見，そこから世界の存在意味を問うものである（『哲学事典』平凡社，一九七八，一一九四頁）。したがって，彼の現象学では「純粋な意識体験（das reine Bewußtseinserlebnis）」が人間にとって重要な課題となるが，それは，人間の日常生活に見られる意識が，世界内部の一つの経験的事実として素朴で無反省な確信のうえに立っているため，世界が経験とかかわりなく超越的存在を持続し，人間の意識には日常的経験の積み重ねが蓄積して習慣化した自然的態度が形成されて，それが先入観（Vorurteil）となり，世界の存在意味を問う学的認識の可能性を塞いでしまうからである。このため日常的な経験的意識を排去した超越論的意識（das transzendentale Bewußtsein），すなわち純粋意識をいかに確立するかということが，現象学の根本問題となるのである［Husserl, 1950（立松訳，一九七四）］。フッサールによれば，その体験は「超越論的な純粋経験」に基づくとされ，次のように言われる，すなわち「超越論的経験においては，通常の意味で真の存在と解されている〈超越的存在〉がすべて排去され，括弧に入れられるのであり，その後に残る唯一のものは、それ自身の本質における意識そのものである。すなわち超越的存在に代って、超越者について思念されている（Vermeintsein）ということと、その相関者たる被思念性（Vermeintheiten）、つまりノエマとが残るのである」［Husserl, 1928. S. 76（立松訳、一四三頁）］と。そして彼は、こうした超越論的な純粋経験の遂行を「現象学的還元（die phänomenologische Reduktion）」と呼ぶのである。

ところで、フッサールがこうした「純粋意識」を問題にするのは、基本的にはディルタイの精神科学がそうであったように自然科学の隆盛と実証主義への反撥と、カントに見られる超越論哲学の心理主義的傾向への批判があるからである。(3) フッサールは、カントと同じく、アプリオリ、すなわち先験的な問題に注目し、上来見たように「超越論的」という表現を使うが、その内容は基本的に異なっている。カントは、その意味について次のように語っている、すなわち「対象そのものに関わるのではなく、対象について我々の認識の仕方一般に、しかもそれがアプリオリに可能であるべき限りにおいてのみ、関わる認識を私は超越論的と名づける」［Kant, 1956, S. 55］と。したがって、カントの場合は、「アプリオリな認識の可能性に関する認識」に対して超越論的と言われるが、フッサールの場合はもっと広い意味で使用されるのである。つまり、認識の対象そのものに関わる認識も超越論的と言われるのである。それは、意識とは基本的に「或るもの‐についての‐意識」であり、その限り意識は「志向性（Intentionalität）」を意味し、「何かあるものに向う体験」にほかならないからである。それゆえ、フッサールの「現象学的構成」は、立松弘孝の言葉を借りて言えば、「純粋主観性が、超越論的意識の相関者たる志向的対象に意味を付与すること」［立松訳、一三九頁］と言うことができるであろう。かくて、現象学は、「意識の諸体験」が中心問題となり、体験された事象をそのものから明らかにする方法となるのである。フッサールのもとで現象学を学んだハイデッガーはそのことを説明して次のように言う、すなわち「現象学は、その中心的領域として『意識の諸体験』をしっかりと持っている。実際、体験作用の構造に関する体系的に企図され確保された研究が、作用において体験された対象をその対象性に関して研究することと一つになって、今や行われるのである」［Heidegger, 1969. S. 84］と。ハイデッガーは、フッサールが一九一六年にリッケルト（Heinrich Rickert 1863–1936）の後任としてフライブルグ大学に着任してからは「現象学的に見ること（phänomenologische Sehen）」を講義で訓練したことを報告している［Heidegger, 1969. S. 86］が、こうした訓練が現象学をいっそう方法概念として捉えるハイデッガーの現象学へと結実することになる。

ハイデッガーによると、現象学（Phänomenologie）という言葉はギリシャ語の *φαινομενον*（phainomenon）と *λογος*（logos）が一体となってできた合成語である［Heidegger, 1967, S. 28（辻村訳、一九六九、四五頁）］。したがって、形式的には「諸現象についての学」ということを意味するが、しかし現象学という名称は、神学（Theologie）、つまり「神についての学」のように学の対象について名づけた名称と同じ仕方で考えることはできない。それは、ハイデッガーが、現象学（Phänomenologie）を構成するギリシャ語の語源から明らかにしたように、「諸現象を話すこと（*λεγειν τα φαινομενα*）」、つまり「諸現象を顕わにすること（*αποφαινεσθαι τα φαινομενα*）」を意味するからである。ハイデッガーによると、*λογοσ* は語源的には *λεγειν*（話すこと）を意味し、その *λεγειν* は *αποφαινεσθαι*（顕わにすること、〜から見えしめること）であるという。したがって、現象学は、単に対象に向けて名づけられた名称ではなく、対象をいかにして挙示し、取り扱うかという方法（Wie）について言われているのであり、その限り現象学は、方法概念としての独自の学問分野を示す呼称なのである。それゆえ、ハイデッガーは言う、「この（現象学という）語は、この学の内で取り扱われるべきものを挙示する仕方で取り扱う仕方のいかにということについて、開明を与えるだけである。諸現象「についての」学とは、その諸対象を次の如き仕方で把捉することを意味する、すなわちその仕方とは、それらの対象について究明の的とされている一切の事柄は直接的な挙示と直接的な証示という仕方で取り扱われねばならない、ということである」[Heidegger, 1967, S. 34-35（辻村訳、五三頁）]と。とすれば、ハイデッガーのいう現象学とはいかなるものであろうか。

今、ハイデッガーの言説から現象学が方法概念であることが明確になったが、それは、現象学が、彼の言説にあるように「直接的な挙示と直接的な証示（die direkte Aufweisung und die direkte Ausweisung）」を問題にするからである。つまり、そこでは、挙示され証示されるべきものをいかに挙示し証示するか、が問題なのである。それゆえ、ハイデッガーの現象学における主題は挙示され証示されるべきものであるが、そのさい、いまだ挙示も証示もされず、したがって見えずにある状態のものを、ハイデッガーは①「差し当ってかつ大抵はまさしくそれ自身を示さないもの（Was sich zunächst und zumeist gerade nicht zeigt）」と言い、②「差し当ってかつ大抵は自己を示すもの（Was sich zunächst und zumeist zeigt）」と対応させるのである[Heidegger, 1967, S. 35（辻村訳、五四頁）]。そしてこの両者の関係を読み解くことがハイデッガーの現象学の問題である。そのさい注意しなければならないのが、現象学の現象概念である。

先にわれわれはハイデッガーがギリシャ語の語源に遡って方法概念としての現象学の全体像を明らかにしたことを管見したさい、φαινόμενον の意味については不問にしておいたが、ハイデッガーの検証によれば、この本来の意味は、「それ自身を—そのもの—自身—において—示すもの（das Sich-an-ihm-selbst-zeigende）」である[Heidegger, 1967, S. 28（辻村訳、四五頁）]。したがって、ハイデッガーは、こうした事態を「現象」と考え、先の①「差し当ってかつ大抵はそれ自身を示さないもの」と見るのである。そしてこうした現象概念に対して、「それ自身を—そのもの—自身—において—示さないもの（das Sich-an-ihm-selbst-nicht-zeigende）」が考えられるが、これが②「差し当ってかつ大抵は自己を示すもの」と見られるのである。ここにはきわめて錯綜した関係が予想されるが、それを、今、病気という事象を通して説明すると次のようになる。

　われわれは病気になったとき、身体に様々な症状が現われてくるが、その症状が②の「差し当ってかつ大抵は自己を示すもの」である。症状は、また、それと共にそこではまだ明確にはなっていないもの、すなわち症状を起こすものを同時に告示しており、したがって症状は、自己を示すことにおいて、①の「差し当ってかつ大抵はそれ自身を示さないもの」、つまり何らかの故障の存在を示しているのである。したがって、症状は、何かの「現われ（Erscheinung）」であり、その限り自己を示さない何か（現象）は自己を示すもの（現われ）を通して自らを告知するのである［Heidegger, 1967, S. 29（辻村訳、四六－四七頁）］。それゆえ、「現われ」という事態が成立する根底には、自己自身を示すという「現象」があると言えるであろう。しかし、症状は、必ずしも故障を直接現わしているとは限らない。医者の誤診が起こるように、症状は直接的な故障を表現せずに、別の顔を示すことがある。つまり、症状は自己を示すことにおいて「自己を―示さないもの（仮象）」を示すことがあるのである。そのため、病気においては慎重な診断が必要になるのである。

　さて、以上の病気の例示からハイデッガーが明らかにした現象学の問題が理解されるであろう。つまり、現象学においては現象を挙示し証示することが求められるが、直接的に現れているものをすぐに現象と考えることはできないのであり、差し当っては自己を示さない仕方で、自己を示している場合や、自己を示しながらも、自己を示さない仕方で現われている場合があるのである。換言すれば、現象が、覆い隠されていたり、偽装した仕方で自己を示していたりするのである。したがって、その現象を発見すること（見えるようにすること）が現象学の根本問題なのである。もとよりわれわれは、フッサールが指摘したように日常的な生活世界（Lebenswelt）の内で日常的経験を積み重ねているため先入観を形成してしまっている。その意味で、現象そのものを学的認識にもたらすためには、「事象そのものへ」という仕方で先入観を突破する現象学がどこまでも必要なのである。

ところで、問題は教育学研究における現象学的教育学の重要性である。われわれが、今まで方法概念としての現象学について少し詳細な説明を加えてきたのは、そのことを語るためである。現代の教育学研究において現象学の重要性を強調したランゲフェルドは、われわれがすでに事実として出会っている前理論的な経験的世界での教育理解から出発して、その事実を研究し、明確に記述することが、教育学の研究であることを指摘している。そしてその事実を記述するさいに現象学的方法が必要であるとされる。それは、教育の研究においては、「教育学は、そもそもの起点を生活世界と呼ばれる人間の通常の世界にもっていることを自覚しなければならない」〔ランゲフェルド、一九七二、一四八頁〕からである。ランゲフェルドが、ここで注目する「生活世界」とは、フッサールの後期の思想で明確に示されたものである。その意味では、ランゲフェルドの現象学的教育学は、フッサールの現象学から示唆を得たものであるが、しかしそれを完全に受け入れるものではない。それは、フッサールの「純粋意識」への現象学的還元には、世界も主体もない無味乾燥な意識しか残らないと見られるからである。ランゲフェルドは言う、「フッサール的なやり方は、教育の哲学に際して、世界を欠いた生徒たちと、特に誰からも理解されもしなければ誤解されもしないような問題の現象学的描写へとわれわれを導いていく危険性をもっている」〔ランゲフェルド、一九七二、一四七頁〕と。もとよりこうしたフッサール批判は、一面において現象学の意図を誤解したものであるという批判に晒される危険性を持つが、他方では、教育学の自律性の立場から、フッサールの提起した現象学を、フッサールとは逆に生活「世界の中に入り込み、そこで展開される日常的な経験を吟味する」〔ランゲフェルド、一九七二、一四五頁〕という、新たな展開の地平へもたらせるものであり、そこにランゲフェルドの企図する現象学的教育学の自立した特質があると言えるであろう。それは、彼の教育学研究の視点と認識がどこまでも「教育は、われわれが概念化することによって創り出すものでは決してない。教育とはわれわれが生活の中で出会っているものに他ならない」〔ランゲフェルド、一九七二、一四一頁〕ということにあるからである。その意味で、現象学的教育学は、前理論的な教育現実に注目し、そこから本来の教育現象（φαινομενον）を顕わにし（αποφαινεσθαι）て、人間の発達と形成に寄与する教育理論を構築するものなのである。

3　近代教育学の根本問題と臨床教育人間学的思惟

現代教育学においては、ディルタイの構想した精神科学が基底となって展開されてきた解釈学と現象学が人間と教育の研究にとってきわめて重要な方法論になっていることは言うまでもない。なぜなら、それは、カントの教育論に見られた哲学の応用としての教育学を脱却してその自律性を構築する可能性を開く方法論でもあるからである。そのため、教育学においては解釈学と現象学とは相互補完的な位置にあり、解釈学的教育学と現象学的教育学の間には、相互交流が不可欠なのである。それは、既述したように、教育が生活世界で出会われる事象であるがゆえに、その生活世界での出会いにおいて形成される、教育に対する漠然とした前理論的な理解に教育学固有の研究領域があることを解釈学的教育学と現象学的教育学が明らかにしたからである。

ところで、解釈学と現象学が基本的に連動する方法論であることを明らかにしたのは先のハイデッガーである〔Heidegger, 1967, S. 37（辻村訳、五六頁）〕。それは、現象学が現象そのものを見えるようにするということ、それゆえ現象に即して記述すること、つまり現象に即した理解を仕上げることが現象学では根本問題となるため、それは、必然的に「解釈すること」と連動しなければならないからである。その意味で、現象学は最初から解釈学を要求することになるのである。そのことをハイデッガーは、人間の「現存在の現象学」において明確にしている。

ハイデッガーによると、人間の現存在は西欧近代の伝統的な思惟方法である表象作用（Vorstellen）によっては捉えられないとする。なぜなら、人間は、主観である前にすでに世界の内に現に存在するものであり、「差し当って与えられた我とか主観とかを着手において定立することが現存在の現象的な事態を根本から逸失する」[Heidegger, 1967, S. 46（辻村訳、六四－六五頁）] と考えられるからである。したがって、ハイデッガーは世界内存在（In-der-Welt-sein）を現存在の原事実として捉え、従来の主観―客観の二項対立的な枠組を前提にしてそこから思惟を展開する表象的思惟を排除する [Heidegger, 1967, S. 53-59（辻村訳、七二－七九頁）]。このことは、換言すれば、西欧近代の認識論で自明とされていた主観－客観の二項対立がそもそも成立する根底に帰り、そこから人間を捉えようとするものであり、それゆえハイデッガーの思惟は、デカルト（Rene Descartes 1596-1650）以来、西欧近代で確立されてきた伝統的な人間観、つまり思惟する主体として世界の中心に立つ人間観を根底から見直そうとするものである。その意味で、ハイデッガーの思惟は、新たな人間理解の地平を開くものとなる。では、その地平とは如何なるものであろうか。それは、彼が人間の現存在の原事実を世界内存在と捉えたことから分かるように、「人間と世界の根源的包括的な一体性」[Boss, 1959（霜山・大野訳、一九七二、一〇頁）] に人間理解の基礎を置くことである。

ところで、西欧近代で確立されてきた近代教育学を、こうしたハイデッガーの人間理解の観点から見ると、両者は根本的に異なっている。前者は、どこまでも人間の主観に絶大の信頼を置き、表象的思惟を自らの思惟とするため、人間を世界の中心と見做す伝統的な人間観に立っているのである。したがって、そこでは人間を世界との一体性において捉える見方はない。そこに見られるのは、どこまでもデカルト以来の努力、すなわち人間存在の根拠をコギト（cogito）、つまり考えることに求め、思惟する主体としての人間を世界の中心に主語的基体（subjectum）として措定しようとする努力である。しかし、こうした近代教育学の人間理解は、ハイデッガーによれば、古代ギリシャとキリスト教神学を背景にして確立された人間学に基づいているという［Heidegger, 1967, S. 48–50（辻村訳、六六－六九頁）］。なぜなら、古代ギリシャでは、人間は「ロゴスをもった生きもの（ζωον λογον εχον）」と定義され、それが「理性的動物（animal rationale）」とか「理性的生きもの」と解釈される基を開くことになったし、またキリスト教神学で現われた神の被造物としての人間理解が、人間を特殊な存在として理解する基となっているからである。たとえば、カルヴィン（Jean Calvin 1509–1564）は『キリスト教綱要』において理性、知性、智慧、判断力が、地上生活を導くだけでなく、神と永遠の福祉にまで超え出ていくことができるようにするのであると言い、人間を卓越した存在者として規定しているのである。したがって、こうした事実から分かるように、古代ギリシャとキリスト教神学が提示した人間の本質規定によって、人間がロゴスと神への親近性をもつ特殊な存在と考えられ、その結果、神へ超越できる存在として基体的位置が与えられることになるのである。そのことは、ニコラウス・クザーヌス（Nicolaus Cusaus 1400／1–1464）が、人間を「第二の神」と見做し［Pannenberg, 1972（座小田・諸岡訳、一九九一、一五五－一五六頁）］、先のデカルトが、コギトの内実として理性を人間の主観の内に見ていることから分かるであろう。そしてこうしたデカルト以来の理性中心の人間観を人間学の根本問題として理論的に確立したのが、カントにほかならない。それゆえ、近代教育学は、理性的存在者を人間の自己目的と考え、理性的存在者に向けて人間を形成する表象的思惟をどこまでも展開するのである。

しかし、フーコー（Michel Foucault 1926-1984）が言うように、いかなる言説も「意味と社会関係の表現されたものであり、主体と権力の諸関係を共に構成するものである」［Ball, 1990（稲垣ほか訳、一九九九、三頁）］とすれば、上来見た近代教育学の理念的言説も、決して絶対的普遍的真理ではなく、近代社会という社会的‐歴史的状況が作り出したものにほかならないと言うことができるであろう。したがって、近代社会の構成に強い影響を与えたと思われるカントの理性哲学も、フーコーの立場から言えば、当時の社会的‐歴史的状況から生まれたのであり、その逆ではない。それゆえ、社会的‐歴史的状況を読み解くことによってフーコーは、カントの言説が持つ権力＝知的な虚構性を明らかにするが(4)、特に近代教育学が教育理念として考えてきたカント的な「自律的人間」に対して、それは、啓蒙主義以後の人間中心主義（humanism）思想が創り出したものであると言い、個人がそれに支配されている仕掛けを明らかにするのである［稲垣ほか訳、一九頁］。したがって、フーコーのかかる系譜学的考察が正しいものであるとするならば、こうした仕掛けから個人が解放されること、そこに「より人間に即した教育」が構築される地平が考えられることになるであろう。なぜなら、そこは、権力＝知的な虚構性によって形成された先入観から解放された地平だからである。それゆえ、フーコーは言う、「虹のような色合いの政治のあらゆる側でこれがヒューマニズムだと独断的に主張されている、そうした意味でのヒューマニズムのなかで想像しうる以上に、われわれの未来には、より多くの秘密、より多くの自由の可能性、より多くの発明がある」［稲垣ほか訳、一〇頁］と。したがって、このように見ると、フーコーの人間研究はきわめて現象学的であると言え、その限り彼の研究方法は、人間を抽象的な理念から解放して人間の「生きた事実」に接近しようとするディルタイの精神科学の系譜に属するものと理解することができるであろう。そのことは、フーコーの研究家であるS・J・ボールも指摘する、すなわち、フーコーの「教育研究は、完結した説明を与えようとするのではなく、学校をテクストとして読み解き、社会生活を覆っている事象を解釈するものである」［稲垣ほか訳、ⅱ頁］と。その意味で、彼の研究領域を教育学的観点から言えば、それは、まさにわれわれが問題にしてきた現象学的教育学と解釈学的教育学の領域に入るものと言わなければならないのである。

さて、以上において、われわれは、近代教育学の根本問題をほぼ明らかにすることができたであろう。それは、近代教育学が理念とする理性的な自律的人間は、近代人の理想像として個人をそれへ規格化する権力＝知的言説であり、近代教育学はそれを唯一の真理として従うことを強要するのである。しかもかかる人間像は、主観－客観を最初から分離した二項対立的な表象的思惟で構築されたものであり、その限り思弁的－観念的な人間の理想像であって、人間の生きた現実を反映したものではない。しかし、教育学の研究が人間の生きた事実に即したものでなければならないとすれば、そして「より人間に即した教育」が構築されねばならないとすれば、教育学研究は、近代教育学の提示する人間像から解放されねばならないであろう。それは、換言すれば、今まで近代教育学を支えてきた思惟方法とは別のそれが教育学研究に求められることを意味する。解釈学的教育学と現象学的教育学は、そのことを証示してきたのである。とすれば、その思惟方法とはいかなるものであろうか。

それは、すでに指摘したように、人間は、主観であるまえにすでに世界の内に有るのであり、そこに人間の生きた事実がある限り、二項対立以前の、つまり主客分離以前の非対象的な地平に起点を置く思惟が求められることになるであろう。それは、換言すれば、人間と世界を先験的に区分しない思惟である。したがって、それは、ハイデッガーが人間の「現存在の現象学」において指摘した「人間と世界の根源的包括的な一体性」という人間の原初的事実に接近し、そうした臨床的な場面から「より人間に即した教育」を構築する思惟と言うことができる。われわれは、それを「臨床教育人間学的思惟」(5)と呼ぶことにするが、カントが指摘したように、人間にとって教育が基礎構造であり、不可欠の事象である限り、教育学は、もとより自律した立場からどこまでも人間の生きた事実を捉え、その事実に即して教育の理論を構築しなければならない。しかし、それは、所謂実証的な事実研究を意味するものではない。そうではなくて、臨床教育人間学的思惟というのは、今まで繰り返し述べてきたように、その研究の起点を世界内存在という人間の原事実に持っているが故に、教育研究を「存在論的考察の脈絡の中に人間学を位置づけなおすこと」[Foucault, 1994（小林ほか編訳、二〇〇六、一一頁）]からはじめ、世界の内に有る「人間的事実」をどこまでも読み解くことであると言えるであろう[小林ほか編訳、一一頁]。それは、もとより人間的事実を現象学的に解釈することであるが、ポストモダーン的意識が、自由を充実させる生の高揚とともに人間の非定量的行為を助長する危険性があり、われわれ一人ひとりの現存在が今まで以上に問われる事態になっている今日、存在論的考察の脈絡から人間的事実を読み解く臨床教育人間学的思惟は、人間的真実を追究するうえで不可欠な思惟と言わねばならないのである。

注

（1）Dilthey［1968］参照。ディルタイは、「普遍妥当的教育学の可能性について」の冒頭で次のように言う、すなわち「優れた教育学の諸体系は教育の目標、教材の価値、教授の方法を普遍妥当的に、したがって全く異なった民族と時代に対して規定することを要求する。ヘルバルトとシュライエルマッヘル、スペンサーとベーン、ベネケとヴァイツはこの点で一致している。諸体系のこのような要求は国民的な差異性や国家の要求を顧みることなく、現行の学校制度に一様な理想を押し付けたがる極端な傾向を促進させるに相違ない。こうして教育学理論における誤謬はわれわれの学校制度を脅かすものとなろう。……普遍妥当性に対する誤った要求をもった抽象的な理論が、社会の歴史的秩序に革命的・破壊的な影響を及ぼしているのである」と。（日本ディルタイ協会訳、一九八七年、『ディルタイ　教育学論集』以文社、一二一頁）。

（2）Heidegger［1967］参照。ハイデッガーは、人間が現に存在する在り方において自らの存在理解を持っていることに注目して、人間の現存在（Dasein）の構造を明らかにするが、それは、存在一般を明らかにする基礎となることから、その分析論を基礎的存在論と呼ぶ。

（3）フッサールが、彼の主著の一つである『論理学研究（Logische Untersuchungen）』（1900-01）を出版したさい、ディルタイはそれに注目し、一九〇四年度のベルリン大学での演習でそれを取り上げている。また一九〇五年にフッサールがディルタイを訪問したさい、『論理学研究』が「ミル、コント以来の根本的に新しい哲学の一部門を代表するものである」と激賞し、ディルタイの問題意識とフッサールのそれが重なっていることを窺わせている。そのことは、全集第7巻の『精神科学における歴史的世界の構成』でフッサールの現象学を次のように語ることからも知られる。すなわち「私は、精神科学の第一の課題において、そして記述的心理学についての論文において、以下のことを取り上げた。すなわち、私の理論は、知がそこから成立する認識過程の諸体験への関係を必要とすること、そしてこの心理学の予備概念は、ただ体験された認識過程のうちに含まれているものの記述と分節であるべきだということ。したがって、私には、知がその内部で成立するところの過程のこうした記述的-分節的叙述のなかに、知の理論の予備的な制約としての差し当っての課題があるように思える。フッサールの卓越した諸研究は、今や類似した視点から出発する。それは、知の理論の「厳密な記述的基礎づけ」を「認識作用の現象学」として、そしてそれと共に新しい哲学の分野を生み出している」と。（Dilthey, W., *Gesammelte Schriften* VII, S. 10）。

（4）「権力＝知」はフーコーの思想の鍵概念である。それは、「権力を使用することによって発達し、さらに権力を正当化するために使われる」知をいう。このため、権力と知は切り離すことができず、言説の背景には、言説を構成するものとしてこの両者が見えない仕方で関わっているとフーコーは見る（フーコー『監獄の歴史』を参照）。

（5）「臨床教育人間学的思惟」の詳細な展開については、拙著『教育の根源的論理の探究――教育学研究序説』（晃洋書房、二〇〇二年）を参照。

引用・参考文献

M・J・ランゲフェルド、和田修二訳　一九七二年『教育の理論と現実　教育科学の位置と反省』未来社。

Ball, Stephen J. (ed.), 1990, *Foucault and Education, Disciplines and Knowlege*, Routledge.（稲垣恭子他訳　一九九九年『フーコーと教育〈知＝権力〉の解読』勁草書房）

Bollnow, Otto Friedrich, 1988, *Zwischen Philosphie und Pädagogik*, Norbert Friedrich Weitz.

Bollnow, Otto Friedrich, 1971, *Anthropologische Pädagogik*, Tamagawa University Press.（浜田正秀訳　一九七三年『人間学的に

見た教育学』（世界教育宝典）、玉川大学出版部）

Boss, Medart, 1959, *Indienfahrt eines Psychiaters.*（霜山徳爾・大野美津子訳　一九七二年『東洋の英知と西洋の心理療法』みすず書房）

Danner, Helmut, 1979, *Methoden geisteswissenschaftlicher Pädagogik,* Ernst Reinhardt.（浜口順子訳　一九八八年『教育学的解釈学入門　精神科学的教育学の方法』玉川大学出版部）

Dilthey, Wilhelm, 1964, *Gesammelte Schriften V, Die geistige Welt, Einleitung in die Philosophie des Lebens,* Erste Hälfte, Abhandlungen zur Grundlegung der Geisteswissenschaften. 4., unveränderte Auflage.（久野昭訳　一九七八年『解釈学の成立』以文社）

Dilthey, Wilhelm,1965, *Gesammelte Schriften VII, Der Aufbau der geschichtlichen Welt in den Geisteswissenschaften,* 4., unveränderte Auflage.（尾形良助訳、一九八一年、『精神科学における歴史的世界の構成』以文社）

Dilthey, Wilhelm, 1966, *Gesammelte Schriften I, Einleitung in die Geisteswissenschaften,* 6., unveränderte Auflage.（山本英一・上田武訳　一九七九年『精神科学序説　上巻』以文社）

Dilthey, Wilhelm, 1968, *Gesammelte Schriften VI, Die geistige Welt, Einleitung in die Philosophie des Lebens,* Zweite Hälfte, Abhandlungen zur Poetik, Ethik und Pädagogik. 5., unveränderte Auflage

Foucault, Michel, 1994, *Dits et Ecrits,* Édition établie sous la direction de Daniel Defert et Francois Ewald, Gallimard, 1994.（小林康夫他編訳　二〇〇六年『フーコー・コレクションⅠ　狂気・理性』筑摩書房）

Heidegger, Martin, 1967, *Sein und Zeit.* Elfte, unveränderte Auflage, Max Niemeyer.（辻村公一訳　一九六九年『有と時』（世界の大思想）、河出書房新社）

Heidegger, Martin, 1969, *Zur Sache des Denkens, Mein Weg in die Phänomenologie,* Max Niemeyer.

Husserl, Edmund, 1950, *Die Idee der Phänomenologie,* Fünf Vorlesungen. Hrg. von Walter Biemel, Martinus Nijhoff.（立松弘孝訳　一九七四年『現象学の理念』みすず書房）

Husserl, Edmund, 1912–1928, *Ideen zu einer reinen Phänomenologie und phänomenologishen Philosophie,* Bd. III.

Kant, Immanuel, 1789, *Beantwortung der Frage : Was ist Aufklärung.*（篠田英雄訳　一九九五年『啓蒙とは何か』岩波文庫）

Kant, Immanuel, 1977, *Schriften zur Anthropologie, Geschichtsphilosophie, Politik und Pädagogik 2.* Werkausgabe Band XII, Herausgegeben von Wilhelm Weischedel, Suhrkamp Taschenbuch Wissenschaft 193. I., Auflage.（『カント全集17　論理学・

教育学』岩波書店、二〇〇一年）
Kant, Imannuel, 1956, *Kritik der reinen Vernunft*, Ferix Meiner.
Pannenberg, Wolfhart, 1972, *Gottesgedanke und Menschliche Freiheit*, Vandenhoeck & Ruprecht.（座小田豊・諸岡道比古訳 一九九一年『神の思想と人間の自由』法政大学出版部）

（川村　覚昭）

第2章　文化と教育

1　現代日本の教育現実と教育学の課題

わが国は、一九六〇年代以後、高度経済成長の成功と技術革新によって経済のグローバル化と大量消費の実現を可能にし、誰でも自らの能力と意欲さえあれば、社会的上昇が可能な大衆社会を現出してきた。このため、現代では、村や地域というかつての共同体が個人を縛ることはほとんどなく、個人は自由に活動することが許されている。それゆえ、伝統や歴史というものも、ほとんど意識しないで生きることのできる社会となっている。このことは、裏を返せば、普遍的理法に従って行動しなくてもよいことを意味し、人間形成において何よりも大事なのは、個人の自由であって、それを妨げるものは極力排除することに重心が置かれることになる。それは、換言すれば、行動の価値が普遍的理法に集約されるのではなく、個人の多様な価値が行動において無条件に正当化されることを意味する。したがって、そこでは、個人を制御する歯止めは自制以外に何もないがゆえに、ややもすると個人の欲求が優先して「無限の恣意的要求」〔Mannheim, 1943（高橋・青井訳、一九五四、三四頁）〕が助長され、行動に対する責任意識が喪失することになる。そのことは、社会学者のマンハイム（Karl Manheim 1893-1947）も指摘するところであり、彼は、『現代の診断』で大衆化社会における人間の有り方を次のように分析している、すなわち「現在では、権威を正当化するやり方にも、種々様々のものがあらわれてきている。かつては、社会的規範を正当化する道は、わずかに二つしかなかつた。すなわち、一つはそれを伝統の一部として正当化するというやり方であり、他の一つは神の意志のあらわれとして正当化するというやり方であつた。……公認の価値体系が存在しないところでは、権威は消えうせ、正当化の方法も恣意的となり、したがつて、だれひとりそれにたいして責任をもとうとしなくなる」〔高橋・青井訳、三三一―三四頁〕と。

ところで、マンハイムが指摘する大衆化社会における無責任な人間の有り方は、われわれに改めて人間の有り方を考えさせるものになるが、人間から責任を喪失させる背景には、シュプランガーが指摘するように文化意識の喪失があることに注意しなければならない。文化は、シュプランガーが「諸価値形成物の総体」〔Spranger, 1953（村井・長井訳、一九六八、四五頁）〕と呼ぶように、歴史的に形成された物質的精神的に価値あるものの全体であり、それゆえ人間生活に価値あるものとして意味を賦与し、人間の行動を動機づけるものである。その意味で、文化は規範性をもち、文化を意識するとき、倫理的な責任意識を自覚することになる。なぜなら、文化意識は、どこまでも人間にとって価値あるものを形成しようとする意識であり、それゆえ人間の良心に関わる問題であるからである。その限り、文化意識を喪失した大衆（Massenmensch）の人間性は責任意識を欠如することになるのである。それゆえ、シュプランガーは言う、「自分の良心から解放され得るということを、自分たちの生の願わしい解放であると感じている人間は無数にいる。これは快適でもあれば同時に安全でもある。そこに大衆人間性の本質がある。そもそも、大衆というものがどのようにして生まれてきたのであれ、大衆人間はいつでも良心のない、固有の責任意識を持たない存在である」〔村井・長井訳、九八頁〕と。したがって、大衆化が進行することは、人間から文化意識の喪失とともに責任意識を失なわさせることになるが、現代日本の教育現実はそのことを如実に示しているように思われる。

たとえば、大衆社会の実現とともに変貌した家庭の現実は、その典型的な事例である。家庭は人間形成の出発に当り、教育の原点であることは言うまでもないが、現代では、一九六〇年以後の高度経済成長の結果、実現された日本社会全体の都市化と過度の人口流動の常態化の中で家庭の教育機能が失われてきているのである。なぜなら、家庭は、もともと地域に根ざすことによって、伝統的に維持されてきた「しきたり」や独特の生活様式をもち、それを子どもに伝え教えるのが親の役割と責任であり、子どもは、それを学び、受け継ぐのが義務であったが、人口の過剰な流動化は、人々の地域定着率を低下させ、三世代同居の家族構造を破壊して、今日一般に見られる核家族や職住分離の生活へと家庭を変容させることになったからである。「しきたり」や「生活様式」が地域と家庭に存在するときは、それらを子どもに伝える親や大人には自ずと権威があり、親には大人としてそれらを中心に家族をまとめ、守るという責任意識が形成されることになるが、個人の欲求が先行する大衆社会では、家庭はもはや地域と結びつかず、伝統的な生活習慣や「しきたり」は個人の欲求を阻害するものと考えられ、伝承されることはきわめて稀薄化することになるのである。したがって、そこでは、何世代にもわたって維持されてきた文化継承は失われ、家庭における親から子へ、子から孫へという人間形成の流れが消え、その結果、親も子も、文化意識を喪失して、現代人特有の「無限の恣意的要求」が、社会一般に流布している「個人の自由」という美名に隠れて無意識のうちに正当化されるのである。今日、わが国に起こっている児童虐待や親殺しなど、従来の親子観では理解できない教育問題や社会問題は、根本的にはこうした個人の欲求を助長する大衆化社会の特質をもろに現している出来事であると言え、その限り「人間らしい人間（homo humanus）」の形成を最大の研究課題とする教育学は、現代ほど文化と教育の問題について誠実に思惟しなければならない時代はないと言えるのである。

2　教育における文化の意味

今、われわれは、文化意識の欠如が責任意識を喪失させることを指摘したが、現代日本の現実がまさに責任意識よりも個人の恣意的要求を無限に助長する大衆化社会に頽落していることは、文化の規範性が地に落ち、人間の内に確固とした自己像が形成できないことを意味する。文化は、すでに指摘したように、歴史的に形成されてきた「価値形成物の総体」であり、それを形成したものが死んでも存続し享受されるものである。その意味で、文化は超個人的性格をもつが、しかしそれは、永遠普遍のものではなく、享受されることによってつねにルネッサンスされ、新しくなるものでもある。それゆえ、文化は、超個人的な価値形成物として歴史的に生成することによって現実社会に働きかけ、現実の人間の指標となるものである。先のシュプランガーは、そのことを次のように指摘している、すなわち「文化とは、現実となった、したがってまた、現実の社会の中で動機を与える作用のつながりとして、超個人的な重要さをもって活発にはたらく価値のつながりであり、意味のつながりである」［村井・長井訳、四五頁］と。したがって、文化のもつ価値と意味が意識されるときは、生き方のうえにそれが反映されるがゆえに、「人間とは何か」「自己とは何か」というイメージが比較的明確になるのであるが、文化意識を欠如した大衆化社会においては人間は、個人の欲求充足を優先させるがゆえに、文化を享受しないだけではなく、むしろ脱文化化を積極的に推進することになる。それは、換言すれば、歴史的に生成してきた超個人的文化に対する否定的関係が志向されることであり、それゆえ大衆化社会では、一切が個人の主観に任され、「とことんまで生を享受する」ことができる反面、「精神的な努力や自己訓練」が阻害されることになるのである［村井・長井訳、五一頁］。その意味で、シュプランガーが、文化活動が本能的衝動的な活動ではなく、精神的生命的なものであり、後者が前者を制御するところに「文化の条件」があると見るのはもっともなことである。[1]

しかし、大衆化社会の進行の中では、この精神的生命的な力が弱体化し、人間は文化の条件から逸脱することになる。先にわれわれは、大衆化が脱文化化と相即することを指摘したが、しかしこれは人間が没文化的になることではない。なぜなら、人間は文化そのものを否定することはできないからである。すでにゲーレン（Arnold Gehlen 1904–1976）が指摘するように、動物は自己保存に相応しい環境を本能に対応する仕方で先天的にもっているのに対して、人間は最初から有機的に適応したり内応したりする「自然圏」をもたないため、動物と比較するときわめて欠陥の多い不完全な存在と言わねばならないのであり、それゆえ人間は、自らの自己保存のために独自の「生存圏」を築かなければならないのである。それは、人間の予見と計画によって創造される価値形成物であることは言うまでもない。それゆえ、人間が生きるためには、文化が不可欠であり、「人間の生存条件の一つ」［Gehlen, 1963（亀井・滝浦ほか訳、一九七〇、二六頁）］となるのである。したがって、人間は文化を変更することができるとしても、文化から離れることは基本的にできず、人間が個人として生きる背景にはつねに文化の存在が認められなければならないのである。[2] 現代の人間学的知見はそのことを明らかにしてきているが、ラントマン（Michael Landmann 1913–）も哲学的人間学の立場から人間と文化の関係を次のように指摘している、すなわち「人間ひとりひとりが個人となるためには、文化という、個人をこえた、ある集団に共通の媒介物に関与すること以外に方法はない。文化にささえられることによってのみ個人は保持され、文化の被いつつむ雰囲気の中でのみ個人は息をつくことができる」［Landmann, 1955, S. 186］と。したがって、現代人間学の知見から言えば、人間はどこまでも文化の内に住む「文化内存在」であり、文化と無関係な有り方を志向することは本質的にできないのであるが、その点から言うと、先に指摘した大衆化社会における人間の脱文化化とはどういうことであろうか。

先にわれわれは、シュプランガーに従って文化活動の本質が精神的生命的な側面にあり、本能的衝動的活動の制御が「文化の条件」をなすことを指摘したが、社会の大衆化では、逆に個人の無限の欲求が優先されるがゆえに、むしろ衝動的本能的なものが全面に現れる可能性をもつことになる。確かに精神的生命的なものが個人の欲求になることもあるが、それは個人を超えた価値形成物が社会全体の意味連関とどこまでも相即しているときであり、超個人的文化に対して否定的関係を志向する大衆化の状況においては、精神的生命的なものよりもむしろ衝動的本能的なものが強くなるのである。したがって、大衆化社会では個人の生の肥大化が急速に起り、文化と個人との関係性が逆転することになる。つまり衝動的本能的活動を制御すること、それが「文化の条件」であったが、大衆化社会では個人の欲求が先行するため、衝動的本能的なものが解放され、無条件な活動が文化のうえに現れることになるのである。そこでは、文化に対する超個人的意識が欠如しているため、倫理的な規範意識や責任意識がないことは言うまでもない。このため大衆化が進行する社会では、文化は私的な主観的欲求に任され、頽廃化する危険性をもつことになる。今日、自然科学を背景にした技術革新には目覚ましいものがあるが、自然科学の規範性を欠いた無条件な研究が、生態系の破壊と環境問題を招来していることは、周知の事実である。その意味で、文化の健全な発達のためには「規範的な理想」に合致することが望まれるが、大衆化社会では、それが欠落するのである。しかし、それは、文化と全く無関係に生きることではなく、むしろ逆に超個人的な文化意識の脱落によって無条件な文化活動に道を開くものである。大衆化と脱文化化が相即するということは、こうした意味であり、したがって大衆化社会における人間の脱文化化とは、文化を離れることではなく、文化と個人との関係性がますます衝動的本能的なものに転化することを言うのである。

さて、われわれは、今までの考察から、大衆化社会では文化と人間の関係が衝動的本能的なものに転化し、人間から規範意識が欠落することを確認したが、このことは文化と人間教育の有り方が人間自身の課題になることを意味する。それは、われわれ自身の一つの歴史的命運（Geschick）である。なぜなら、われわれ自身、進行する大衆化社会に生きるものであり、その本質を踏み越えるところにわれわれの問題と課題があるからである。しかし、事態はそれほど容易ではない。なぜなら、既述したように、人間は本来「文化内存在」であるがゆえに、「人間的な行動」は、ラントマンが指摘するように「人間自身によって獲得された文化的諸形式によって支配される」［Landmann, 1955, S. 195］はずであるが、社会の大衆化はかかる支配を拒否し、個人を超えた諸形式の空無化を伝承しているからである。われわれは、ここに大衆化した現代社会の積極的なニヒリズムの到来に出会うことになるのである。したがって、われわれが、われわれ自身の歴史的命運を自覚するとき、このニヒリズムの克服に教育の根本的な課題を見なければならないであろう。それは、シュプランガーも指摘するように「我々の未来は我々の価値定立的な力にこそかかっている」［Spranger, 1968（村井・長井訳、五八頁）］からである。すでに指摘したように、人間存在は本質的に文化を離れることはできない。その意味で、人間は「文化を産みだす者」であると共に、「文化から産みだされた者」である［Landmann, 1955, S. 185］。それゆえ、人間を形成する教育が人間の行為である限りつねに文化が背景となっているのであり、大衆化が超個人的文化を空無化するとしても、現代の文化状況を離れることはない。しかし、シュプランガーが言うように、われわれの未来がわれわれの価値定立の力にかかっているとしても、われわれの前に現出している教育現実は人間形成をきわめて困難な状況においていることは、今までの説明から明らかであろう。とすれば、こうした教育現実が現代に起ったのはどうしてであろうか。

3　個の確立と近代の根本特質

シュプランガーは、「人間から彼の本質の最も価値の多いものをうばっていった」のが「大衆化」であると言うが〔村井・長井訳、九二頁〕、それは、前節で説明したように、個人の生の肥大化に根本的な問題があった。その意味では、現代の教育現実を考える場合、「個」の問題を考えなければならない。かつてヘーゲルは近代史の内実を自由獲得の歴史と見、旧い束縛から人間を解放することと考えたが〔『ヘーゲル全集10』一九六四、二一頁以下〕、これは、換言すれば、「個の確立」が近代史の方向であることを説示するものである。しかし、ここでいう近代史とは西洋近代の歴史を意味し、わが国とは無関係のように見えるが、周知のように、近代日本の歴史は、西洋近代をモデルにして近代化を推進してきたのであり、その限り「個の確立」の問題は単に異文化世界の出来事として済ますことはできないのである。それゆえ、われわれは、西洋世界で起きた歴史的問題を理解することによって現代の教育現実が成立した背景を明らかにすることができるであろう。では、近代における個はいかにして確立されたのであろうか。

西洋世界における「個」の問題の特徴は、つねにキリスト教の説く「神」との関係性を視野に入れないと理解できないことである。それは、マックス・ウェーバー（Max Weber 1864–1920）が資本主義の成立する背景にプロテスタンティズムの倫理が存在することを明らかにしたことからも知られる（[Weber, 1904（梶山・大塚訳、一九七九）]参照）。西洋では近代に入っても神は人間の生活を統べるものとして存在しており、神を無視して人間の個の問題を考えることはできないのである。したがって、西洋近代における個の確立の問題は、神と人間の関係性の問題であり、中世的なそれを脱却するところに個の確立が見られるのである。しかし、それは、必ずしも信仰を否定するものではない。資本主義の精神に強い影響を与えたカルヴィンの宗教思想が示しているように、それは、中世のキリスト教に見られた呪術的要素を排除することで人間を神に直面させ、神に対する徹底した懺悔を媒介にして個を意識させることになったが、そのことを考えると、西洋世界での個の確立は、一面ではその淵源を宗教改革の時期に求めることができるであろう。しかし、ここに見られる関係性はどこまでも人間が神に従う姿である。確かにカルヴィンの宗教思想は「魔術からの解放」[梶山・大塚訳、下巻、六八頁]を果たしたが、神への徹底した純粋信仰において意識された個は、神に忠実に従い、神の栄光を地上に実現しようとする個であり、自らの意志で普遍的真理を立法する主体的自存的な個ではない。それゆえ、人間が自存する個となるためにはその関係性が逆転しなければならないのであり、その限り近代における個の確立は、ハイデッガーの言葉を借りて言えば、「人間がキリスト教的な啓示真理と教会の教説に束縛されていることから、自分自身のために自分自身に基づいて自らに立法することへと、自らを解放する」[Heidegger, 1963, S. 80–81]ことから始まると言わなければならないであろう。

既述したように、近代の黎明期においては、神はまだ人間存在の中心と考えられており、一切の存在を全否定する懐疑論の立場から近代的自我の確立を理論的に行ったデカルトでさえ神の存在証明をしようとしたことは、あまりにも有名である。彼は、神の創造した「真理に従って生きることこそ人の真に人たる所以である」と主張するのである［Decartes（森訳、一九四七、九一頁）］。しかし、こうしたデカルト的志向を根本的に転倒させたのがカントである。彼は、自己立法を人間理性の先天的行為と考え、理性こそ人間行為の中心でなければならないという「理性の原理」を確立したのである。彼はそのことを『実践理性批判』の中で次のように語っている、すなわち「理性原理は、欲求能力の可能的対象に関係せずにすでにそれ自体において意志の規定根拠と考えられる、この場合には理性原理は先天的実践的法則であり、また純粋理性はそれ自体実践的であると認められる。つまり法則は直接に意志を規定し、法則に遵う行為はそれ自体善である。」［Kant. 1967. S. 73（波多野・宮本訳、一九七〇、九四頁）］と。したがって、カントにおいては理性以外に意志の規定根拠は認められないがゆえに、理性は絶対的なものとなる。理性は、それゆえ、自ら絶対的普遍的な法則を立ててそれに遵う自律の原理を確立するのである。ここに何ものからも拘束されない自由が獲得され、人間は、自らの理性によって自己を根拠づける主体的な個となるのである。ヘーゲルが近代史を自由獲得の歴史と見た「自由」が、カントにおいて初めて理論的に明らかにされ、これ以後、人間は、神と無関係に自らの存在を規定できる個として中世的な関係性を完全に脱却することができ、理性的自律を理想とする所謂近代の人間観が形成されていくのである。

しかし、理性の原理は、単に神から離れた自律的個を確立するだけではない。人間が、理性によって自存した個になるということは、人間の認識と行為の全てが理性の自律的活動であることを意味するため、認識と行為の対象は外から与えられるのではなく、ラントマンが指摘するように「認識すべきものが目のなかにはいってくるようにまず自分で用意し、そして方法的にますます深くその対象の内部に迫っていかなければならない」［Landmann, 1955, S. 119］のである。しかも理性は、上来見たように普遍的法則を自己立法する絶対的性格をもっているがゆえに、つねに「完全性の理念（Idee der Totalität）」［Landmann, 1955, S. 119］のもとに立ち、理性は、すでに知られている既知のものが、まだ知られていないより大きな全体の中の単なる一部ではないかという問いのもとに、その未知のより大きな全体を探求する能動的な性格をもつため、近代の人間は、その積極性と自主性から、未知のものを認識する「創造的主体（das schöpferische Subjekt）」［Landmann, 1955, S. 121］となるのである。その意味で、人間は、神と無関係に全体を、すなわち世界を構築することができる主体となる。特に理性の探究心が科学的思想と結びつくとき、宇宙全体の法則性を発見する自然科学の急速な発達をもたらし、近代では理性が科学的志向を前進させればさせるほど、人間は世界を人間に即した人間らしいものとして構成できると考えてきたのである。このため、近代における理性は、人間を単に自律した個にするだけでなく、世界を構成するものであり、人間が理性的になるということは世界構成の主体になることを意味するのである。

さて、このように近代の人間の有り方を見ると、近代の根本特質が明らかになる。近代では、人間は、上来の考察からわかるように、理性の自己完結的な原理を獲得することによって自存的な存在となるがゆえに、自律した個として自由に世界構成ができる創造的主体こそ人間のあるべき姿と見做し、理性的に自律した個の形成が人間形成の最大の課題となるのであるが、それは、換言すれば、カルヴィンの宗教思想に見られたような人間を絶対に超えた神などは、理性の原理の視野には入らないことを意味する。それゆえ、理性の原理に立つ限り、宗教も芸術などと並ぶ人間の文化領域の一つであって、それを超えることは最早ないと言わねばならない。それゆえ、先のラントマンもそのことを次のように指摘する、「われわれの理性は、およそただたんなる認識的な理性ではなく、同時に造形的－考案的な理性である。そしてわれわれが包括的で客観的な世界像をもっているという事実だけが、われわれに特別な名誉を与えるのではない。それにくわえてわれわれは、自分でひとつの世界を構築することができ、宗教、法律、芸術などの文化領域をつくりだすことができるのである。ホモ・サピエンスは、むしろはるかにホモ・インウェニエンス（工夫人 homo inveniens）なのだ」［Landmann, 1955, S. 120］と。したがって、このように見ると、近代では、自己完結的に自律した個の確立とともに、超個人的な神は人間の世界構成の地平に水平化され、非科学的な対象として批判されるか、人間の自由を阻害するものとして否定され、人間の意識の内から消えることになる。その意味で、個の確立と超越の消失の相即が、人間の理性的自律を理想とする近代の根本特質と言うことができるであろう。

ところで、今、われわれが問題にしているのは、現代日本の教育現実となっている大衆化社会の根本特徴、つまり文化意識の喪失と超個人的文化の空無化の問題である。われわれは、こうした現象が起こる背景に個人の欲求を先行させ、それを無限に充足させようとする生の肥大化があることを先に指摘したが、近代の人間形成が、上来見たように理性の自己完結的な自律の実現に置かれているため、それが理性の原理に立つ限り、個を最初から規制する外的超越的なものは排除される反面、自己完結的な自己立法の自由が最大限認められることになるのである。したがって、近代では、自制以外に個人を規制する原理はないがゆえに、その自制の能力が弱まると、そこには最早個を規制するものが何もないため、個人は、かえって生を爆発的に肥大化させる危険性をもつことになるのである。しかも近代の根本特質が「個の確立」と「超越の消失」とが相即するところにあったことから言えば、超個人的な超越者は最早意識の内から消えてしまうため、人間の超個人的意識は生活の前面から後退することになる。しかし、西谷啓治が指摘するように、「神という概念の成立に足場となって来たのは、人間の魂とか精神とかいわれるものであ」［西谷、一九六〇、一五五頁］ることを考えると、超個人的意識の後退は魂や精神がその根底において空無化される可能性をもち、個の確立は、かえって衝動的本能的なものと結びついて、個人の欲求を無限に助長する危険性を招来することになるのである。したがって、このように考えると、個人の生の肥大化と欲求充足を根本特徴とする大衆化社会の現象は、その淵源を、理性の原理に基づいた自律的な個の確立にあると言え、教育学が「人間らしい人間」の形成を研究の対象とする限り、それは、改めて現代の人間の有り方を根本から問題にしなければならないであろう。

4　人間とは誰か——見えない人間

今、われわれは、現代日本に大衆化という教育現実が生起する背景を見たが、それは、カント哲学に典型的に見られる近代の「個の確立」に淵源があることが理解された。理性的に自律した個の確立という近代の人間観は、もともと大衆化とは無縁のはずである。自律した個と個の対等の関係がそこでは考えられているからである。それは、カントが理性原理の格律として明らかにした至上命令としての定言命法によく現れているが(3)、こうした人間の有り方が歴史的に強化されるなかから個人の生の肥大化と欲求の充足のみを最大の目的とする無責任な大衆化が現実に現れたことは、近代的人間観のパラドックスと言わねばならないであろう。しかも、精神分析家のラカン（Jacques Lacan 1901-1981）が指摘するように、「個の確立」が排除した「唯一神の属性は現実的なものの秩序を取り決める思考」［Laacan, 1986（小出・鈴木ほか訳、二〇〇二、一二二頁）］であったことを考えると、かかる思考を喪失した近代は、ややもすると個人を規制する根拠を失い、個人の欲望を無限に解放する可能性を開くことになるのである。ラカンは欲望を「共約不能な無限の尺度」［小出・鈴木ほか訳、一二六頁］と言うが、欲望の解放は、「享楽」が理性に代って個人の生を律する普遍的なトポスになることを示唆し、したがって彼は、カントの理性原理に於ける至上命令に対して次のように指摘している、すなわち「カントの「すべし」は、至上命令に昇格された享楽というサドの幻想によって容易に取って代られる……この幻想はもちろん単なる幻想であり、ほとんど滑稽なものですが、だからといってそれが普遍的な法に格上げされる可能性を閉め出すことはできません」［小出・鈴木ほか訳、二二六頁］と。かくて、文化意識を欠落して、精神的生命的なものよりも衝動的本能的なものを先行させ、自らの精神生活を堅実に築こうとしない現代の大衆化社会の風潮は、「個の確立」を至上とする限り、現代人の有り方に必然的に現象する問題であり、われわれは、人間の存在史において最もパラドキシカルな背理的命運に直面しているのである。その意味で、現代は人間が人間にとって課題になる時代であり、教育学が人間形成を研究の対象とする限り、それは、人間そのものが問いとなる人間学的な次元に立たねばならない。しかし、現代では、「個の確立」は最早疑問の余地のない自明な理念であり、すでに先入観となっているため、上来見てきたパラドキシカルな人間の現実は意識されずにあると言うことができるであろう。われわれは、こうした意味からも人間そのものを問わねばならないのである。

さて、今、われわれは、教育学研究が、現代では人間学的次元にシフトしなければならないことを指摘したが、それは、どこまでも近代の人間観の自己矛盾が露呈しているからである。人類の歴史を人間の自己意識の昂揚の歴史と見たシェーラー（Max Scheler 1874-1928）は、すでに一九二〇年代にその矛盾に注目して「哲学的人間学」（Philosophische Anthropologie）を構想しているが、それは、「『人間』という対象を取り扱う一切の科学に、究極的な哲学的な基礎を与え」［Scheler, 1968, S. 62（飯島・小倉・吉沢訳、一九七七、一二八頁）］ようとするものである。それゆえ、彼の構想する人間学は、およそ諸学が人間に関わる限り、人間学的次元が欠かせないことを主張するものであるが、それは、自然科学を中心とする近代の諸学の発達によって伝統的な近代の人間理解が不透明になったことにある。彼は言う、「現代ほど人間の本質と起源に関する見解が曖昧で多様であった時代はない。…およそ一万年の歴史をつうじて人間がみずからにとって余すところなく完全に『疑問』となり、人間とは何かを人間が知らず、しかも自分がそれを知らないということを人間が知ってもいる最初の時代である。したがって、〈人間とは何か〉に関する確固たる認識を再び獲得しようとするならば、一度この問題に関する一切の伝統を完全に白紙《タブラ・ラサ》に戻す意向をかため、人間という名の存在者から極端な方法論上の距離をとってこれを驚嘆しつつ注視するようにする以外に方法はない」[Scheler. 1968. S. 62（飯島・小倉・吉沢訳、一二八頁）]と。したがって、ここで構想された哲学的人間学の方法は、近代において伝統的に確立されてきた人間理解の先入観を排除して、「人間の本質と本質構造」を露開するものであり、その限りそれは少なくとも近代の認識論の先験的な前提となる「理性」の立場を後退させる現象学の立場に立つものであることが知られる。いずれにしても、シェーラーも理性を中心とする近代の自明な人間観から一度離れて、基礎学としての人間学を哲学的に構想するのであり、その意味で人間学の成立は「現代の精神的状況」と無関係ではないのである。それゆえ、これ以後、人間学が諸学に強い影響を与えていくが、教育学においても「教育学的人間学（Pädagogische Anthropologie）」が人間形成の基礎学として構築されることになる。今日、教育学的人間学の代表者として知られているボルノウは教育学と人間学との関係性を次のように語っている、すなわち「厳密にいえば、ここに明らかな境界線を引くことはできません。というのは、哲学的人間学のすべての認識は、同時に、直接にまた教育学的な意味を持っているからです。人間を知ることは、同時に人間の本質を開花させることであり、したがって同時にまた、教育に示唆を与えることでもあります」[ボルノー、一九六八、四六頁]と。

ところで、今、問題なのは、欲望の解放に見られるような自らの欲求充足のみを目的とする大衆化社会の人間の有り方である。教育学と密接に関係する人間学の成立が現代の精神的状況と深く関わっていることが、上記からわかったが、しかし、大衆化が進行する現代の精神的状況を考えるとき、本質規定を直接的な自己目的とする従来の人間学だけで大衆となった人間を十全に捉えることができるのかどうか疑問である。それは、ハイデッガーも指摘するように、人間学は、人間の本質規定を自己目的にする限り、「身体的－心的－精神的統一体として捉えられている全体的人間」［Heidegger, 1967, S. 48（辻村訳、一九六九、六六頁）］が問題であり、その存在自体、すなわち存在の仕方（有り方 Seinsweise）が問われることがないからである。人間学の問いの原則は「人間とは何か」であり、「人間とは誰か」ではない。しかし、諸学は基本的に人間が追究するものとして人間の有り方であり、人間学も例外ではない。その意味で、人間学は、人間の現に存在する有り方（Dasein）を問題にする存在論的研究と相即し、その中に位置を見出さなければならないのである。それゆえ、ハイデッガーは、人間の存在に注目しない人間学の研究に対して、「それは、「人間」という存在するものの本質規定にばかり夢中になっていて、それの存在への問いが忘却されたままになっており、この存在はむしろ「自明のこと」としてその他の諸々の被造物が直前に存在することと同じ意味において把握されている」［Heidegger, 1967, S. 49（辻村訳、六八頁）］と言い、人間学の基礎に存在論がなければならないことを次のように言う、すなわち「『存在』が如何なる問いにも服さないところの或る「与えられたもの」として再び暗々裡に「自明的」に受け取られている限りは、人間学的な問題全体は依然としてそれの決定的な存在論的諸基礎に関して無規定なままになっているのである」［Heidegger, 1967, S. 49（辻村訳、六八頁）］と。従って、現代では、人間学的次元が人間研究にとって不可欠としても、それが十全に開花するためには存在論的研究がなければならないのである。では、大衆となった人間とはいかなる存在であろうか。

大衆となった現代の人間の有り方は、そこに現に存在する人間には意識されていない。それは、われわれの有り方が基本的に世界内存在（In-der-Welt-sein）であるとともに時性的有り方（die zeitliche Seinsweise）をしているからである。今まで繰り返し指摘してきた理性的自律は、自己完結的な個の確立を実現するものであり、その限りそこでは、人間の有り方が、デカルトが明らかにした存在の中心としての自我から考察されるのが普通であるため、世界の内に人間が現に有るという事実から人間を考察することはない。しかし、人間が自己意識をもつのは基本的に存在しているからであり、世界の内で様々な存在するものと関わっているからである。言葉を換えて言えば、人間は最初から世界の内に存在し、そこで生い立ってくるがゆえに、自らの存在を理解し、自己を意識するのである。その意味で、世界内存在は人間の現存在の根本事象であり、現存在の存在理解を可能にする存在体制にほかならない。それゆえ、ハイデッガーは、世界内存在を現存在のアプリオリな根拠と見做すのである。しかし、そのさいわれわれは、世界内存在としての現存在が自らの存在の意味を時性（Zeitlichkeit）の内に見出していることに注意しなければならない。つまり人間の現存在が最初から世界内存在であるという「事実性」は、ハイデッガーの言葉を借りて言えば、彼が、すでに或る世界の内に「伝来された現存在解釈の内へと投げ入れられて育ち、しかもその伝来的な現存在解釈の内で生い立ってきた」［Heidegger. 1967. S. 20（辻村訳、三六頁）］ことを意味するがゆえに、それ自身時性的であり、それゆえ常に過去を背負い将来に向う現存在は、彼の存在理解を差しあたっては彼の前に先立ってある「伝来的な現存在解釈の内で」獲得するがゆえに、それは彼の「将来」から来歴するのである。それゆえ、ハイデッガーは現存在の存在理解について次のように言う、すなわち「現存在は差し当ってしかも一定の範囲内では不断に、自己自身をこの伝来的な現存在解釈から理解しているのである。この理解は、彼の存在の諸可能性を開示し、規正している。彼自身の過去性――しかもそれは常に彼の「世代」

の過去性と言うことであるが――は、現存在に後から追随してくるのではなくして、その都度既に彼に先回りして行くのである」〔Heidegger, 1967, S. 20（辻村訳、三六頁）〕と。その意味で、人間が、世界の内に存在する限り、彼の存在理解は、差し当っては将来から来歴するものとして、世界の内に伝来された解釈と一体のものであり、それゆえ大衆となった人間の有り方は、差し当っては大衆世界と一体であり、そこに伝来された現存在解釈を彼は自らの自然な存在理解とするがゆえに、それが自明な先入観となって日常生活では自らの大衆性を意識することはないのである。したがって、われわれは、逆にその現存在解釈に注目するとき、大衆化社会における人間がいったい誰なのか、知ることができるはずである。では、その解釈とはいかなるものであろうか。

　ハイデッガーは、世界内存在としての人間の現存在は本質的に「共に有る（Mitsein）」という共存性を構成すると言う。しかし、これは、多くの人や物が並存していることをいうのではない。むしろ人や物がないことが現存在の「共に有る」ことを証拠立てているのであり、その意味でそれは現存在の存在論的－実存論的規定なのである。たとえば、他人が不在ということは、共に有るという事態が先にあるがゆえに言えることであり、また孤りになるのも共に有るがゆえになれるのである。その意味で、現存在が世界内存在であることは、最初から共に有ることとして、他の人々と同じ世界を分け持つことを意味する。その限り、現存在の世界は、ハイデッガーが指摘するように他の現存在と共に有る世界、すなわち「共世界（Mitwelt）」〔Heidegger, 1967, S. 118（辻村訳、一四六頁）〕であるため、現存在の世界内存在はそこへ開け渡されたものとして、彼は差し当っては共世界から自らの存在を理解することになる。そこは、もとより共に有る世界であるため開かれた場所であり、その公開性のもとに現存在はあるがゆえに、それが「一切の世界解釈と現存在解釈を規正する」〔Heidegger, 1967, S. 127（辻村訳、一五六頁）〕ことになると言わねばならないであろう。しかし、この公開性は、現存在に透徹した仕方で世界と自己を白日のもとに晒すのではない。むしろ現存在は、世界の公開性のゆえにかえってそれに慣れ親しみ、そこへ没入して、一切を自明性の内に覆い隠してしまうのである。それゆえ、ハイデッガーは言う、「公開性は、一切のものごとを暗くし、しかもそのようにして覆蔽されたものを、周知のこととして、しかも誰にでも近づきうるものとして、一般に布告するのである」〔Heidegger, 1967, S. 127（辻村訳、一五六頁）〕と。したがって、ハイデッガーが存在論的に明確にした人間の日常的な世界内存在の現実がこうした公開性のもとにあるとすれば、人間は、差し当っては自らの存在を共世界の公開性のもとへ解消してしまい、最早自らの責任を自ら引き受ける一個の独立した個ではなく、むしろそうした重荷を下ろして「一切の判断と決断」を公開性から受け取る誰でもない「ひと（das Man）」[4]になると言えるであろう。それゆえ、ここに現れた人間の有り方は「本来の自己」のそれではない。むしろ、それは、本来の自己が喪失された有り方にほかならない。すでに指摘したように、大衆化社会は、「個の確立」を至上とするがゆえにかえって文化意識を欠落して、個人の欲求が先行する有り方が、人間において日常化することを意味するが、それは、換言すれば、最早自制のきかない、「ひとがするからする」という存在理解が個人の行動基準になっていることである。その意味で、大衆となった人間は、本来の自己を喪失した誰でもない「ひと」であり、ひとの有り方が自らの自己になった存在にほかならないのである。先に、われわれは、現代では「無限の恣意的要求」が助長されることを指摘したが、それは、大衆化状況のなかでは誰でもない無責任なひとの有り方が人間のそれになるにもかかわらず、そのことを忘却し、一層無責任なひととなっていくからである。したがって、大衆化社会における人間の有り方は基本的に見えていないのであり、その限り現代においてはかえって自己の存在に目覚める教育が不可欠であると言えよう。最後にそのことを現代教育の課題として明らかにしておきたいと思う。

5　人間形成にとって何が大事か——現代教育の課題

個人の理性的自律を理想とする人間観が近代教育学を構築する根本理念になっていることは、すでに明らかにした近代の根本特質から理解されるが、今日、現代世界に現象している大衆化は、かかる理念からは大きく懸け離れた状況になっている。それは、今まで詳細に説明したように、理性的な個の確立がかえって誰でもないひととしての大衆を形成し、自制を求める自律がかえって個人の無限の欲求を助長するというパラドキシカルな背理的状況から明らかである。したがって、現代の人間形成を考える場合、単純に従来の近代教育学の理念に従うことはできないであろう。

現代の大衆化現象は、近代の個の理念を最も徹底した結果であることは言うまでもない。すでにシュプランガーは、個人主義の弊害について「文化の発展が個人主義によっておびやかされるのははるかに深刻である。個人主義は、後期の発展段階に、文化活動の必然的な分化とともに自動的に現われて、確実な統一的な社会構造を次第に解体していくのである」[Spranger. 1953（村井・長井訳、五三頁）]と指摘しているが、個の確立が、かえって個人の欲望の無限の解放に道を開いたことは、自己立法的な個人倫理の破壊が日常化して、規範的意識の欠落とともに社会全体を無視する誰でもない無責任なひととしての個人意識が常態化することになるのである。それゆえ、ハイデッガーも文化が高度に発達した社会においてこそこうした日常性が見られることを次のように言う、すなわち「日常性は未開性とは、合致しない。日常性は、むしろ現存在が高度に発展し分化した文化の内に動いている場合にも、しかもまさにその場合における、現存在の存在の或る様態である」[Heidegger. 1967. S. 50–51

（辻村訳、六九頁）」と。それゆえ、今、われわれが直面している大衆化現象は「日常性」の最も典型的な出来事であると言うことができるのである。

ところで、第3節でカントが、理性原理の説明において、先天的実践的法則に遵う理性はそれ自身善であると語る『実践理性批判』の箇所を紹介したが、この言説は、少なくとも人間が理性的に自律するならば理性的存在者として善になり、個人的欲求によって恣意的要求をするような事態は人間世界から排除されることを示唆したものと考えることができるであろう。それゆえ、カントは、第1章で説明したように、人間教育の方向を「人間の本性の完成」に見、教育に強い期待を寄せるのである。しかし、現実には、詳述したように理性的自律とは全く逆の「無限の恣意的要求」が超個人的文化意識の喪失とともに現象することになったのである。しかし、ラカンによると、カントは自らの主張する道徳的行為がこの地上で実現できないことをすでに予感しており、それゆえ魂の不死という宗教的地平を実践理性の最終の地平にしたのであると言う。すなわち「カントが魂の不死性の新たな証拠を見出したと主張するのは次のことのためです。つまり、この世では道徳的行為の要請を満たすものは何もない、ということです。魂は満たされない状態に止まることになるから彼岸の生が必要であり、それは達成できなかった一致（調和）がどこかで解決を見いだすためである」［Lacan, 1986（小出・鈴木ほか訳、二二七頁）］と。ラカンの見解の正当性についてここで判断することはできないが、少なくとも近代の歴史的命運が欲望の解放を招来している事実は、今までの考察から明らかであり、それだけに人間形成の問題を考えたとき、われわれは一層困難な状況に逢着することになる。なぜなら、現代では、ラカンのように大衆化社会の根本特徴である欲望をむしろ積極的に肯定する主張が出てくるからである。彼は言う、「永年の歴史を通じて、人間の欲望は、モラリストたちによって長い間手探りされ、麻酔にかけられ、眠り込まされ、教育者たちによって調教され、アカデミーによって裏切られ、最も狡猾でかつ盲目的な情念、知の情熱へと亡命し、抑圧されてしまいました。この知の情熱が、最後の語を言わなかった列車（欲望という名の列車――筆者注）を今や操縦しているのです」［小出・鈴木ほか訳、二三九頁］と。

しかし、今、われわれが直面している大衆化という現代日本の教育現実は、西洋近代をモデルとする近代化のプロセスのなかで現象したものであり、東洋的な文化精神を背景にしたものではない。すでに指摘したように、西洋近代における個の確立の背景にはキリスト教文化があるのであり、それは、東洋の文化とは根本的に異なっている。かつて西田幾多郎は、西洋文化と東洋文化との間に根本的な違いがあることを形而上学的立場から明らかにしたが、そこでは、西洋文化が実在の根底を有と考えるのに対して、東洋文化は無と考えることに見られている。西田は言う、「東西の文化形態を形而上学的立場から見て、如何に区別するか。私はそれを有を実在の根柢と考へるものと無を実在の根柢と考へるものとに分つことができるかと思ふ。或はそれを有形と無形といふ様に云つてもよい。西洋文化の源となつたギリシャ文化は有の思想を基としたもの、有の文化であつたと云ふことができる」［西田、一九七九、四二九―四三〇頁］と。したがって、有の文化を背景にした個の確立が現代日本の教育現実を招来していることを考えると、現代では少なくとも教育理念の転換が求められていると言えるが、しかしそれはラカンのように欲望を肯定することではない。むしろ「有の文化」からはほとんど顧みられることのなかった「無の文化」にシフトすることが考えられねばならないであろう。なぜなら、無の文化こそ個に良心（Gewissen）を自覚させることになるからである。そのことは、西洋文化の根本問題である「有の問（存在の問Seinsfrage）」を生涯の問いとした先のハイデッガーも指摘するところであり、彼は人間の現存在を「死への存在（Sein zum Tode）」と捉え、人間を無化するかかる死に予め心構えをもつこと、すなわち先駆的に覚悟を決めること（Vorlaufende Entschlossenheit）こそ、良心の根本問題と見るのである。それゆえ、彼は次のように言う、「本来的に「死に思いを致すこと」は、実存的に自己徹見的になった良心を－持せんと－意志すること（Gewissen-haben-wollen）である」［Heidegger, 1967, S. 309（辻村訳、三五五頁）］と。彼のかかる言説には東洋思想、特に仏教の影響を考えなければならないが、いずれにしても彼は、無に直面することによって人間は日常的世界を離れ、本来の自己に目覚めることを強調するのである。(5) その意味で、自己を喪失した大衆化という現代日本の教育現実において最も欠落しているのが、存在を覚醒する良心の問題であり、そのことを考えると、これからは東洋的な文化精神が人間形成の中心になければならいと言うことができるであろう。(6) すでに指摘したように、文化と教育はつねに相関するものであり、人間はその相関の中で形成されるのである。その意味で、文化の継承は人間にとって不可欠であるが、戦後教育は、とりわけ経済発展と科学教育に中心が置かれたために東洋的な文化精神の継承がきわめて稀薄であった。しかし、今日、わが国に現象している教育現実が、西洋的な近代教育学の理念を継承し、その矛盾が露呈してきた結果であることを考えると、東洋的な文化精神の継承が良心形成においてどこまでも不可欠と言わなければならないのである。

注

（1） Spranger［1953］（村井・長井訳、五一頁）。シュプランガーは「文化の条件」について次のように語っている、すなわち「自然な衝動的生命一般の制御は、すべての一段高い文化の条件である。だから、禁欲が全くなくなるところでは、その文化は終りである、といってよい。」と。

（2） ゲーレンは人間と文化との関係について次のように言う、「『人間』は、その自然を変更する行為の結果によって生きており、文化圏内でかつ文化圏によって生きているが、手の入らぬ原始状態に適応してはいない。そして、特別の場合には人間は習慣により訓育によりこの文化環境に根を下ろしているので、実際問題としてこの文化環境から離れてはいられなくなっていることもある。」［亀井・滝浦ほか訳、二九頁］と。

（3）カントの人間関係を示す定言命法として有名なのは「君自身の人格並に他のすべての人格に例外なく存するところの人間性を常に同時に目的として用い決して単に手段としてのみ使用しないように行為せよ」（『道徳形而上学原論』岩波文庫、一九七〇年、七六頁）である。

（4）Heidegger［1967. S. 128］（辻村訳、一五六頁）。ハイデッガーは平均的日常性のうちにある人間の有り方について次のように言う、「如何なる人も他人《ひと》であり、ただ一人として彼自身ではない。日常的現存在の誰への問いに対する答えとなるひとは、誰でも無い者であり、その誰でも無い者に一切の現存在は、相互に存在するという間柄においてその都度既にそれ自身を引き渡してしまっているのである。」と。

（5）ハイデッガーは、無・覚悟・死・良心の関係について次のように言う、「覚悟が決まったとき、現存在は、彼が彼の無なることの無なる根拠であることを、彼の実存において本来的に引き受ける。…現存在の存在を根源から徹底的に支配している無なることは、死への本来的存在において現存在それ自身に露わになる。…良心の呼び声を理解することは、ひとの内へ〈自己が〉喪失されていることを露わにする。覚悟性は、現存在を、彼の最も自己的なる〈仕方で〉自己で有り得ることへ向って取り返す。…死への存在において、自己自身の存在可能性は本来的にして全体的に徹見され得るようになる。」［Heidegger, 1967, S. 306–307.（辻村訳、三五二頁）］

（6）「無」と教育との関係については、拙稿「浄土の教育学」（上田閑照監修『人間であること』燈影舎、二〇〇六年）および拙稿「教育学研究の地平と教育の絶対性」（山崎高哉編『応答する教育哲学』ナカニシヤ出版、二〇〇三年）を参照。

引用・参考文献

西田幾多郎、一九七九年「哲學の根本問題　續編（辯證法的世界）」（『西田幾多郎全集　第七巻』岩波書店）。

西谷啓治、一九六〇年「科学と禅」（鈴木大拙博士頌寿記念刊行会編『仏教と文化』鈴木学術財団）。

O・F・ボルノー、一九六八年『新しい教育と哲学――ボルノー講演集』玉川大学出版部。

Decartes, René, *La Recherche de la Verité par la Lumiere naturelle.*（森有正訳、一九四七年『哲学叢書　真理の探究』創元社）

Gehlen, Arnold, 1963, *Studien zur Anthropologie und Soziologie*, Soziologische Texte Bd. 17, hrg. Von H. Maus und F. Füstenberg.（亀井裕・滝浦静雄ほか訳、一九七〇年『人間学の探究』、紀伊國屋書店）

Hegel, G. W. S. , *Vorlesungen über die Philosophie der Geschichte.*（『ヘーゲル全集10　改訳歴史哲学上巻』岩波書店、一九六四年）
Heidegger, Martin, 1963, *Holzwege*, 4. Auflage, Vittorio Klostermann.
Heidegger, Martin , 1967, *Sein und Zeit*, 11. unveränderte Auflage, Max Niemeyer.（辻村公一訳、一九六九年『有と時』（世界の大思想28）、河出書房）。
Kant, Immanuel, 1967, *Kritik der praktischen Vernunft* ,9. Auflage.（波多野精一・宮本和吉訳、一九七〇年『実践理性批判』岩波文庫）。
Kant, Immanuel, 1785, *Grundlegung zur Metaphysik der Sitten.*（篠田英雄訳、一九七〇年『道徳形而上学原論』岩波文庫）
Lacan, Jacques ,1986, *Le Séminaire, Livre VII: L'éthique de la psychanalyse*, Texte établi par Jacqes-Alain Miller.（小出浩之・鈴木國文ほか訳、二〇〇二年『精神分析の倫理（下）』岩波書店）。
Landmann, Michael, 1955, *Philosophische Anthropologie*, Walter de Gruyter Belrin.
Mannheim, Karl, 1943, *Diagnosis of Our Time: Wartime Essays of a Sociologist*, London.（高橋徹・青井和夫訳、一九五五年『現代の診断』みすず書房）
Scheler, Max, 1968, *Philosophische Weltanschauung*, 3. Auflage.（飯島宗享・小倉志祥・吉沢伝三郎編、一九七七年『シェーラー著作集13』白水社）。
Spranger, Eduard , 1953, *Kulturfragen der Gegenwart*, Qulle & Meyer, Heidelberg.（村井実・長井和雄訳、一九六八年『現代の文化問題』牧書店）
Weber, Max, 1904, *Die protestantische Ethik und der Geist des Kapitalismus.*（梶山力・大塚久雄訳、一九七九年『プロテスタンティズムの倫理と資本主義の精神』岩波文庫）

（川村　覚昭）

第3章　道　徳

1　探究の方向

世に言う「道徳」とは何なのだろうか。この率直きわまる問いに、できるだけ具体的に答えようとすれば、ともあれ、当の「道徳」をくっきりと浮き彫り化しなくてはならない。そうした浮き彫りの作業は、しかし、どこから着手されればよいのだろうか。

たとえば、「日本人の何であるかを知ろうとすれば、日本人の世界に身を置いてあれこれ考えるよりは、アメリカ人なり、インド人なり、中国人なりの世界に飛び込んで、そこで味わわれる数々のカルチャー・ショックを介して、おのずと体得するに如くはない」とよく言われる。物事の姿は、それと異質の物事を対置させる時、おのずと浮き彫りにされるからである。こうした事情は、道徳においても何ら異ならない。われわれは、道徳の何であるかを鮮明に捉えようとすれば、抽象的・概念的な定義の類いを検討するよりはむしろ、道徳の対極に置かれて頻繁に比較される、たとえば「法律」「科学」「芸術」「宗教」などを他方に据えて、これらの特色を検討し抽出する中で、いうならば間接的に「道徳」の特色を浮かび上がらせるのが、より効果的でもあるだろう。

試みに今、法律の世界と道徳の世界を比較すると、双方が、ともに所定のルールを具えていて、これが蹂躙された時点で、はじめて登場するという基本構図は共有しながらも、決定的に異なるのは、前者では、そうした蹂躙が発覚しないなら、あえて法律の登場もないのに対して、後者では、たとえ当の蹂躙が発覚しなくとも、やはり道徳は登場してくる点であろう。法律の場合は、「ルールへの違反」に「違反の発覚」も加えなくてはならないが、道徳の場合はしかし、「ルールへの違反」のみで、あえて「違反の発覚」を加える必要はないからである。〝疑わしきは罰せず〟という鉄則も物語るように、法律の世界では、発覚を免れた違反は、たとえ違反であっても、処罰の対象とはならない。限りなく黒に近い灰色も、黒と証明されない限り、つまりは白なのである。この点に着目するなら、法律で大きな比重を占めるのは、自分以外の人たちに知られるか否かであるが、道徳で大きな比重を占めるのは、逆に、自分自身に知られるか否かである、と皮肉られてよいかもしれない。法律と道徳の対比は、このように、道徳における（いうならば「天知る・地知る・われ知る」といった格言での）「われ知る」のレベルを改めて照らし出してくれるのである。

あるいは、科学の世界と道徳の世界を比較しても、双方の関心点や強調点の差は歴然と浮かび上がってくる。前者においては、〝事実のいかにあるか〟が徹底して問われ、その結果、新たな事実が次々と見い出されて、われわれの知の地平は格段に拡がった。未知の闇に封じ込められていた事物の構造（たとえばＤＮＡの仕組みなど）が既知の領域に移され、解き明かされた構造は、あれこれと操作され実験され測定されて、さらに細かい構造が解明されていった。それと共に、人間の手で操作できる可能性の範囲が大幅に拡がって、今のわれわれの状態は、一昔前の人々の目には、それこそ〝神の領域に近い〟と映るかもしれない。その気にさえなれば——また財政さえ許せば——、少なくとも技術的には、大半のことが可能なのである。こうした状態は、科学的には、文句のない〝進歩〟と評されている。新たな事実の解明と、解明された仕組みの操作に伴った〝可能性の範囲拡大〟こそは、科学の目ざすべき方向であり、つまるところ、科学的な善であったからである。けれども、人間にできる領域が極端に限られていた一昔前ならいざ知らず、「科学の時代」を標榜する今日、到底、これのみで突っ走ることなど許されない。というのも、一昔前なら、たとえ望んでも、そうした大半は不可能であったから、できることはすべて実行に移しても、ほとんど問題は生じなかったけれども、今では、本気で望むなら、そうした大半が可能となるからである。そうなると、たとえ可能でも、あえて差し控える方が是とされる事柄も、おのずと登場してこざるを得ない。さまざまな可能性の妥当性が改めて問われるわけである。これはしかし、ただひたすらに〝可能性の拡大〟を追求する科学によりは、むしろ道徳に強く求められる姿勢にちがいない。

省みるなら、ここにみた可能性と妥当性、もっと広くは事実と価値（あるいは存在と善）は、それほど単純に重なり合うものではない。われわれは日常、「これは事実だから仕方がない」と嘆息しても、「これは事実だから善なのだ」とは間違っても言わないだろうし、逆に、「これが善なのだから事実も当然この通りのはずだ」とも発言しないだろうからである。事実の側からの接近と善悪の側からの接近がいかにしのぎを削りつつ、妥当な折り合いを容易に見つけ出せないでいるかの具体例は、たとえば、今日的トピックとして世を賑わしている生命倫理（バイオ・エシックス）の論争の内に求めることができるだろう。そこでは、延命治療をめぐって、少しでも長く患者当人を生かそうと医療の粋を尽くす科学の側と、そうした延命が本当に患者当人の為になるのか、あえて医療行為を打ち切る方が、こうした場合には善ではないのかを問う道徳の側の、生々しいせめぎ合いが執拗に展開されているからである。科学と道徳の対比は、このように、道徳における単なる事実を超えた価値のレベルを——あるいは可能性の妥当性を問う姿勢を——改めて照らし出してくれるにちがいない。

さらには、芸術の世界と道徳の世界を比較すると、たとえば、十数年前に広く世の評判を呼んだ、映画『アマデウス』に描かれたモチーフがリアルに浮かび上がってくるのではないだろうか。すなわち——宮廷楽士の長であるサリエリは、神のごとき旋律は神のごとき品行の人間にこそ舞い降りて来るはずだ、と固く信じて、常々、自らの品行を厳しく律していた。しかるに、舞い降りて来たのは、悲しいかな、神のごとき旋律とは程遠い、まことに陳腐なものであった。そこに、華々しくモーツァルトが登場した。この若者は、神のごとき品行とは程遠い野放図と無軌道と自堕落に徹しながら、いとも簡単に、神のごとき旋律を次々と紡ぎ出した。これを目にして、サリエリは、あまりな仕打ちに、神の無慈悲を呪うほかはなかった。かれは、癒しがたい嫉妬の果てに、ついには、モーツァルト自身を謀殺するにいたる。

ここに描かれた音楽の才と道徳的品性の非情なギャップ（間隙）は、より広く、芸術の美と道徳の善の距離として、ひとり音楽に留まらず、さらには絵画、小説、舞踊、果ては落語や芝居に至るまで、独自の奇人伝・変人伝の類いを、それぞれに報告しているのではないだろうか。われわれにお馴染みの桂春団治、横山やすし、勝新太郎などは、さしずめ、こうした奇人・変人の庶民的代表にちがいない。かれらは等しく、並はずれた役者バカ・芸人バカとして、一方における生活上の無頼と破戒、他方における芸能上の感銘と魅惑といった極端なコントラストを、それぞれの色彩で、鮮やかに刻んでいたからである。かれらを介して、われわれが思い知るのは、芸術の怖さであり、この分野での道徳の哀れな限界であるだろう。

同様に、宗教の世界と道徳の世界を比較しても、先の三者とは異なったコンテクストで、道徳に固有の、先の三者とは異なった側面がおのずと照らし出されてくるにちがいない。そこで以下、こうした角度――宗教と対比して道徳自体を浮き彫り化するという――から、ささやかな論を展開してみたい。すなわち、道徳と宗教の異同、道徳の核にあるもの、道徳における一応のゴールと究極のゴール（あるいはその必要条件と十分条件）等々に触れつつ、ともあれ、道徳そのものを総論的に眺め渡してみようと思う。出来栄えの程は、ひたすら神仏の手に委ねながら。

2　道徳と宗教の異同

さて、一口に「道徳」といっても、そこには深浅さまざまのレベルがある。固有の欲求と好悪を具えた個々人が、互いに折れ合い・譲り合って、なるだけ衝突の少ない生活を営むために工夫された諸々の社会ルールのレベルから、それらをさらに高め上げて結晶化した、『論語』等に説かれる道徳哲学のレベルにまで及ぶ道徳の地平に、レベルの上での深浅ないし高低の認められることは改めて指摘するまでもない。けれども今、レベルの差に目を閉じて、説かれる中身のみに目を転じるなら、どうか。そこに共通して問われているのは、「ゾーオン・ポリティコン（ポリス的あるいは社会的存在としての人間）」というアリストテレスの人間定義（『政治学』第三巻六）に基礎を置いた、そうした社会的存在による〝この世での営みの質〟にちがいない。

われわれ人間は、この世を生きるにあたり、まずもって、必要最低限の衣・食・住を保証されなくてはならない。世に言う「霞を食っては生きられない」のだから、これは、それこそ絶対の条件である。ところで、そうした衣・食・住の基本が一応は保証された時点で、新たに浮上してくるのは、もはや、ひたすらの衣・ひたすらの食・ひたすらの住を求めての盲目的殺到でなく、いかなる衣・いかなる食・いかなる住なのかを吟味する中身的配慮にちがいない。「真に大切なのは、ただ生きるより、よく生きることなのだ」（『クリトン』四八B）と強く戒めたのは、人も知るソクラテスであったけれども、われわれの場合、ここにいう「ただ生きる」のレベルはすでに保証されているのだから、これに甘んじることなく、さらに次の、「よく生きる」のレベルにいささかも参入しないのでは、前者すら十分に満たし得なかった過去の人びとの涙に対して、それこそ申し訳が立たないのではないだろうか。

たとえば孔子は、「詩三百、一言以て之を蔽う、曰く、思邪なし」（為政第二の二）という言葉で、過去の聖賢たちが各々に説いた教えはすべて、ただ一つの事柄を示唆していたにすぎず、それをあえて口にするなら、あまねく行為に先立つ動機のレベルで、隠れた計算の類いがいささかも見当たらない〝赤心の姿勢〟の推奨とでもなるだろうか、と指摘している。さまざまのソロバン勘定を先に置かない「思無邪（オモイヨコシマナシ）」の姿勢は、大和言葉に直すなら、つまるところ「まこと（誠）」に置き換えられるにちがいない。誠実・誠意・誠心、あるいは忠誠・至誠・丹誠など、およそ作り事のないそのままの姿勢は、わが国でも、伝統的な徳の代表として幅広く推奨されてきた。この世を生きる上で、たとえ誠がなくとも生存そのものは可能なのだが、もしもそれがあれば、殺伐とした生存に潤いの華が添えられるにちがいない。そうした華を欠いた「ただ生きる」の世界は、荒れた砂漠に等しく、とうてい人の住まう緑の大地とは言えないだろう。

ここでの「誠」（ないし「思無邪」）に相当する潤いの華は、他にも数多く認められるはずである。たとえば、夜討ち朝駆けの激しい修羅に明け暮れた戦国時代、雑兵連中ならいざ知らず、少なくとも将官同士の間では、世にいう「武士の情け」が、ひたすら無情な戦場に〝情の花〟を添える得がたい光景も、あながち垣間見られなかったわけではない。ひとたび出陣すれば、圧倒的な戦力差のない限り、戦自体の勝敗は時の運に委ねられ、いやしくも将ならば、一応は自らの死を密かに覚悟しておかなくてはならない。いくら策を凝らし人知の限りを尽くしても、その結果は、勝利の女神にほほ笑まれる場合もあれば、逆に、武運つたなく囚われの身となる場合も当然にある。勝軍の将は、引き立てられた敗軍の将をどう処分しようと構わない。ごく普通には斬首、やや極端には磔となるだろうが、時として、将たるに相応しい死に方が用意される僥倖もないわけではない。いわゆる切腹である。敗れた以上、死自体は免れないものの、その死をせめて武士らしいものにしてやる、という点に、われわれは、将同士に通じ合う「武士の情け」をみるのではないだろうか。というのも、戦を常とする身であれば、敗軍の将の運命に、明日の我が身をダブらせないような将など、よほどの酷薄な心の持ち主でないかぎり、おそらくないはずだからである。

このように、われわれ人間の生には、「ただ生きる」という次元での無情な修羅の中に、いうところの「誠」や「武士の情け」など、いわゆる「よく生きる」の次元が微妙に交ざり合っているのは否めない。こうした人間の生を見据えつつ、ここでの「よく生きる」の次元をあえてアッピールするのが、他でもない、世にいう道徳の姿勢であった。この姿勢は、あるいは『福音書』の言葉を借りて、あまねく有名な「人の子はパンのみにて生くるにあらず」（マタイ伝第四章四）の姿勢と言い換えられてもよいだろう。これらはおしなべて、人の子の、この世における営みの質——量ではない——をくり返し訴えているのである。

ところで、ここに言う「人の子によるこの世での営みの質」を問うのは、何も道徳に限ったテーマではない。世に宗教として説かれる中身も、その大枠において、個々人による「この世での営みの質」をやはり問題として取り上げているからである。たとえば、お馴染みの仏教なら、その『七仏通戒偈』に、「諸悪莫作、衆善奉行、自浄其意、是諸仏教（もろもろの悪を為すなかれ、いろいろな善は努めて行なえ、みずからを浄らかに保つべく努力せよ、仏の教えにはいろいろとあるが、つまるところは以上だ）」と説かれ、同じくポピュラーな『八正道』にも、「正見、正語、正思、正業、正命、正進、正念、正定（抱かれる見解、語られる言葉、浮かべる想念、為される行為、送られる生活、払われる努力、思いやる配慮、励まれる精神統一等々の全うさ）」が訴えられている。あるいはキリスト教でも、イエスの言行を記した『福音書』に、「汝の敵を愛せよ」（マタイ伝第五章四四）や「他の人に為してほしいと願うことは、積極的に、他の人にも為すべし」（マタイ伝第七章十二）等々と説かれているのは、あまねく世に知られている。こうした中身の基本線は、用いられる専門語に拘泥しないかぎり、道徳と宗教で、ほとんど差は認められないのである。だとすると、両者はそもそも、何をもって分けられればよいのだろうか。

さて、道徳と対比して宗教を考える時、そうした宗教を特徴づける固有の事柄としてまず頭に浮かぶのは、不治の病に冒された患者の、医学的な常識を超えた不可思議な快癒等に代表される数々の奇跡現象、五感を超えた能力に訴えての予言、テレパシー、透視、透聴、念力といった超常現象、死者の霊との交信といった降霊現象等々であるだろう。これらは、少くとも道徳に固有の事柄ではないからである。道徳の大家の中の大家である孔子は、弟子から「鬼神に事える」道を問われて、「未だ人に事うること能わず、いずくんぞ能く鬼に事えん」と答え、さらにはまた「死」を問われて、「未だ生を知らず、いずくんぞ死を知らん」と答えた（先進第十一の一二）と伝えられている。このように、「鬼神」や「死」に関わるこの世を超えた事柄よりは、「人」や「生」に関わる他でもないこの世の事柄こそは、世の道徳――わけても『論語』に源を仰ぐ東洋のそれ――が扱うべきアルファでありオメガであった。孔子の言葉を再び借りるなら、「怪力乱神を語らず（妖怪変化、腕力沙汰、醜聞、超自然の霊等を、好みのテーマに選んで語らない)」(述而第七の二〇)が道徳の基本姿勢であるとするなら、宗教の姿勢は、逆に、この「怪力乱神を積極的に語る」ところに求められるのではないだろうか。

では、道徳に説くところと宗教に説くところが、一方では共に、『仏典』にいう「諸悪莫作、衆善奉行」的な中身に集約されるにもかかわらず、他方では、「怪力乱神を語らぬ」姿勢とそれを積極的に語る姿勢として区分されるとするなら、こうした類似点と相異点は、どのように整理されるとうまく収まるのだろうか。今、仏教を例に、この点を吟味してみると、そこでは、「もろもろの悪しきことを為さず、善きことをのみ実践すべき」理由として、ここでの積徳的行為が、われわれの背負うマイナスの因縁を好転させ、ついには、悪業(カルマ)からの解脱も可能にする得がたい功徳が一般には挙げられている。「諸悪莫作、衆善奉行」という行為の中身が、悪業からの解脱と関わって、魂の輪廻転生を前提に置いて説かれているわけである。『福音書』でもやはり、そうした行為の中身が、「天国」あるいは「最後の審判」と関わって、魂の永生を前提に置いて説かれているのである。道徳ではしかし、こうした行為の中身が、魂の輪廻転生やその永生に触れることなく、あの孔子の姿勢に代表されたように、ひたすら、当の地平をこの世のみに限って説かれるのが普通である。いうならば、「諸悪莫作、衆善奉行」を説くにあたり、その視野をこの世のみに限って、徹頭徹尾、この世とのみ関わらせて根拠づけるか、あるいは、その視野をこの世の外にまで押し広げて、はるか、この世を超えた彼方とも関わらせてそうするか――ここでの方向の差を介して、道徳と宗教の基本的な差も、つまりは導き出されてくるにちがいない。

3 道徳の核にあるもの

以上から、まさに道徳が道徳である点として、この世での生き方の質を問うにあたり、ただひたすら、この世とのみ関わらせてそうする点が、かなりクッキリと浮かび上がってきた。ところで、ここに用いた「この世とのみ関わらせる」という言い回しは、より具体的には、どうした事柄を表明しているのだろうか。この言い回しは、あえて裏返すなら、「この世の彼方など持ち出さない」と同意であるから、つまりは、前世と来世、あるいは生前と死後があろうとなかろうと、それには一切構わないで、生まれてから死ぬまでの、ひたすら〝今生〟のみに目を注ぐことを、換言するなら、われわれ自身が、老若男女を問わず、ともに生きて在ることを、端的には意味するにちがいない。道徳そのものは、「生きて在る」という簡単明瞭な事実をそもそもの土台として、ここから、「この世での生き方の質」が問われるべき必然性を導き出してくるのである。その行程はしかし、どうした道筋を辿るのだろうか。

まず、ここにいう「生きて在る」は、われわれを対象とする以上、いっそう丁寧には、「人の子として生きて在る」となるだろう。けれども、単なる「生きて在る」に、なぜあえて「人の子として」と補う必要があるのか。他でもない、同じく生きて在るにしても、それが、カエルやミミズやゴキブリの場合と、われわれヒトの場合では、その中身がおのずと異なってこざるを得ないだろうからである。前者なら、たとえ単独でも生きていけるだろうが、後者なら、いくら一匹狼を気取っても、あるいは独立独歩を誇っても、大きくは、自他共生の人間関係からその足を抜くことは叶わない。小説にみるロビンソン・クルーソーの孤立的生活は、いやしくも人間である以上、基本的に望めないのである。この意味を汲んで、われわれ人間は、実に「関係的存在」と規定されてしかるべきかもしれない。人間にとって、生きて在るとは、まさに〝人間関係の内に在る〟というに等しく、そうした関係が嫌であるなら、いざぎよく、この世を去る以外に手はないからである。

このように、われわれ人間は、生きている以上、どう逆らっても人間関係から足を抜くことはできないのだが、足を抜けない当の人間関係には、しかし、さまざまのものが認められるにちがいない。あまりにギクシャクして、その中に身を置くだけで過度に神経を擦り減らすキリ（最悪）の関係から、逆に、ひたすらスムーズで、その中に身を置くだけで伸びやかに自分を発揮できるピン（最善）の関係まで、それこそ千差万別だからである。そうであるなら、そもそもの関係を運命づけられた身として、なろうことなら、キリよりはピンの関係が求められてしかるべきだろう。われわれを憔悴に導く悩みの大半は、察するに、人間関係の軋みともつれに端を発しているからである。限りのある貴重な活動のエネルギーを、できるだけ、自分ならではの願望の達成に用いるためにも、われわれは、人間関係のあまたの焦げ付きに、これが空しく浪費されたのでは、おそらく、悔やんでも悔やみ切れないにちがいない。だからこそ、それぞれの人間が、互いに異なる希望と要求をかなえるにあたり、できるだけ衝突し合わないように、共同して守るべき基本ルールの数々が、この世には、広く社会契約的に定められている。世の道徳は、こうしたルールの集積に他ならない。

このように考えると、道徳のそもそもの土台を、われわれの導き出した「関係的存在」という人間把握に収斂させることも、大いに妥当であるにちがいない。われわれは、まさしく関係内存在であるからこそ、望ましい関係を求めて、これに資すると判断されるルールの類いを、さまざまに取り決めているからである。こうしたルールが、いわゆる道徳の具体的な中身をなす以上、この点に着目して、あえて「人間関係をスムーズに導く＝道徳的」という等式を樹ち立てるのも、基本的には許されるのではないだろうか。ある行為を道徳的とみるか、それともそうみないかの判定は、その行為が、つまるところ人間関係をスムーズに導くか否か、に依拠して下されてよい。

ここにいう「関係的存在」は、古風な言い回しに則るなら、あるいは「社会的存在」ないし「ゾーオン・ポリティコン」となり、今風の言い回しに則るなら、あるいは「全体の中の個人」ないし「ウイ（WE）としてのアイ（I）」となるだろうか。ともあれ、〝この私は、私としての私でなく、われわれとしての私なのだ〟というウイ意識が、道徳の核をなしている。こうした意識は、ネガティブとポジティブの両方向で、それぞれに道徳律としての体裁を整えるにちがいない。たとえばそれは、ネガティブになら、孔子の訴える「己の欲せざる所を人に施すこと勿れ（他の人から為されて嫌だと思うことは、自分では、他の人に為すのを慎むべきである）」（顔淵第十二の二）に代表されるように、人間関係のギクシャクをできるだけ防ぐ方向に規定化され、ポジティブになら、イエスの訴える「他の人から為されて嬉しいと思うことは、自分から積極的に、他の人に為すべきである」（マタイ伝第七章十二）に代表されるように、人間関係のスムーズをいっそう押し進める方向に、やはり規定化されているからである。前者のタイプには、人に迷惑を及ぼすな、あるいは、蒔いた種は自分で刈り取れ、等々が含み込まれ、後者のタイプには、相互に助け合え、あるいは、『教育勅語』にいう「父母ニ孝ニ、兄弟ニ友ニ、夫婦相和シ、朋友相信シ、恭倹己ヲ持シ、博愛衆ニ及ホシ……」等々が含み込まれるにちがいない。

もっとも、この場合のネガティブとポジティブは、単なる方向の差というよりは、むしろ、基本条件と発展条件の差とみられた方がより妥当かもしれない。というのも、人間関係のスムーズをいっそう押し進める方向は、人間関係のギクシャクをできるだけ防ぐ方向に比べると、さらに上方に位置すると思われるからである。だからであろうか、おしなべて道徳では、「〜すべからず」という禁止の項目よりは、逆に、「〜すべし」という推奨の項目がおのずと多用されている。先に紹介した「思無邪（誠）」や「武士の情け（惻隠の情）」なども、そうした推奨の具体的項目にちがいない。この点はしかし、単に上級知識層ばかりでなく、一般庶民層においても広く確認されるのではないだろうか。たとえば、「長い箸」の訓話である。その大筋は、およそ以下のようになる――今、腹ペコの二人が、溢れる御馳走を前に対座しているとしよう。すぐに食べればよいのだが、ひとつ問題があった。料理を摘まむべき箸が、異様に長くて、二メートル近くあったからである。これでは、目の前の御馳走をとうてい口に運べない。どう足掻いても無理なのである。ならば二人はどうするか。もしも双方が、我を曲げず、ひたすら自分の箸で料理を口に運ぼうとすれば、いくら努めても叶わず、御馳走を前にしながら、二人はともに、足掻いたあげく、みじめな飢え死にを免れない。これに対して、もしも双方が、我を曲げて、それぞれの箸で、自分の口にでなく互いの口に料理を運ぶなら、二メートルに近い箸の長さも障害にならず、互いに、溢れる御馳走を堪能できることになる。地獄とは、いうならば前者の世界であり、天国とは、いうならば後者の世界なのだ、と。ここに紹介された、いささか耳に痛い天国と地獄の差は、頑なな孤立をあくまでも貫くか、それとも、柔軟な相互扶助に素直に身を委ねるか、をそもそもの分岐として導き出されるけれども、この底にはさらに、先にみた「ウイ（WE）としてのアイ（I）の自覚」の有無が介在しているのは言うまでもない。

まとめの意味で、学校現場の道徳教育で広く涵養の図られている「道徳性」の中身を吟味しながら、右の点を裏書きしてみよう。まず、ここでの「道徳性」は、『学習指導要領』では、「道徳的心情」「道徳的判断力」「道徳的態度」等々の総合体として捉えられているのだが、今、そうした道徳的心情、道徳的判断、道徳的態度をより平易に言い換えるなら、それらはさしずめ、全体の中の自分を常に念頭に置いた、この「ウイ」としての自覚を核に据えての心情であり、判断であり、態度である、と表現できるにちがいない。というのも、たとえば道徳的心情について、それは「しかじかの心情である」という風に、当の中身が具体的に特定されるには、まずもって、どうした時（Time）に、どうした場所（Place）で、どうした相手（Object）になのか、というＴＰＯが具体的に特定されていなくてはならず、これに先立って、中身の特定などおよそ考えがたいからである。こうした事情は、道徳的判断でも、道徳的態度でもむろん異ならない。であるなら、道徳的心情の中身、道徳的判断の中身、道徳的態度の中身が何であれ、これら自体はＴＰＯに応じて自在に変化する以上、われわれが着目すべきは、そうした心情、そうした判断、そうした態度を表明する当の本人の密かな胸の内をそっと覗き込んで、そこに、果たして何が座を占めているか——単なる排他的なアイのみか、それとも、このアイを含んだより広いウイという全体か——である他はない。そして、われわれの心情を、単なる心情と道徳的心情に区分し、われわれの判断を、単なる判断と道徳的判断に区分し、われわれの態度を、単なる態度と道徳的態度に区分する当のものは、一方が、全体を視野に入れない、文字通りに「アイ」としての自分に関わった心情であり、判断であり、態度であるのに比べて、他方が逆に、こうした全体を視野に入れた、文字通りに「ウイ」としての自分に関わった心情であり、判断であり、態度である点を措いてないのである。「道徳的」とは、その意味で、「あくまでも全体を視野に入れ、ウイとしての自分に関わらせての……」とほぼ等置されてよい。というのも、他人は無視して、ひたすら自分（アイ）にとって何がプラスであるかを真剣に考え、感じ、行為する場合と、自他を含んだより広い全体（ウイ）にとって何がプラスであるかを同じく真剣に考え、感じ、行為する場合では、中身の上で驚くほどの差が生じるからである。「ウイ」としての自覚の重みは、それゆえ、断じて過小評価されてはならない。およそ道徳の核心は、常に全体と関わらせて考え、感じ、行為する姿勢そのものにあるのだ、と宣言して何ら言い過ぎではないのだから。

4　道徳における二つのゴール

ところで、ここにいう「常に全体と関わらせて考え、感じ、行為する」そもそもの姿勢は、われわれに天賦の、まことに自然な本性であるとはとうてい認めがたい、のが偽らざる現状ではないだろうか。およそ何と取り組むにしても、少しでも熱中し我を忘れた状態に陥ると、途端に消え去るのが、いうところの全体と関わらせる姿勢であり、代ってごくスムーズに登場するのが、これとは逆の、ひたすら自分とのみ関わらせる姿勢だからである。考え、感じ、行為するにあたり、自他を含んだより広い全体と関わらせる「ウイ」の姿勢は、このように、たとえわずかの間といえども維持するのが難しく、かすかな油断とスキを衝いて、「アイ」ないしエゴの姿勢は逞しく頭をもたげてくる。道徳的な姿勢は、こうしたエゴを意識して抑える汗と努力を介してかろうじて実現されるにすぎないため、われわれは、こうした姿勢を、義務ないし当為、あるいは一般的に言って「ねばならない」の領域に割り当てざるを得ない。だが、いかに全体と関わらせて考え、感じ、行為するにしても、そうした営みがいまだ義務の観念から、まさに「ねばならない」の次元を抜け出ない形で展開されたのであれば、そうした道徳性は、果たして真に道徳性の名に値するものと言えるのかどうか。タテマエとホンネの間にはっきりと溝の介在する以上、それは、形としての道徳性ではあっても、正銘の内なる道徳性とはいまだ認めがたいからである。

たとえばある人が、いかなる収賄にも負けない志操の堅さを示しているとしよう。その自制がしかし、得られるであろうもっと先の、もっと大きな収賄に比べられた上で、今回のより小さな収賄が手控えられた結果に過ぎない、とすればどうだろうか。あるいは、臆病を絵に描いたような人が、その臆病さを抑えて、あえて勇敢に振舞ったとしよう。その勇敢さがしかし、密かな監視者から下される叱責を単に恐れた結果に過ぎない、とすればどうだろうか。ここにみる自制や勇気は、なるほど、結果として自制や勇気の形をとるにしても、つまりは収賄の比較秤量であり、臆病と叱責の比較秤量でしかない以上、むろん、収賄自体への真の強さとも、あるいは、真の勇敢さともいうことはできない。それらは、いうならば「強制」の次元での自制であり勇敢であって、真にそれを善いと知って進んでなされる、それこそ「自発」の次元での自制でも勇敢でもないからである。そこに、内発性でなく強制の要素がそっと顔を覗かせる以上、こうした自制や勇気の徳は、いまだ本物とは認めがたい。道徳性についても、やはり同じく「強制」から「自発」への次元的な移行を伴ってはじめて、真にその完成をみたということができるのである。

孔子は、その晩年、自らの歩みの跡をふり返って、「吾十有五にして学に志す、三十にして立つ、四十にして惑わず、五十にして天命を知る、六十にして耳順う、七十にして心の欲する所に従えども矩を踰えず」（為政第二の四）と述懐しているが、「而立」「不惑」「知天命」「耳順」の各段階を経て、ようやく七十にして到達することのできた「心の欲する所に従えども矩を踰えず」の境地こそ、右にいう道徳性の完成にほかならない。われわれのエゴ自体が浄化され、個人の欲するところと全体の定めるところに隙間がなく、思いのままに振舞って——つまりは心のブレーキを解き放ち、したい事を・したい時に・したい分量だけやりながらも——なおかつ全体の意に反しないという、文字通りの自在に向けて開放され切った状態——道徳性の究極のゴールは、これを措いてないからである。先にみた「ねばならない（強制）」の次元での道徳性は、ここでの究極のゴールにいたる過程で通過すべき関門として、あくまでも一応のゴールないし必要条件に留まっている。われわれは、道徳を論じ道徳性を評するにあたって、そこでの一応のゴールと究極のゴール——あるいはその必要条件と十分条件——を気安く混同してはならない。

ともあれ、道徳における究極のゴールは、「おのずからそうなる」といった自発のレベルで、常に全体（自分＋他者）と関わらせて考え、感じ、行為する姿勢が十分に確立されている状態、と考えられてよいのだが、そうした状態がいかに得がたいかは、たとえば、ここでの前半部と後半部を少しズラせたなら、いっそう明白となるにちがいない。すなわち、（Ａ）常に全体と関わらせて考え、感じ、行為する姿勢が、たとえ一応は確立されているにしても、それがいまだ「ねばならない」といった義務のレベルにおいてであるなら、あるいはまた、（Ｂ）「おのずからそうなる」といった自発のレベルで確立されているのが、常に自分とのみ関わらせて考え、感じ、行為する姿勢であるなら、どうなのか。こうした（Ａ）および（Ｂ）と先の姿勢の差は、一目にして瞭然にちがいない。（Ａ）の場合、一応は道徳の姿勢と呼べるにしても、そこに漂う空気の重苦しさ、堅苦しさは覆うべくもなく、とうてい道徳の完成などと称することはできないし、（Ｂ）に至っては、いまだエゴの域を何ひとつ出ない、まさしく道徳以前に留まっているからである。

このように対比するなら、文字通りに道徳の完成と表現されてよい、「おのずからそうなる」といった自発のレベルで、常に全体と関わらせて考え、感じ、行為する姿勢が十分に確立されている状態は、われわれが、常に自分とのみ関わらせて考え、感じ、行為する形の、ひたすらエゴを剝き出しにした道徳以前から基本的にはスタートしつつ、曲がりなりにもエゴを抑えて、たとえ「ねばならない」といった義務のレベルにせよ、常に全体と関わらせて考え、感じ、行為する姿勢が一応は確保された、世に言う道徳状態をさらに経て、なおも歩みを進める大いなる彼方にはるか位置すると言えるだろう。だとすると、途中の通過点である道徳状態すら、いまだ十分に確保されているとは言い難いわれわれの日常では、さらに彼方の道徳の完成など、およそ縁がないほどに遠い、と考えなくてはならないのだろうか。いわゆる道徳の完成に向けた到達の可能性である。こうした点については、しかし、次回に考察を譲るほかはない。

（村島　義彦）

第4章　正　義

1　問題の所在

倫理ないし道徳の問題は、さまざまの角度から論じることができるけれども、これを今、パブリック（公）とプライベート（私）のせめぎ合い——あるいは公共の利益と個人の利益の葛藤——の問題として捉えた上で、いわゆる「正義」を例に、双方の妥当な折り合いが、そもそもどの程度に可能であるのかを、できるだけ原理的に考えてみよう。

たとえばある大人が、ヤル気に満ちた若者に向かって、「君は、正義を守り、不正を避けなくてはならない」と衷心から説諭したとしよう。その時、当の若者が小生意気にも、「なぜ、正義を守り、不正を避ける必要があるのか」と逆に問い返したなら、大人は、この問いに果たして、どうした根拠をポジティブに示せるのだろうか。考えつく最もポピュラーな答えは、おそらく、「やりたいなら御勝手に。ただし、痛い目にあっても泣かないように」となるにちがいない。この答えは、あまねく一般に用いられ、かなりの説得力を具えているのだけれども、問いに対する答えとして、果たして、十分な正当性を具えているのかどうか。というのも、「正義を守り、不正を避ける」べきそもそもの根拠が、つまりは「痛い目」の有無にあるとするなら、掛け値なしに正義の人であり、不正の人でないように、とひたすら努めるよりはむしろ、正義の人であって、不正の人ではない、と数多くの他者から評されるように、できるだけ賢く（？）汗が流されてしかるべきだからである。「痛い目」の有無は、世の実情を眺めるかぎり、本当に正義の人であるか否かによりはむしろ、正義の人と思われているか否かに、いっそう多くが掛っている点は否めない。そうである以上、痛い目の有無を前面に打ち出したここでの方向は、その意に反して、「正義を守って、不正を避けるべし」と説諭するよりはむしろ、「正義を守り、不正を避けるポーズをとるべし」と説諭していることにもなり、いうならばサギを積極的に薦める背徳の説諭として、まことにシニカルに位置づけることも可能なのである。本来の意図は、むろんこうでないにしても、原理的に考えを押し進めるかぎり、こうした根拠は、こうした帰結にたどり着かざるをえないだろう。われわれはだから、ここでの問いに対しては、世にいう「痛い目」とは別の根拠を、改めて提示しなくてはならない。

ならば、それに代わるどうした根拠が考えられるのだろうか。原理的にはおそらく、「正義は、それ自体が善であり、逆に不正は、それ自体が悪であるからだ」といった、多分に抽象的な理由以外に、理由として挙げられるものはおよそ見当たらないにちがいない。この場合には、「正義を守って、不正を避けるべし」という勧めは、つまるところ、「善を選んで、悪を捨て去るべし」といった、当然と言えばまことに当然な、およそ反対の余地のない勧めとほとんど等置されてよいからである。厳密にはしかし、正義それ自体が「善」であり、不正それ自体が「悪」であると単に言うだけでは、いまだ十分とはみなしがたい。正義と不正をめぐる問題の中心は、正義が善であり、不正が悪である、という点の無知によりはむしろ、その善が時として、個人的な「損」につながり、その悪が逆に、時として個人的な「得」につながる、という世の皮肉な事実にあるとも考えられるからである。こうした事実に目を塞いで、いたずらに、「正義＝善」「不正＝悪」の等式をくり返すのは、実りのない気休め以外の何ものでもない。われわれは、さらに一歩を進めて、「正義＝善＝得」「不正＝悪＝損」の等式をも、より具体的に証明しなくてはならないだろう。すなわち、正義を守るのは、正義それ自体が善であり、それを守る当人にとって――気づかれるか否かにかかわりなく――得となり益となるからであり、不正を避けるのは逆に、不正それ自体が悪であり、それを為す当人にとって――発覚するか否かにかかわりなく――損となり害となるからだ、という点が、論理の上でもはっきりと明示されなくてはならないのである。

ところで、「正義は善、不正は悪」よりはむしろ、「正義は得、不正は損」である点を、正義それ自体と不正それ自体を例にとって詳しく証明するという試みは、はるかギリシアの昔に、プラトンが、自らの代表作である『国家』において、驚くほど詳細に追求した当のものであった。『国家』の副題が「正義について」と記されているように、この作品では一貫して、「正義に徹する人の生涯は、果たして、それ自体において得とみなしうるか」の問いが、プラトン自身の哲学論、教育論、芸術論、道徳論、政治論を広く巻き込みつつ、雄大な構想のもとに滔々と論究されている。こうした『国家』の正義論争を、その生々しさを保持しつつ、独特のアレンジを加えて要約的に活写した貴重な作品として、フランスの教育家アランの『プラトンに関する十一章』（森進一訳、筑摩叢書三二六、一九八八年）があるので、以下、この作品に依拠しながら、哲人と野心家の間にくり広げられた「正義」をめぐる迫真の思想戦が、どのような出発点から、どのような過程をへて、どのような帰結に至ったか、の一連の道ゆきを辿ってみよう。これ自体がまさに、プラトンの正義論のいかにあるかを、立体的・全体的・効果的に浮かび上がらせてくれるからである。

2　二つの正義

さて、『プラトンに関する十一章』のうち、その第八章「カリクレス」は、中身の上では『国家』の第一巻にそのまま対応し、そこでの主たる中身は、権力意志の権化ともいうべき野心の人トラシュマコスと、哲学を生きる愛知の人ソクラテスの、「正義」の正体をめぐっての赤裸々な問答であり、この問答はしかも、『国家』の全十巻へと発展していく雄大な「正義論争」の、いうならば序曲を奏でるものであった。

正義とはそもそもいかなるものなのか。この問いをめぐって、ソクラテスは、まずこう発言した。「権力が強くあるよりも、正しくある方が、はるかによいのだ」と。次いで、今少し歩を進めて、こうも発言した。「本当は正しいのに不正と思われている方が、不正でありながら正しいと思われているよりも、ずっとましなのだ」と。そして最後には、とうとう、こう発言したのである。「不正な人間の最大の不幸は、当の本人が罰せられないでいることだ。すなわち、不正に対する最も厳しい罰は、不正によってうまくやった人間が、当の甘い汁をいつまでも吸い続けていることに他ならない」と。これらの発言は、順を追ってエスカレートしていく表現の過激さに幻惑されないなら、ともに、一本の共通原理で堂々と貫かれている点が十分に了解されるのではないだろうか。すなわち、正しくあることは、人間にとって、文句のない善であり得であるのだ——これを基幹として、第一の発言は、それこそ直球的に導き出され、第二の発言は、方向を異にした二つの誤解に託して、やや変化球的に導き出され、第三の発言は、罰を介した更生のチャンスの有無に焦点づけて、あくまでも神経を逆なでする言い回しに訴えつつ、まさしく変化球的に導き出されているからである。居並ぶ面々は、ソクラテスの主張内容のラディカルさを、表現におけるエスカレートの第三段階に及んではじめて実感し、ざわざわと色めき立った。ソクラテスの立場をひたすら貫くなら、露見しないで不正の果実を存分に味わい続けるという、広く世の人びとに、不正の最たる益得と考えられている中身が、その逆に、最も容赦のない処罰として改めて位置づけ直されざるを得ないのだが、これは、日頃の生活感情に大きく背馳したからである。果たしてソクラテスは、あからさまな嫌みをシニカルに語っていたのだろうか。そうではない。これを語るソクラテスの顔は、文字通りに「真顔」であったからである。どうやらかれは、本気でこう信じているらしい。というよりはむしろ、誰もが、自分と同じくこう信じているとすら信じ込んでいるらしいのだ。この驚くべき誤解に接して、ついにトラシュマコスが、満座の野心家たちを代表して、問答の舞台におどり出た。ソクラテスの行き過ぎを戒めるためである。だからかれは、いい歳をしていまだに青臭い道徳律の域を出ないソクラテスの世間知らずを前に、世の正義の赤裸々な実態について、自らが深く確信するラディカルな説を大胆に披瀝した。

披瀝されたトラシュマコスの説は、およそ次のようなものであった。――ソクラテスよ、「ひとが不正を非難するのは、何も、自分が不正を犯すのを恐れているからではない。むしろ逆に、自分が不正を蒙むるのを恐れているからなのだ」と。いわゆる正義が、大いなる徳目として世に掲げられ、広く敬われている理由そのものを、冷静かつ沈着に分析してみるがいい。われわれがもし、そこから虚飾的な意義づけのすべてを剝ぎ取るなら、あとに残されるのは、つまるところ、仕返しを恐れるビクビクした小心しかないと言わなくてはならない。世にいう正義は、このように、この世の修羅場における「万人に対する万人の闘い」に身を委ねる勇気を欠いた連中が、自らの安全を計るために相互に結託し、たとえば、「他の人からされて嫌なことは、他の人にも、するのを慎まなくてはならない」といった道徳律を捏造して、あろうことかこれに、「万古不易の理法」とか「神の掟」などのレッテルを貼って、改めて勇者たちの心に注入し、かれらの牙と爪を抜き去ろうとした、巧妙かつ陰険な手段的所産とみることができる。「正義を守れ！」という世の叫びは、それゆえ、つまりは弱者の論理に他ならない。

弱者の場合にも、むろん、本当に自分から望んで「世にいう正義」を守るのでなく、あらゆる得失を計算して、あくまでも利益原理の立場から、しぶしぶとこれを守っているにすぎない。その本音は、およそ次のような言葉の内に見い出されるだろう。「人は、もしできるものなら、ありとあらゆる事柄において自らの欲望や利益に従いながら、また、手の届く範囲のありとあらゆる利益を捕えながら、自らの欲するままを行なうに越したことはないだろう」と。このように、自らの欲望をあますところなく成就すること、換言するなら、「力の限界こそは、権利の限界でもある」という文字通りの「MACHT IST RECHT」の世界、これこそは実に、弱者の本当に望むところであり、「本来の正義」ないしは「自然の正義」に他ならない。強者はそれゆえ、当然、ここでの「自然の正義」に忠実であろうと欲する。けれども、いかなる強者といえども、弱者の連合軍を相手とした「一対多」の争いにおいては、つまるところ敗者（それゆえ弱者）とならざるを得ない。こうして強者も、多数の弱者と同じく、あらゆる得失を計算して、不本意ながら「世にいう正義」を守るのである。このように、あまねく世に正義が守られているのも、何のことはない、損得のソロバンに人一倍敏感な、いわゆる利益原理を徹底して奉じる弱者同士の姑息な生活知に支えられてのことなのだ、と。

次いでトラシュマコスは、自説を裏書きするべく、ヘラクレスとアルケラオスの犯した所業に対する人びとの喝采を引用した。すなわち――英雄ヘラクレスは、欲しくてたまらない牛を得るため、持ち主のゲリュオンに寄贈を求めた。この求めはしかし、はっきりと拒絶されたのである。ヘラクレスはためらわなかった。即座にゲリユオンを打ち殺し、首尾よく目的を達していささかも憚らなかった、と語られている。今ひとりのアルケラオスもまた、マケドニアの王室において、人倫に悖るあらゆる策謀を駆使して首尾よく王座についたのち、栄耀の上に栄耀を、栄華の上に栄華を重ねつつ、その生涯を平穏無事に送った、と伝えられている。こうした二人は、いわゆる覇道における成功者であって、「世にいう正義」の立場からすれば、まことに許しがたい人物として最大の非難が浴びせられて当然にもかかわらず、世人は、非難とは逆に、大いなる喝采をかれらに送っている。われわれはこれを、どう解釈すればよいのだろうか。ここにおける喝采こそ、実に、人びとの心に潜む「自然の正義」への根強いあこがれを、何にも増して物語っていると考えなくてはならない。というのも、ヘラクレスにせよアルケラオスにせよ、「MACHT IST RECHT」という「自然の正義」に身を委ね、雄々しくそれを実践したのち、見事に成功をとげた希有の典型に他ならなかったからである、と。

以上を要約すれば、トラシュマコスの「正義論」は、およそ次のようになるだろう。正義には、「世にいう正義」と「自然の正義」の二面があり、いずれの正義に徹するにしても、その方向でともかく成功を収めるなら、当の本人は、大きな喝采を博する。要は、成功するか否か――つまりは勝利するか否か――なのだ。この世は、つまるところ強者の世界であって、栄光への鍵はすべて、強者の掌中に委ねられている、と。こうした正義論に立つかぎり、先にみたような意見を吐くソクラテスは、まことにおめでたい人間と評されざるをえない。かれこそは、弱者への罵倒と強者への喝采といった世の掟を、真顔で否定する青臭い道学者に異ならなかったからである。ソクラテスはしかし、トラシュマコスが見たように、果たして「青臭い道学者」ないしは「おめでたい人間」に尽きる人物であったのかどうか。

3　ギュゲスの指輪

『国家』の第二巻に対応するアランの第九章「ギュゲス」では、ソクラテスの問答相手は、トラシュマコスからアデイマントス・グラウコン兄弟に交替した。こうした二人の「若き獅子」たちは、トラシュマコス以上の率直さで、猛然とソクラテスに襲いかかった。その容姿、血統、富、才能など、いかなる点でも遜色のない文字通りの「太陽の子」たちにとって、正義をめぐる先ほどのトラシュマコスとソクラテスの問答は、自らの将来とも関わって、打ち捨てては置けない問題に直接に触れていたからである。すなわち、この時代に生きる若者たちの目からみても、トラシュマコスの正義論は、自分たちが目にし耳にするリアルな世の事実に無理なく合致した、きわめてまっとうな教説であると思われた。しかるにソクラテスは、この「まっとうな教説」に正面から異議を唱えたのである。かれの説いた、「MACHT IST RECHT（力が正義である）」とは真反対の「RECHT IST MACHT（正義が力である）」の正義論は、当時の混乱した世相が「太陽の子」たちに許した無際限の自由を、すなわち、自らの欲望を存分に発現して構わないというありがたいお墨付きを、かれら自身の手から奪い取りかねない力を秘めていた。青年期の真摯さは、自らが掲げる格率とは明らかに異質の見解を容認せざるを得なくなる時、当人の行動の貫徹と徹底を著しく妨げる方向に作動しないわけにはいかなかったからである。ソクラテスという存在は、かれらにとって、超えずには済まない精神的な障壁であった。だから、二人はこう主張した。あなたは、「ソクラテスよ、世にいう正義の実践がより善いことだ、とわれわれに語るだけでは十分ではない。それを証明しなくてはならないのだ」と。

アデイマントスとグラウコンが突きつけた挑戦状は、およそ次のようなものであった。――ソクラテスよ、トラシュマコスも示したように、世に正義が広く守られている背後には、何らの絶対的な根拠も見当たらず、そこには実に、しかえしを恐れるあまり「自然の正義」への密かな想いを自制するという、弱者の小心な打算が女々しく息づいているのみだとするなら、あえて「自然の正義」に徹しようと雄々しく決意を固めた強者に対して、われわれは、そうした生き方が、自分に対する明らかな不利益ないしは損害なのだと、果たして十分に説得できるのだろうか。そうした論理があるのなら、どうか、目の前に示してもらいたい。「正義は得で、不正は損」だという――より正確には「世にいう正義は得で、自然の正義は損」だという――あなたの説の最終根拠を教えてもらいたい。その場合に、「死後における魂への裁き」といった根拠のあいまいな、宗教レベルでのミュートスの類いはいささかも用いないで、「正義は、正義それ自体において得であり、不正は他方、不正それ自体において損である」というように、両者の損と得を――それに伴なう評判や数々の利得といった副産物を数え上げないで――あくまでも「それ自体において」証明しなくてはならないことは言うまでもない、と。

二人は、ここでの問題を「ギュゲスの指輪」というミュートスに託して、得心のいく解答をソクラテスに迫った。すなわち――あなたも知るように、ギュゲスは、平凡で善良な羊飼いであった。そのかれがある時、たまたま、魔法の指輪を手に入れた。指輪の魔力は、持ち主の姿を見えなくさせるものであった。その効力を確かめるや、かれは、ただちに行動を開始した。すなわち宮廷に赴いて、王を殺害し王妃を篭絡した。そして、統治の実権を握ったのちは、平穏無事にその生涯を全うした、と云われている。われわれに言わせるなら、「ギュゲスはうまくやった」のである。このギュゲスの変身にも見られるように、仮にもし、ありとあらゆる欲望をあまさず発現させながら、結果として何らの罰も蒙らないといった途方もない特権を与えられたとして、それでもなお、

「自然の正義」に与することを善しとしないような人間が、そもそも居るのだろうか。「さあ言ってくれ。ギュゲスが知らなかったことを。もしかれが、それを知っていさえすれば、かれを思いとどまらせたであろうことを。ちょうど、あなたがわれわれに教えてくれさえすれば、われわれも権力を投げ捨てるかもしれないように、あのギュゲスに、かれの指輪を投げ捨てさせたかもしれないことを」。このように二人は、ギュゲスがうまくやったのではない、ことの論証をソクラテスに迫ったのである。

ソクラテスは、こうした若き獅子たちの真摯な追求を前に、いよいよ、「正義は、正義それ自体において得、不正は、不正それ自体において損」という自説の最終の根拠としての、デカルトのいわゆる「アルキメデスの支点」を求めて、哲学的な考察の遥かな旅に出発した。

4 「魂の健康」としての正義

『国家』の第三巻〜第九巻に対応するアランの第十章「袋」は、先に示した「ギュゲス問題」に、論理の面から試みられたソクラテスの解答を効果的にまとめ上げたものということができる。ソクラテスは、こうした解答作業を進めるにあたり、まず、「正義は、それ自体において得であるか」の究明に先立って、当然に究明されてしかるべき事柄が一つあるのではないか、と指摘する。他でもない、「正義とはそもそもいかなるものか」の問いが、それであった。われわれは、或るモノの正体を不明なままに放置して、これの得ないし損を論じることはできない。正義の損得の究明は、このように、正義の正体の究明に先行されなくてはならないのである。

こうして、ソクラテスが自らを焦点づけたのは、「正義の何であるか」の探求であった。そしてこう考えた。

正義の正体を解き明かすには、ともかく、人間の魂をつぶさに分析しなくてはならない、と。というのも正義は、人間の魂に関する徳目の一つに他ならなかったからである。ところで、人間の魂という奇妙な「袋」の内には、三匹の生きものが巣くっていた。計算し・比較し・秤量するはたらき一般を司どる、われわれの理知の部分に相当する「賢者」と、意気に燃え、胸の高鳴りに自らを委ねて憚らない、われわれの侠気ないし気概の部分に相当する「獅子」と、さらには、ありとあらゆる欲望・欲念・欲情が、無数の鎌首をもたげて不気味にうごめく――その意味ではまさにヤマタノオロチに形容されてよい――、われわれの欲動一般に相当する「ヒュードラ」（海龍）である。こうした内なる住民の各々に、「知恵」「勇気」「節制」といった三つの徳目が、まさにそのままに対応していた。

周知のようにギリシアでは、徳を意味する「アレテー」は、何らかの戒律や規範をひたすらに遵守して、いささかの違反もない状態といったものよりはむしろ、自らに具わった特性を最大に発揮して、最も見事に輝き渡っている状態としてイメージされるのが常であった。こうしたアレテー観を先の三者に当てはめるなら、「賢者」がまさに賢者として、最も光り輝いている状態に他ならない賢者の徳が「知恵」となり、「獅子」がまさに獅子として、最も光り輝いている状態に他ならない獅子の徳が「勇気」となり、「ヒュードラ」がまさにヒュードラとして、最も効果的に自らのヒュードラ性を実現している状態に他ならないヒュードラの徳が「節制」となる――というのも、欲がまさに欲として実を結ぶには、単に偶発的な時々の欲に身を任せるといった、いわゆる「放縦」に訴えて叶うはずもなく、逆に、こうした欲をコントロールする何らかの操作としての「節制」が、そこに要求されなくてはならないからである――のは、ほぼ明らかであるだろう。このように、「知恵」「勇気」「節制」の三徳については、そもそもの母体となる能力を、「理知」「気概」「欲望」といった魂の三部分にそれぞれ割り振ることができるのだが、では、肝心の「正義」について、われわれはどこに、当の母体を求めればよいのだろうか。魂の内には、座ないし能力は三つしかない。とすれば正義は、母体を欠いた単なる幻影にすぎないのだろうか。

こうしたアポリア（袋小路）に直面したソクラテスは、探求の便宜上、ミクロ・コスモス（小宇宙）としての「人間」から目を転じて、マクロ・コスモス（大宇宙）としての「国家」に焦点を合わせた。というのも、「人間」と「国家」がミクロ（小）とマクロ（大）の違いこそあれ、コスモス（宇宙＝秩序体）という点で共通している以上、「人間」の徳としての正義もまた、当然、この「国家」の内に認められるだろうし、「国家」というずっと巨大な猟場においては、正義の捕獲もいっそう容易になる、と思われたからである。ソクラテスはだから、「国家」を分析して正義の巣を発見するという作業に先立ち、まず、猟場としての「正しい国家」――そこには当然、「正義」の徳が含み込まれているであろうから――のモデルを、あくまでも言論によって構築する。

さて、われわれ「人間」に理知の座としての頭があるように、「国家」にもこれに相当する部分がある。ここに鎮座するのは王である。「国家」の胸および腹の部分にはそれぞれ、戦士階級と商人階級が座を占める。こうした三つの階級に固有の徳は、ちょうど人間の魂の場合に呼応して、王においては「知恵」、戦士においては「勇気」、商人においては「節制」となるだろう。ところで、「正しい国家」――つまりは「現にある国家」でなくて「あるべき国家」としての「理想国」――とはいかなる国家をいうのだろうか。そうした国家の一つとして、われわれは、王たるにふさわしい最も優秀な人間が玉座に着いて統治を行ない、戦士たちはその命に服して守護の仕事に励み、商人たちはかれらの糧を確保するべく生産部門と流通部門に携わって、それぞれが自らに固有の職責を全うする中で、全体的な機能の調和も保たれているタイプの国家を挙げることができるだろう。「あるべき国家」の当為性は、このように、当の国家を構成する三つの階級の「あるべき関係」にこそ求められなくてはならない。われわれはついに、正義の座をどこに求めるか、の問いに答える一つの鍵を見い出したのである。

およそ国家は、「王」「戦士」「商人」という三つの階級からなる複合体に他ならず、国家の正しさも、それゆえ、こうした三つの階級の「構成ないし配列における正しさ」に帰着する以上、われわれは、国家における正義の座を、国家の内にある「個々の部分ないし階級」にでなく、そうした部分をまさに部分として所有する当の「全体としての国家」に求めることができる。正義とは、全体としての国家を母体として、この全体としての国家が、自らの特性を最大に発揮している状態を措いてない。すなわち、三つの部分がそれぞれに、その仕事範囲を守りつつ当の職責を全うして、国家全体が正常かつスムーズに機能している状態——これが正義なのである。今これを、ミクロ・コスモスとしての人間の魂に置き換えて考えるなら、魂の三住民が、自らの持ちゴマに叶った配置（ヒエラルキー）を保ちつつ、三者がまさに三者ともに自らの機能を発揮して、人間そのものが全体的な健康の内にあることだ、と定義しても構わないだろう。ソクラテスは、こうした調和（ハルモニア）としての正義論に立脚し、「正義はそれ自体において得であるか」の問いに答えて、「然り」と語った。正義とは、かれによれば、魂の器官ともいうべき理知・気概・欲望の三者が、あくまでも器官としての働きを全うする中で、魂自体が、まさに魂として正常に機能するという文字通りの「魂の健康」に他ならず、こうした「健康」は、それ自体においてきわめて望ましいもの——それゆえ得——と評価されてよいからである。

次いでソクラテスは「不正」を分析して、それが、三つの部分相互の「領域侵犯」ないし「内政干渉」に基づくヒエラルキーの乱れに他ならず、身体にたとえるなら、胃のみがあまりに巨大化してその働きを強化したあげく、他の内臓各器官が圧迫され機能不全におちいった結果、身体全体が病気に苦しむといったケースと同じく、あるいは「気概」の肥大化なり「欲望」の肥大化なりの形をとった、「魂の不健康」ないし「病気」であると診断した。こうして不正は、「病気」が当人にとってきわめて厭わしいもの——それゆえ損——であるのと同じく、「それ自体において損」だと結論されたのである。かくしてソクラテスはこうまとめた、「徳(正義)とは、魂の健康であり、美であり、幸福であると思われるし、悪徳(不正)とは他方、魂の病気であり、醜であり、弱さであると思われるのだ」と。

5 全体を振り返って

以上、アラン『プラトンに関する十一章』の第八章、第九章、第十章を中心として、プラトンの正義論をごく大まかに紹介してみた。それはいうならば、或る特定能力の突出した作動よりは、三つの能力のバランスある作動にそもそもの力点を置いて、部分としての「まっとうさ」でなく、あくまでも全体としての「まっとうさ」に着目した、それゆえ〝健康〟を基本イメージに仰いだ正義論であった。このイメージを踏襲するかぎり、最初の節でも問われた、「本当に正しいのと、正しいと思われるのと、どちらが当人に益をもたらすか」の問いは、さしたる困難もなく解答されるにちがいない。ここでの「正しい」を「健康」に置き換えるのみで、それ以上の説明は必要としないからである。本当は病気に蝕まれて呻いているにも拘わらず、それを隠して、他の人からは、文句のない健康体だと思われている——これを積極的に自らの益として求める者は、おそらく、一人もいないにちがいない。いや、権力の中枢に身を置いて、小さな弱みが大きな破局につながる危険性を骨の髄まで熟知した人間なら、あるいは、例外的にそうするかもしれない。とはいえ、かれにしても、真に自らが健康体である以上に、あえて健康体だと思われる方を、本心から積極的に望んでいるわけではない。健康そのものの価値は、そう思われるか否かでなく、まさにそうあるか否かに全面的に依拠するからである。ここでは、「MACHT IST RECHT」を奉じるトラシュマコスの「自然の正義」は、単に欲望のみが幅を利かせて、他の理知と気概を不当に押さえ込んだ、われわれの身体に例えるなら、その胸と頭に比べて、腹のみが極度に肥大化した、いうならば奇形という「病気」に他ならず、それゆえ、当人にとって文句のない「損」である、と厳しく査定されざるを得ないだろう。

先に辿った正義論そのものは、このように、当人にとっての得（ないし益）に焦点づけられた「世にいう正義」と「自然の正義」の赤裸々な競い合いに、はっきりと終止符を打つものであった。これについてはしかし、問題点の原理化に努めるあまり、かなり極端な例を用いて論自体の展開が図られているな、といった一般的印象が、おそらくは拭えないのではないだろうか。現実にはなるほど、これだけの極端さと鮮明さで事柄そのものは運ばない。われわれが目にするのは、そうした要素の混淆であり、漠とした曖昧であり、平板化された陳腐でしかないからである。とはいえ、ここに紹介した正義論は、原理的・骨格的にきわめてシンプルであるだけにかえって、われわれの腹に響く薄気味の悪いリアルな迫力を湛えているのは否めない。道徳ないし倫理の問題は、思想の原理面における煮詰めと整理をなおざりにして、行動の現象面における単なる習慣化に事のすべてを委ね切ることができないのだから、各人は、各人の内部でそれぞれに、こうした問いをくり返し問いつつ、自らの内なる現状がいかにあるかを、各人なりに把握して生きることを、最低の条件として強く要求されているのではないだろうか。

プラトンの生涯

「ヨーロッパの哲学的伝統は、プラトンに対する一連の脚注からなる」と称えられるまでに、広くかつ深く、ヨーロッパの思想全体に影響を及ぼした古典ギリシアを代表する哲学者のプラトンについて、われわれは、その生涯を大きく、「二八歳までの青少年期」「四〇歳までの遍歴期」「六〇歳までの学頭期」「八〇歳までの晩年期」に四分して、活動の軌跡の全体を、およそ次のようにまとめることができるだろう。

前四二七年、アテナイに生まれる。名門の子弟に共通の、国家有為の人物となる夢を抱いて勉学にいそしんでいたプラトンは、「ただ生きるよりも、よく生きる」ことを勧め、諸々の徳の何であるかを徹底して問答したソクラテスを介して、哲学そのものの精神に触れ、さらには、時の政権によるソクラテスの裁判と死刑を目のあたりにして、大きく、その夢と将来に変更を加えざるを得なくなる（以上は青少年期）。

諸国遍歴ののち、アテナイに戻ったプラトンは、『弁明』『クリトン』『ラケス』等の初期対話篇を次々に公表する。ありし日のソクラテスをそのままに描いて、一方では、師に対する世人の誤解を除き去るとともに、他方では、師のもつ意味を改めて自らに問い直そうとしたのである（以上は遍歴期）。

ついにその答えを、哲学と政治の合一（哲人政治）の内に見いだしたプラトンは、その実現に向けて、自らの哲学を世に問う著作活動と、学園「アカデメイア」を中心とした青年たちの教育活動に着手する。『国家』『饗宴』『パイドン』等の中期対話篇が公表され、独自の哲学ともいうべき「イデア論」と「霊魂論」が、徐々に形を整えていった（以上は学頭期）。

哲人政治の理想を実現するべく、強く請われて試みた二度のシケリア渡航は、みじめな失敗に終わった。だが、教育活動と著作活動は続行され、『法律』『ティマイオス』『パルメニデス』等の後期対話篇が公表される。前三四七年、八〇歳でこの世を去る。「書きながら死んだ」とも伝えられている（以上は晩年期）。

『国家』あらすじ

権謀術数にあふれ、「RECHT IST MACHT（正義こそは力）」でなく「MACHT IST RECHT（力こそは正義）」を地でいく当時の世相を反映して、トラシュマコス、アデイマントス・グラウコン兄弟の提示した正義否定論の中身は、まさしくラディカルそのものであった。「正義は損に、不正は得につながる場合が少なくない。だから人は、正義の人であるよりはむしろ、正義の人と思われる方を望むのだが、これが何故いけないのか」――この赤裸々な挑戦を前に、ソクラテスは、「正義は、それ自体において得であり、不正は、それ自体において損である」ことを論証する長い問答の旅に出発する。

だが、「正義が得か否か」を判定するには、まず、「正義の何であるか」が前もって把握されていなくてはならない。この正義の正体を求めて、ソクラテスは、そもそもの探求の場を、ミクロ・コスモスとしての「個人の魂」から、マクロ・コスモスとしての「国家」に移行させる。かくして、正義の内在が予想される「理想国」の構築作業が、言論において大々的に開始されるのである。

「理想国」の構築における中心作業は、つまるところ統治者の育成にある。この育成をめぐって、論は、統治者の資格と選抜、その任務、その教育から、この階級に属する男女の職務と教育の同一性、妻子の共有にまで及んだ。そして、「理想国」を実現すべき唯一かつ最小限の変革として、「哲学者＝王」の構想が提示される。

だが、「現にある哲学者」への世の誤解は思いのほかに強い。まずもって、「真の哲学者」のいかにあるか、が正しく描き出されなくてはならない。こうして、哲学すべき対象としての「善のイデア」が、「太陽」「線分」「洞窟」といった三つの比喩を用いて描き出されるとともに、そこにいたる「魂の転換」に向けた教育のカリキュラムも、かなり具体的に提示された。

ついで、最も正しい「理想国」から最も不正な「僭主独裁国」に向けた国家転落の五段階が示された上で、「正義とは、個人にあっても国家にあっても、その構成要素のすべてが、機能の上で無理なく嚙み合い、全体がまさに全体として十全に機能している〝健康の状態〟に他ならず、こうした健康はむろん、それ自体において〝得〟となる」と結論される。
「正義はそれ自体において得」であることが論証された時点で、話は、そうした正義のもたらす「報酬」に移って、現世における報酬に加えて、死後における報酬までが考察される。有名な「エルのミュートス」は、後者に触れた、あの世で魂が辿る不思議な行程についてのメッセージである。

（村島　義彦）

第5章　欧米の教育思想——近代から現代

本章では、教育史の上で重要な思想家を紹介する。ただし、紙幅に限りがあるため、ほんの一部のみにとどめる。取り上げた六人は、人間と社会についての根元的な洞察、そして教育が成立する根拠や条件（内容・方法・制度）についての精細な議論、いずれの面においても後代にきわだった影響を与えた人たちである。不十分な要約ではあるが、それぞれの人間的な個性にもふれながら、彼らによって教育の新しい展望がどのように開かれたか、そしてまたどのような問題がわれわれに残されたか、ということを考えたい。

1　近代的学校構想——コメニウス

（1）　普遍的な学校制度

今日われわれの教育の世界の中心にあるのは、言うまでもなく学校である。人生の少年期・青年期を「学齢期」とし、公共的に統制された学校システムに参加することは、一人前の社会人になる前の当たり前の生活のかたちとなっている。

生活圏にはあまねく、子どもの成長段階にそって等級化された学校があり、そこでは教科に区分され、難易度に従って階梯化された学習内容が、専門の教員の指導のもとに教授される。生徒は学年や学級という集団を構成し、計画された時間割によってすすめられる学級ごとの教室での一斉授業が、学校における教育活動の基本的な単位となる――大人と子どもの教育関係を、こういった仕組みで社会的に組織することが普遍化したのは一九世紀の欧米そして日本においてであり、教育の近代はそこにはじまるとされる。

貧富の差や男女の別なくだれもが教育の機会をえることができる、こうした近代的な学校体系の思想的な始原を、われわれはどこまでさかのぼることができるだろうか。あえて一人の人物にそれを集約させるとすれば、一七世紀の宗教家、民族解放運動のリーダーであり教育者でもあったコメニウス（Johann Amos Comenius, 1592–1670）の名を挙げるしかない。彼の著書『大教授学』（一六五七年公刊）は、世界初の体系的教育論と評されるが、そこには教育の目的や内容・方法に関わる秩序だった議論とともに、「母親学校（幼児学校）」「母国語学校（初等学校）」「ラテン語学校（中等学校）」「大学」の四段階（各六年）からなる、万人に開かれた単線型の学校体系の構想が示されている。

現在のチェコ、当時神聖ローマ帝国の領土であったボヘミア地方に生まれたコメニウスは、ハプスブルク家の圧制に抗して独立をめざす新教徒の指導者として活動したが、三十年戦争の惨禍の中で国を追われ、イギリスなどヨーロッパ諸国で亡命生活を送り、ふたたび祖国の土を踏むことなく一生を終えた。『大教授学』の副題にもかかげられた「あらゆる人にあらゆる事がらを教授する普遍的技法」の探究は、流亡の中でも祖国の解放とキリスト教世界の平和的な統一の願いを失わなかったコメニウスの、人類救済と教育にかけた不屈の意志の表れである。

(2) 教育の目標とそこにいたる道

すべての被造物の中で神に似せられて創られた人間には、神の完全性を表現する特別な務めがある。その第一は、理性によって人間と世界のあらゆる事物を知ること、第二は、それらを本来の目的にそって完全に統御すること、そして最後に、それらを神に正しく関係づけることである。これら、博識、道徳、敬虔、という人間だけにゆるされた卓越性は、あらかじめその「種子」が万人に与えられているので、それを磨き伸ばすことによってだれもが達成することができる。人間は教育を受けることで本来の人間となるのである。

そうした目標へむけて人はなにを学ばなければならないか。それは「汎知」すなわち「神と自然と人事にかんする真知のすべて」である。コメニウスは、神が創造した宇宙の全体を貫く秩序を知らせることが、地上における人間の義務の遂行につながり、ひいては神の願う世界の平和の実現にいたることを確信していた。教育は、この包括的な知識体系のなかに「どのひとりも除かれることなく」導き入れようとする仕事なのである。

(3) 正しい教育方法

汎知体系を構築したコメニウスは、それを「わずかな労力で、愉快に、着実に」子どもが習得できるような種々の教授原則を確立し、さらにみずから教材のモデルとなる教科書の作成までも行なった。

コメニウスによれば教授の中心原理は単純である。それは子どもの内部にある「自然」にしたがうことであった。彼のいう「自然」の原則のなかには、神学的な世界観による難解なもの、彼の独創とはいえないものなどもふくまれているが、年齢や理解力にそった教材の配列、あるいは、言葉よりも実物、法則よりも実例を先に示すことなど、心理学的な合理性をもったものが数多くある。世界初の絵入り教科書である『世界図絵』（一六五八年）は、感覚的な直観こそあらゆる知識の入り口であると説き、理解と記憶を確実にする視聴覚教材の考案に心をくだいたコメニウスの偉大な成果である。教授を確実容易にする拠りどころを人間の本性のうちに見出し、それを実践的に体系化したことによって、彼は「近代教育方法学の父」とも呼ばれることになった。

今日、一斉教授の熱烈な主唱者という側面でコメニウスを問題視する声もある。『大教授学』で学校教師の仕事を当時の最先端技術である印刷術になぞらえ、教師の言葉があたかもインクとなって生徒の精神に文字を（知識として）刷りこんでいくという、機械的・効率的な大量加工のイメージを得々と展開したところに批判がむけられるのである。人類全体の救済を意図し、つねに普遍主義的な枠組みの中で思考するコメニウスには、教育の個別化や個性開発という発想はたしかにとぼしかったであろう。しかし、神の知への道は、鞭や脅しのような不自然な力によって駆り立てられるのではなく、われわれが経験的に知ることができる平明な生命の法則にそって万人一様に踏破できるのだという彼の信念は、教育への永遠の希望の、いわば原点をなすものである。

2　人間性と教育——ルソー

（1）　幸福の条件

長い人類史の中でも、ルソー（Jean-Jacques Rousseau, 1712-1778）ほどの影響力を後世に残した思想家は少ない。教育にとどまらず、政治・経済から芸術、宗教、歴史、文学、言語にいたるきわめて広範な分野に、彼の著述は及んでいる。しかもそれぞれが人間の存在もしくは社会のあり方を根底から問い直す批判的な論及であり、総体として、同時代の文化全体への深刻な問題提起となっている。輝かしい名声と社会的迫害——彼が同時代から両極のあつかいを受けることになった所以である。

またルソーほど人間味に富み、その個性が人の心をつかむ思想家も少ない。鋭い思索的な理性のかげに並はずれて豊かな感情があり、それが人間愛や情熱として噴き出す一方、繊細でもろい心が、つねに悩みや不安、悔悟の念にあえぎ苦しむ、つらい人生を彼にもたらした。晩年の自伝的著作は、その不可思議だが魅力にみちた魂の告白である。

そうしたルソーの思想の起点にあったのは、人間はなぜ、だれもが等しく幸福に生きていける社会を作ることができないのか、という問いかけだった。人びとはたがいに憎しみ合い、奪い合い、虐げ合う。富や力、地位や栄誉をめぐる争いが支配する勝者と屈従する敗者とを生み、その不平等な関係の網の目の中で、人間の善意や良心は蝕まれ、欺きやねたみや虚栄の悪に落ちていく。人間は自分の命を守るために群れて社会を作り、文化を創って交換し洗練することで、安定した生存の条件を確保してきた。しかしそうした文明の発展といわれるものの底によどんでいるのは、他人を利用し、差別し、支配することを喜ぶような人間の醜さ、卑しさにほかならない。

他人を決して自分の幸せの道具にはしない、共感と安らぎにみちた人びとのつながり——そうした関係はどのようにして実現することができるのだろうか。

(2)「自然の善性」

人間の不平等はまぎれもなく社会生活の帰結である。しかしもはや群れて生きることをやめられないわれわれは、共同社会を生きるための道徳性をおのおのが築き上げていくしかない。この課題を解く鍵は、人が生まれながらにもつ自己保存の衝動である「自己愛」を、他者よりもより多くを得ようとする「利己心」に転化させないことにある。

ルソーが想定する「社会状態」以前の「自然状態」では、人間は苦痛や死を恐れ安楽を求める自己愛の中で生きているが、そうした根源的な欲求以上の情念にとらわれることはなく、他者との対立や競争によって優越性を競うどころか、むしろたがいのつらさを労わりあう同情心をもっている。われわれには、そうした自己愛のように、「社会状態」でそこなわれる以前のゆがみのない本性があるはずなので、それを守り育てる手立てを整えることが肝要である。教育とはそうした「自然の善性」を保全するいとなみと考えられる。

「造物主の手を離れるときすべては善いものであるのに、人間の手にわたるとすべてが悪くなる」。教育小説『エミール』(一七六二年)は、ルソーのこうした断定からはじまっている。家庭教師と二人で田舎暮らしをするエミールは、「不自然」な社会の悪からは自由に、「自然の歩み」にそった成長をとげていくのである。

(3) 消極教育

ルソーによれば教育には三つの種類がある。子どもの能力と器官が彼らの内部で発展することが「自然の教育」で、その活用のしかたを教えるのが「人間の教育」である。さらに子どもが周囲の事物について経験的に学ぶことが「事物の教育」である。これらの中で人為的にコントロールできない内的発育である「自然の教育」こそ、成長の主軸となるべきである。ルソーにとって「自然」とは、教育の基盤であり、またその道筋を示し、さらに目標ともなる、まさに教育を統括する原理であった。

自然はわれわれをどう導くか。幼い時期には感覚によって快・不快を見分け、少年期には役に立つか、都合がよいかで適・不適を判断し、青年期からは理性によって善悪の道徳的判断を行なう。このように人間は、発達の段階ごとに自ら必要な判断を下す価値基準をそなえている。にもかかわらず、自分の幸福に関わる問題でその力を行使せず、他人の教示や社会の習慣に追従してしまうところからあらゆる不幸が発生する。自然の力を自由に自分のために用いることを覚えなければならない。

それゆえ教育、とりわけ初期の教育は「純粋に消極的でなければならない」。感官の活発な活動こそ子どもを導く指針である。ことばによる指示ではなく、かれらが自発的に動き、経験し、事物の真理を、教訓を自ら知るようにさせる。火の熱さはさわって知るしかないし、窓ガラスを割ったことの報いは寒風に吹きさらされてわかる。そうやって「体を動かせば動かすほど、かれの精神はいよいよめざめてくる。かれの力と理性とはあいともなって発達し、たがいに助けあってのびていく」のである。

未熟な大人ではない、子どもらしい子ども時代を存分に生きる――成長における幼少年期の固有の意味と価値を強調したルソーは「子どもの発見者」といわれ、『エミール』は子どもに救いを知らせる「福音の書」と呼ばれた。とはいえ、「市民」であるまえに「人間」としての完成をめざした『エミール』の試みは、あくまで思想の上の実験にすぎない。現実のわれわれは、はじめから社会に生まれ、そこで大人とともに生きていく子どもたちのために、なにが望ましい「自然」な成長であるのかをたえず見きわめる責務を負っている。

3　教育者の生き方――ペスタロッチ

（1）　実践からの思索

ペスタロッチ（Johann Heinrich Pestalozzi, 1746–1827）は、ルソーと同じスイス生まれだが、ルソーや先のコメニウスのように諸国遍歴の生涯を送ることはなく、終始母国にあって、政治的社会的混乱や工業化にともなう経済変動にゆれ動く時代を生きた。政治運動や農場経営などの経験の後、彼は貧しい農村民衆のための学校経営に着手し、貧民学校や孤児院で、しいたげられた子どもたちの人間性の覚醒と伸展に力をつくした。後半生では教育家としての名声が高まり、欧米で広く注目されることになったが、その事業はつねに苦難や挫折がともなうものであった。

ペスタロッチの著作は、実践報告のほかに教育小説や理論的著述など数多いが、すべてその苦闘とも言える活動の中で生み出された成果である。彼は、教育を論じる自分は、哲学的な思索の正確さではなく、「豊かな経験の蓄積によって支えられ、心臓の鼓動によって導かれていた」のだと語っている。貧窮と失意に耐えながら、日々の実践の反省を理論化する努力を積み上げていったその真摯な姿は、教育者の永遠のモデルとして今日も敬愛を集めている。

（2）　方法の探究

ペスタロッチにとって教育は抽象的な理念ではなく、まさに目の前の、見捨てられ、やせ細り、不安と疑惑の暗い眼をした子どもたちに、どうやって希望や人間への信頼を回復させ、生きるための力を身に付けさせるかという、さしせまった問題であった。

しかしこの困難な課題に取り組む過程で、彼は神が人にわけへだてなく与えた「本性的な諸力」を確信する。それらは遠い理想ではなく、現実の「生活の必要と要求」との真剣な関わりの中で必ず発現してくる。こうした人間の内にある自然の自己発展を助けるわざこそが教育である。ルソーの自然主義からペスタロッチが学んだものは多い。

晩年の著作（『白鳥の歌』一八二六年）によれば、人間性は三つの根本力、すなわち知性の働きである精神力、そして感情や意志、さらに道徳につながる心情力、その上に仕事や労働を可能にする技術力から成っている。それぞれ「頭」「心」「手」に象徴されるこれらの力は、「一つの分かつことのできない全体」としてあるので、教育はそれらを調和的・全体的に発展させる「全人教育」として構想されなければならない。

そうした共通の人間教育を実現する普遍的な方法はどのようなものか。「自然の歩み」にそった「唯一の真なる」教授法を確立しようとする彼の探究は、最終的に「基礎陶冶の理念」に到達する。『ゲルトルートはいかにその子らを教えるか』（一八〇一年）でそれは、「あいまいな直観」から出発して「明晰な概念」へといたる段階的な教授として提起された。数・形・語という直観的な認識の基礎的要素にまで教育内容を分解し、それぞれを単純なものから複雑なものへと配列した段階的なプログラムを歩んでいく中で、子どもは世界についての知識を深め、また同時に、対象を正確な概念として認識する理解力を獲得していくというものである。

こうした直観という単純で原初的な要素を出発点に人間の力を高めていく過程は、信頼や感謝の素朴な心情を道徳性に、また基本的な身体動作を生活技能にまで導いていく方法にも一貫する。ペスタロッチは、そうした独自の「基礎陶冶」論の精製に努めながら生涯を終えた。

(3) 教育愛

ペスタロッチの実践記録からあふれ出る教育愛に心を打たれない者はない。教育を成立させるさまざまな「自然」のうちでもっとも本質的なものは、人と人の間に生まれる清らかで無私な関係であることを、彼は身をもって示した。「子どもにたいする私の愛の確信という結果の上に基礎をおかないような秩序や方法や技術を、私はなにも知らなかった」(『シュタンツ便り』一七九九年)と語り、寝食を忘れて子どもたちに没頭する彼の献身は、神の愛を人間の共生に顕わそうとするキリスト者の務めであった。

人間性を形づくる三つの根本力も、その生命力の要は心情力にある。知力や技術が愛と信仰の「より高い要求」に従属することが、全体の調和の必然的な条件である。そうした原動力としての愛、人間の自然な力の発現を触発し促進する愛が「最も純粋に作用する場」が家庭であり、乳のみ子を抱く母、子どもにパンを与える父、その関係にまぎれもない教育の基本型がある。「家庭教育の長所は、学校教育によって模倣されなければならない」。

愛によってむすばれる人間関係という教育の構図は、学校教育が巨大な社会システムの一部となった今日、ロマンティックな夢として退けられるかもしれない。しかし誠実に教育を生きる者であれば、方法や技術の洗練のみを喜びとすることはないだろう。

4　教育の科学と理論――デュルケーム

(1)　社会化としての教育

社会学史上に屹立する巨人デュルケーム（Émile Durkheim, 1858-1917）は、教育研究の方法と理論を確立した先駆的業績によって、教育学の歴史にも大きな足跡を残している。

同時期に生まれたデューイとはちがい、デュルケームは社会的活動によってポピュラーな影響力を行使することはなく、ボルドー、ついでパリの両大学で社会学と教育学を講じ、研究者としての生涯を全うした。彼のいくつかの教育学講義は、没後弟子によって編纂公刊されたが、もっとも広く読まれてきたのは『教育と社会学』（一九二二年）である。

人間は教育によって人間となる――この古典的な教育学の命題に、デュルケームは科学的な規定を与え、従来の抽象的・観念的な教育観を批判した。教育は、個人の人格の完成や諸々の能力の調和的な発達の実現といった、個人中心の理想的な目的にそって論じられるまえに、なによりも人間の集合的生活過程で生起する社会的現象として考察されるべきである。人間は社会生活を営み、社会が作り上げてきたものを吸収することによって人間となる。社会がすすめるそうした人間形成の作用こそ教育の本質にほかならない。そしてその作用は、社会にとっても不可欠の機能であり、時代や地域によって教育の内容が無限に変化しても、教育そのものがなくなることはありえない。古代アテネの美的な人間理想、ローマの尚武の精神、そして中世のキリスト教的教育、等々――それらのちがいはそれぞれの社会の必要がもたらした必然的な結果である。

こうした客観的な事実にもとづいて改めて定義するなら、教育は「古い世代による新しい世代の組織的社会化」ということになる。生まれたばかりの人間には、将来の社会生活で要求される資質はそなわっておらず、個人的な生活に関わる心的状態があるのみである。この「個人的存在」でしかない各人のなかに、われわれが所属している諸集団固有の観念、感情および慣習の体系――「たとえば宗教的信仰、道徳的信念や慣習、国民的あるいは職業的伝統、あらゆる種類の集合的意見など」――としての「社会的存在」を構築すること、この意味の社会化が教育の目的である。

デュルケームによれば社会化の機能は二重である。およそ社会には成員全体の間に共通の観念や道徳といった「同質性」がなければならないが、他方、家族や階級や職業といった下位の集団がそれぞれ成員に求める異なった資質形成による「多様性」もまた、全体の協同のために不可欠である。教育は、社会が存立するためのこの根本条件を、前者のための共通教育、後者のための専門教育、職業教育などをとおして確保するのである。

(2) 教育学の構造

教育という事象を広く社会的な観点から捉えるよう主張したデュルケームは、さらにそれを実証的に研究する「教育の科学」(science de l'éducation)を提唱した。そこには、教育システムの発生を歴史的に説明する教育史と教育学説史、さらに人間の意識の法則をとらえ教育の方法策定に寄与する心理学もふくまれるが、とりわけ社会制度としての教育の方向性や目的を解明する社会学の大きな役割が指摘されている。これら教育の科学によって、教育学は学問的な基礎を得ることになる。デュルケームが教育の科学と区別していう「教育学」(pédagogie)は、教育実践のための理論であって、教育技術と教育の科学の中間に位置する。科学が提供する資料をもれなく集め、教師たちの教育実践を指導する「処方箋を準備する」ことが、この意味での教育学の仕事である。

(3) 道徳教育と学校

客観的・実証的な社会科学を本領としたデュルケームであるが、おのれが属する社会、すなわち第三共和制下のフランス国民の精神形成には強い実践的関心を寄せた。彼は、長期間カトリック教会の勢力下にあった公教育が完全に世俗化されたことにともなう道徳教育の新構築という現実の要請にこたえて、合理的な道徳教育の理論を提示した。

『道徳教育論』(一九二五年公刊)は、規律の精神、社会集団への愛着、意志の自律といった道徳性の本質的な要素の社会学的分析と、それらを小学校教育の中で子どもに定着させる方法をめぐる諸問題への論及とによる二部構成となっている。いわば教育の科学と実践理論の双方から道徳教育の基盤を固めようとした彼の試みに、分業化がすすむ民主主義社会の精神的な統合の達成に貢献しようとする、誠実な学者の熱意がうかがわれる。

デュルケームはその中で、学校制度がもつ徳育上の意義、すなわち道徳的な社会化のための有効性を、集団生活が社会での共生のための務めと集団愛を学ばせること、さらに教科学習が自然や人間関係の複雑な構造と作用を教え、社会という非個人的な実在への知的な認識を育てることなどを根拠に力説した。

デュルケームの道徳教育論では、大人による上からの働きかけばかりが強調され、子どもたちが協同して規範を作り上げていく過程が無視されているという後世の批判がある。それは彼の子ども観の限界でもあったが、しかし重視されている教師の権威が、理性的存在である彼らの不断の自己省察を前提としたものであることは、あらためて確認されるべきだろう。

5　学校と社会——デューイ

(1) 新教育

一九世紀は、欧米や日本で公教育制度が普及し、教育の機会が一般民衆の子どもにまで広がったという意味で、教育史の大きな転換期であった。国民国家の興隆、民主主義の伸張、さらには産業化の進展などを背景に、各国で統一的な国民教育制度作りがすすめられた。しかし、普通教育あるいは義務教育というかたちで組織された学校は、国家意識や基礎的な学習技能を一律、強制的に注入する統制的な機関であり、貧弱な設備と粗雑な教授法による機械的な訓練がくり返されるようなところであった。

そうした学校を、子どもの生き生きとした成長の場に変えようとする改革運動が、世紀の終わりごろから全世界的にくり広げられる。当時シカゴ大学で教育学を講じていたデューイ（John Dewey, 1859-1952）は、附属実験学校での実践報告をもとに公刊した『学校と社会』（一八九九年）の中で以下のように述べた。

「旧教育は、重力の中心が子どもの外部にある、ということで要約できるだろう。その中心は、教師とか教科書とか……子ども自身の直接の本能や活動以外のところにあるのである。……今日私たちの教育に到来しつつある変化は、重力の中心の移動にほかならない。……このたびは子どもが太陽となり、その周囲を教育のさまざまな装置が回転することになる。子どもが中心となり、その周りに教育のための装置が組織されることになるのである。」

これは「新教育運動」のスローガンである児童中心主義の端的な表明として、この後広く長く引用された。そしてすでにプラグマティズムの哲学者として著名であったデューイ自身も、アメリカでは進歩主義教育と称した新教育運動の指導的役割をはたすことになる。彼の児童中心の観点は、子どもを自然な本性の表現者として大人から擁護するという意味ではなく、社会的環境への彼らの積極的な関わりを促進するねらいのものであった。『学校と社会』の第一章のタイトル「学校と社会進歩」がそのことを示唆している。

（2）学校での「仕事」

いったい学校はなんのためにあるのか。デューイによればそれは、子どもの社会的成長の経験――コミュニケーション、仕事、作業――を、より大きな規模で、計画的、組織的に行なうためのものである。

工場制度や都市化がすすむ前は、食料や生活用品のほとんどが各家庭やその近隣で供給されていた。子どもたちは大きくなるにつれてそれらの作業に参加し、仕事の技量を身に付け、また社会生活における役割、勤勉誠実に他者との協同をはたすことを学んだ。自分があつかう物そのものとその必要や用途についての知識を得ながら、同時に観察力や想像力を養い、論理的思考や創意工夫の態度を育てた。「家庭での糸紡ぎと機織り、製材所、製粉所、樽工場、鍛冶屋」――彼らをとりまく「教育力」がたえまなく作動していたのだとデューイは言う。

ところが現在の学校はそうした場になっていない。いずれも子どもを机にしばりつけ、教師の話を聴かせ、教科書を覚えさせるだけの画一的指導に終始している。そこには受身の「学習」はあっても、子どもの「生活」はない。

デューイは実験学校のカリキュラムの中心に「仕事」（occupation）をすえた。木工、金工、調理、織物などの身近な作業の中で、子どもたちは注意深くかつ能動的に、計画を立て、技術の理解と向上に励み、周りとの関係を調整して、仕事の責任をはたそうとする。共通の精神と目的のもとに成員が働く社会の、一つの典型がそこに生まれる。学校は、子どもの活動的な生活を中心に再編成されるなら、かつての素朴な共同体に見られた実践的な訓練がなされる「小型の共同社会」となる。学校は、一人一人の子どもたちの「社会的な力量と洞察力」を開発することで、社会そのものの進歩を保障する力となるのである。

(3) 経験と教育

こうした学校論の根底には、人間の成長過程を、環境との相互作用である「経験」の連続的な再構成としてとらえるデューイの考え方がある。経験とは単なる活動ではない。なにかを経験するということは、まずなにものかにたいする能動的な働きかけがあり、そしてその結果を受け取ることで以後の経験に変化がおきることである。炎にふれるだけなら経験ではなく、その動作が火傷による苦痛と結びつけられて記憶され、次からの動作に統制がくわわることが経験である。そこには、自分の試みとその帰結を関係づける思考が働き、反省や予測をふくんだ学習が成立する。成長とはこうした一連の経験の積み重ねであって、教育はそれと「まったく一体のもの」であり、成長以外の目的をもたない。すなわち教育とは、「経験の意味を増加させ、その後の経験の進路を方向づける能力を高めるように経験を改造ないし再組織すること」(『民主主義と教育』一九一六年)である。

経験の核心はこのような反省的な思考である。われわれはどう行為すべきかわからない状況で思考をはじめる。状況の諸要素の解釈から問題点を限定し、材料を集めて推理し仮説を立て、それを実行して検証する。「問題の状況と直接に取り組み、自分自身の解決法を探し、見出すことによってのみ、かれは思考する」のであるから、そうした思考を習慣化することが教育のもっとも重要な仕事となる。学校の教材を子どもたちの生活から切り離してはならない。生徒にとっての「本物の経験的場面」、すなわち彼らを刺激し、興味をもって連続的に活動させる「本物の問題」が待っていなければならないのである。

学習や思考、習慣や興味、カリキュラムの原理、さらには教育と社会改造など、はば広く理論化されたデューイの体系的な教育学は、経験主義の理論や問題解決学習などの方法的原理を中心に、世界各国に大きな影響をおよぼした。わが国においても、とくに第二次世界大戦後の学校改革の動きを思想的・理論的に支える柱となった。

6 脱学校――イリイチ

(1)「学校化社会」批判

二〇世紀を通して学校教育は、画一主義や知育偏重、あるいは機会の不平等から非効率性など、種々の観点から批判を浴びつづけた。いずれの国でも、学校制度改革はいわば不断の政策課題とされ、必ずしも成果の上がらない取り組みに追われているのが現状である。

こうした状況下の七〇年代初頭、従来の学校批判の枠を超えた、衝撃的とも言える学校制度廃止論が登場し、世界的な注目を集めた。それが『脱学校の社会』(一九七一年)である。著者イリイチ(Ivan Illich, 1926-2002)はウィーン生まれ、神学、哲学、歴史学をヨーロッパの大学で修めた後、ニューヨークでカトリックの聖職者となりながら、やがて教会を批判して離れ、メキシコで独立した国際研究機関を主宰して近代産業社会を批判する論考を次々と発表していたが、この書物もその中の一冊である。彼は八〇年代以降、主にヨーロッパの大学で学究生活をつづけた後、そのユニークな経歴を閉じた。

イリイチの学校批判は、彼の医療、交通などの制度批判と軌を一にしている。すなわち合理的な公共の制度として作られたものが、本来の目的であった価値の実現ではなく、制度のサービスを受けること自体に価値があるという思い込みのもとで運営されるという問題である。

目的と手段が取り違えられた、こうした「価値の制度化」は、学校についてひときわ顕著である。ある年齢になると、一定の年限、通学が強制され、固定的な教師－生徒関係のもとで枠づけられた学習を行ない、定められた尺度によって評価され、進級し、修了証書をもらう。こうした一連の教授システムへの適応が習慣化されると、われわれの関心が学習の達成そのものよりも学校によるサービスをどう享受するかに移っていき、学校制度に長く深くコミットすることがそのままよりよい教育を受けることだと信じ込んでしまう。イリイチは、そのように学習や成長の考え方がすべて既存の学校中心に動いていく、社会一般の「学校化」状態を指弾するのである。

(2) 学習を妨げるもの

学校による教育の独占は、学習のほとんどが教えられたことの結果だという幻想に支えられている。しかし考えてみよ。「われわれが知っていることの大部分は、われわれが学校の外で学習したものである。……誰もが、学校の外で、いかに生きるべきかを学習する。われわれは、教師の介入なしに、話すこと、考えること、愛すること、感じること、遊ぶこと、呪うこと、政治にかかわること、および働くことを学習するのである」。このことが明白であるにもかかわらず、学校の外での学習、いわゆる独学は社会的な信用を得られない。学校が出す就学年数の証明書が、人びとの就職口、つまり社会的地位の配分を決めてしまう。われわれの生きるための学習

――個別的で自発的で、ほとんど偶発的ですらあるその自由なあり方が、制度による統制と規格化の中で押しつぶされているのである。

(3)　学習のネットワーク

「学校化」されることによってわれわれの選択を狭め、心理的な「不能化」をおし進めていく社会の「脱学校化」は急務である。学校に代わる新しいしくみ、それは強制的・操作的な性格をもたず、また規模拡大や経費増大とともに管理が強化されるようなことのない制度でなければならない。人びとの間の「人間的、創造的かつ自律的な相互作用を助ける制度で、かつ価値が生み出されるのに役立ち、しかも肝心なところを専門技術者にコントロールされてしまわないような価値を生じさせる制度」をイリイチは構想する。それは、なにを学ぶべきか、からではなく、学習の自然な成立のためにはどのようなものや人との出会いが可能であればよいのか、という発想からのプランである。

彼が「学習のネットワーク」(learning web) と仮に呼ぶものは、教育のための資源が作る網状の組織である。それは、①機械や道具、書物などおよそ人が知りたいと思う物に自由に接することができる「学習用の事物」のネットワーク、②日常生活や職業で必要な技能を得たいとき、それを教えられる人に容易に接触できる「技能交換」のネットワーク、③ともに学ぶ仲間と出会える「仲間選び」のネットワーク、さらに、④それらのネットワークを構築する人、その利用のしかたを教える人、学習者に選ばれる指導者の三種の「専門的教育者」のネットワーク、から成る。こうした環境の中で、あらかじめ均等に配布された「教育クーポン」を使用しながら、各人が必要に即して共有資源を活用する――そうした不定型で形式化されない自己創造の活動こそ、本来の学習と考えられるのである。

学校化社会は、近代産業社会が追求してきた合理性の一つの帰結である。その流れに抗して、新たな「脱学校」の教育システムを創り出すことは至難と言わざるをえない。だが、イリイチのラディカルな提案がなかったなら、われわれは学校制度自体を根本から総体的に批判する、あるいは少なくとも既存のそれを相対化して考察するような観点をもつことはなかっただろう。人間的な価値の実現という目標に照らしたとき、教育の世界で当然とされてきたあらゆる要素が、疑いや再検討の対象となりうる。イリイチは、二一世紀の重い課題を残してくれたのである。

（竹熊　耕一）

引用・参考文献

I・イリッチ、東洋・小澤周三訳　一九七七年『脱学校の社会』東京創元社。

J・A・コメニウス、稲富栄次郎訳　一九五六年『大教授学』玉川大学出版部。

J・A・コメニウス、井ノ口淳三訳　一九八八年『世界図絵』ミネルヴァ書房。

J・デューイ、市村尚久訳　一九九八年『学校と社会・子どもとカリキュラム』講談社。

J・デューイ、松野安男訳　一九七五年『民主主義と教育』（上・下）岩波書店。

J・デューイ、市村尚久訳　二〇〇四年『経験と教育』講談社。

E・デュルケーム、佐々木交賢訳　一九七六年『教育と社会学』誠信書房。

E・デュルケム、麻生誠・山村健訳　一九六四年『道徳教育論』（1・2）明治図書。

J・H・ペスタロッチー、長田新訳　一九九三年『隠者の夕暮れ・シュタンツだより』岩波書店。

J・H・ペスタロッチー、東岸克好・米山弘訳　一九八九年『隠者の夕暮れ・白鳥の歌・基礎陶冶の理念』玉川大学出版部。

J・H・ペスタロッチ、長尾十三二・福田弘訳　一九七六年『ゲルトルート児童教育法』明治図書。

J－J・ルソー、今野一雄訳　一九六二―六四年『エミール』（上・中・下）岩波書店。

第6章　日本の教育思想の系譜

一八六八（明治元）年、日本が海外に国を開いた後、従来の伝統的な教育思想が、急激に変化を遂げるようになる。当時、西欧列強は、アジア・アフリカの植民化への動きを強めていた。アジアにおいては、中国をはじめ多くの地域で、欧米列強の利権争奪の場と化し、日本も、欧米の植民地または半植民地になる寸前であった。それゆえ日本の為政者たちは、富国強兵の手段として近代化することすなわち欧米化を図ることにより欧米の荒波をくぐりぬけることを意図していた。この結果、鹿鳴館文化に代表されるような、日本の実情を無視した過度の西欧化時代を探求することとなった。これらの動きに対して日本古来の伝統を維持しようという反動の動きが出てくるのは当然の成り行きであった。西欧化と日本古来の文化の相克の中で、日本の教育は左右に揺れ動いてきたのである。

本章では、第1節明治期、第2節大正期・昭和前期、第3節昭和後期・平成期の三つの時期に分け、この二つの流れが、どのように日本の教育に影響を与えてきたかを述べる。

1 明治期の教育思想

明治期は、伊藤博文に代表される開明派と元田永孚に代表される復古派の葛藤であると言える。

（1）「学制」と欧化主義

明治政府が近代国家建設を意図し、一八七二（明治五）年の徴兵令の公布、一八七三（明治六）年の地租改正などを通して、軍事・財政面の基盤を確立するとともに、教育面においても国民皆学の方針が打ち出された。その具体的なものとして出現したのが、一八七二年年の「学制」である。「学制」とは、日本の学校制度の根幹をなすものであり、教育制度・行政の基本方針である。その第一章では、「全国ヲ大分シテハ大区トス之ヲ大学区ト称シ毎区大学校一所ヲ置ク」、第五章では「一大学区ヲ分テ三十二中区トシ之ヲ中学区ト称ス区毎ニ中学校一所ヲ置ク」、第六章では「一中学区ヲ分ケ二百十小区トシ之ヲ小学区ト称ス区毎ニ小学校一所ヲ置」とあるように、完全な中央集権的な教育行政制度であった。これはフランスの教育行政制度を取り入れたものである。さらに特徴的なものは、第二一章の「小学校ハ教育ノ初級ニシテ人民一般必ス学ハスンハアルヘカラサルモノトス」とあり、国民皆学を唱えているが、「尋常小学女児小学村落小学貧民小学小学私塾幼稚小学」という記述があるように、男女共学を必ずしも認めておらず、また私立の小学校の是認というように、さらに「貧民学校」の記述があるようにすべての者が同じ小学校へという理念ではないことがわかる。

「学制」の教育理念を具体的に述べたものとして同年に出された「学事奨励に関する被仰出書《おおせいだされしょ》」（通常「被仰

出書」と呼ばれている）がある。「邑に不学の戸なく家に不学の人なからしめん事」が主張され、「幼童の子弟は男女の別なく小学に従事せしめざるものは其父兄の越度たるべき事」とされている。だが前述したように、すべての子どもが同じ場所で学ぶことを意味していなかった。

「学制」の根底に流れている精神は「人々自ら其身を立て其童を治め其業を昌にして以て其生を遂ぐるゆえんのものは他なし身を脩め智を開き才芸を長ずるによるなり而して其身を脩め智を開き才芸を長ずるは学にあらざれば能はず是れ学校の設あるゆえん」であり、「学問は身を立てるの財本ともいふべきもの」であるという英米流の功利主義的教育観が出たものである。これに対して、復古主義者からは当然のことながら反論が出ている。西村茂樹は「其言フ所専ラ治産昌業ノミヲ主トシテ、一モ忠孝仁義ノ事ニ及ブ者ナシ」とし、「此ノ如キ教育ハ将来恐クハ之ニ伴フノ弊害アラント」〔鈴木、一九九六、一三二頁〕して、西洋倫理に基づく思想は日本の国情と合致しないとするのである。

「学制」頒布と同年、小学校教員養成所である師範学校が設立され、「お雇い外国人」（明治政府が国家運営に必須な人材として雇用した外国人、アメリカ人が七～八割を占めていた）スコットをアメリカから招聘した。スコットは二年以内しか雇用されなかったが、アメリカ式の教員養成制度を導入した。師範学校の設備・備品・教具はアメリカから取り寄せ、教授法は当時アメリカで主流となっていたペスタロッチー式教授法、すなわち開発教授と呼ばれた児童中心の、経験学習を中心とする教授法を持ち込んだ。〔寄田・山中、二〇〇二、八九頁〕教科書はウィルソン・リーダー等のアメリカの小学校で使用されていたものを翻訳した、すなわち翻訳教科書であり、小学校ではそれらを使用して、教師が子どもたちに教えたのであった。そのため当初、教科書の挿絵はアメリカの教科書そのままを転載しており、かつ内容も日本人の児童には理解しにくいものが多かった。一八七五（明治八）年には、井沢修二、高嶺秀央をアメリカに派遣し、本格的にアメリカ式の教育をそのまま取り入れるようになる。

その典型的なものが、一八七九（明治一二）年に公布された「教育令」である。「学制」が全教育段階に一律なものであるため、実情になかなか合致しないため、より具体的、実際的なものとして公布されたのである。その第九条「各地方ニ於テハ毎町村或ハ数町村連合シテ公立小学校ヲ設置スヘシ。個村町人民ノ公益タルヘキ私立小学校アルトキハ別ニ公立小学校ヲ設置セサルモ妨ケナシ」として、アメリカの地方分権主義をとっている。この「教育令」に対し、私立学校を認めるなど自由放任だという批判を受け翌一八八〇（明治一三）年「改正教育令」が出された。第九条「各町村ハ府知事県令ノ指示ニ従ヒ独立或ハ連合シテ其学齢児童ヲ教育スルニ足ルヘキ一箇所若クハ数箇ノ小学校ヲ設置スヘシ」として、私立学校の設立を否定している。さらに、「教育令」の第三条では「読書習字算術地理歴史修身等ノ初歩トス」が、「改正教育令」の第三条では「修身読書習字算術地理歴史等ノ初歩トス」というように、修身の位置が一番最初に出てくる。変わっている。これは、後にさらに活発になる儒教主義的教育の布石と見なされる。

（2）開明派と復古派の対立

これら両者の意見が述べられている代表的なものとして「教学聖旨」と「教育議」がある。「教学聖旨」は元田永孚によって一八七九（明治一二）年に起草された日本の伝統的思想（儒教、忠孝の精神）を提唱したものである。

「輓近専ラ智識才芸ノミヲ尚トヒ文明開花ノ末ニ馳セ品行ヲ破リ風俗ヲ傷フ者少ナカラス然ル所以ノ者ハ維新

ノ始首トシテ陋習ヲ破リ智識ヲ世界ニ広ムルノ卓見ヲ以テ一時西洋ノ所長ヲ取リ日新ノ効ヲ奏スト雖トモ其流弊仁義忠孝ヲ後ニシ徒ニ洋風是競フニ於テハ将来ノ恐ルル所」と述べ、急激な欧化主義によって、日本の国情が乱れたため、天皇が中心となって徳育の必要性を唱導している。これに対し、伊藤の指示の下に井上毅の起草による「教育議」は、「今其弊ヲ矯正スルハ、宜シク工芸技術百科ノ学ヲ広メ、子弟タル者ヲシテ高等ノ学ニ就カント欲スル者ハ、専ラ実用ヲ期シ、精微密察歳月ヲ積久シ、志嚮ヲ専一ニシ、而シテ浮薄激昂ノ習ヲ暗消セシムヘシ」と述べ、科学を重視し、より客観的な学を修め、理性を習得することが、社会的混乱を治めるものであるとする。

（3）森有礼の教育政策

一八八五（明治一八）年、初代文部大臣森有礼は、伊藤博文の開明派の流れを汲んだ人物であるが、当時の国家主義の動きの中で、兵式体操の導入と教科書統制強化をした人物であった。すなわち、明治初期のアメリカをはじめとする、形式的な欧米の教育思想・制度の導入ではなく、文部省を頂点とする中央集権的な教育制度の確立により、国家に忠良なる臣民育成へと収斂していくのである。森は特に初等教育に力を注いだ。小学校令第六条「父母後見人等ハ経費ニ充ツル為其児童ノ授業料ヲ支弁スヘキモノトス」と授業料を課すことを求め、第一三条「小学校ノ教科書ハ文部大臣ノ検定シタルモノニ限ルヘシ」と、従来数多く出版されていた教科書を文部省の下に統制していく。

(4)「教育勅語」の発布

明治初年以来、外国の思想が流入し、それと伝統的価値観とのさまざまな摩擦が生じていた。開明派と復古派の対立がそれである。開明派も明治時代が下るにつれて、立憲国家の下での欧化主義へと変質していく。これら両者の妥協の産物として出現してくるのが、一八九〇(明治二三)年に公布された「教育ニ関スル勅語(教育勅語)」である。開明派の井上毅と復古派の元田永孚が協力して作成した「教育勅語」は、第二次世界大戦終結後まで、日本人の精神の拠り所として、後世に大きな影響を残す。

天皇中心の国家の精神的な支柱として、この勅語のなかでは「我カ国体ノ精華ニシテ教育ノ淵源」であるとしている。次に元田が作成した「父母ニ考ニ兄弟ニ友ニ夫婦相和シ朋友相信シ恭倹己レヲ持シ博愛衆ニ及ホシ」は、高い道徳性を国民(臣民)に求め、さらに井上の作成した「学ヲ修メ業ヲ習ヒ以テ智能ヲ啓発シ徳器ヲ成就シ進テ益ヲ広メ世務ヲ開キ」という近代資本主義倫理が加えられ、さらに「常ニ国憲ヲ重シ国法ニ遵ヒ」という国家主義的考え方が取り入れられる。最後に山県有朋らの主張を取り入れた「一旦緩急アレハ義勇公ニ奉シ以テ天壌無窮ノ皇運ヲ扶翼スヘシ」という軍国主義的な要素等、さまざまな内容の複合体となっている。

明治期は近代日本の成立にともない学校制度の確立、教育内容の充実が求められていく。ここで問題となるのは、修身に代表される徳育の取り扱いである。学校においては、単に教科学習だけでなく、その精神的支柱としての徳育がどのようにあるべきかが問題となる。欧米のキリスト教中心の徳育ではなく、わが国独自の徳育のあり方が問われたきたが、それが一応の結論をみるのが、「教育勅語」中心の教育である。

(5)「教育勅語」の浸透状況

「勅語」の成立過程について論述したが、次に「勅語」が教育現場でどのような効力をもっていったかについて述べてみたい。文部省は「勅語」を出すと直ちにその謄本を各学校に下付した。さらに一八九一(明治二四)年には「小学校祝日大祭日儀式規程」が制定され、「紀元節、元始祭、神嘗祭及新嘗祭ノ日ニ於テハ学校長、教員及ビ生徒一同式場ニ参集シテ左ノ儀式ヲ行フヘシ」として、天皇、皇后の御真影《ごしんえい》への最敬礼と万歳奉祝、勅語奉読、学校長もしくは教員による「勅語」の聖意誨告、祝祭日に相応する唱歌合唱などをあげている。

このような過程で、御真影と「勅語」が各学校の儀式に重要な役割をはたすようになってくる。これは国民生活のなかに天皇崇拝の精神を固定化させようと意図するものであり、御真影と「勅語」を一種の宗教的行事のための手段としていた。加藤弘之が宗教を教育のなかに持ち込むことを提案したとき、かなりの批判が続出したにもかかわらず、天皇をシンボルとする忠君愛国の思想が、一見宗教とは縁のないように見えつつも、国家宗教として国民に対して拘束力をもつようになってくるのは歴史的な皮肉といわねばなるまい。「学校が、天皇制という政治的、宗教的神話を、教養的かつ心情的にインドクトリネイトする機関と化した」[梅根、一九七七、一八四頁]のであり、江戸時代において武士階級のみに教授されていた倫理観を全国民に押し付けようとしていた。

「勅語」の出現に対して、宗教界はどのような反応を示したのであろうか。仏教界では、自分たちの領域を侵すとして反対する姿勢はほとんどなかった。つまりこの当時、江戸時代とは異なり、国民の精神生活に占める仏教の役割はたいそう少なくなっており、それゆえ仏教界はそれに抗するよりは、むしろ権力と癒着することにより、彼らの身の保全を図った方が安全だと思っていた。

「勅語」に反対したのは主としてキリスト教徒であった。彼らにとって御真影に敬礼することは、イエスを否定することにつながっており、一八九一年におこった内村鑑三の不敬事件はこのようなキリスト教徒の「勅語」に対する対応の結果ということができる。この事件は一月九日、第一高等中学校の始業式において内村が、「勅語」と御真影に深く敬礼しなかったため、解職になった事件である。この事件以後、同様の内容の事件で多くのキリスト教徒の教師、生徒たちが、学校を退職、退学させられていく。これらの事件の批判が多くは仏教徒たちからなされたことは、前述の仏教と権力の癒着からみて当然の結果であるといえよう。

一九〇四（明治三七）年第一期国定教科書が作成された。しかしこの教科書に対して「皇国臣民ノ血族連綿タル特種固有ナル祖先ニ対シ家国ニ対シ君臣親子夫婦兄弟等ノ間ニ於ケル義理ヲ示スノ教課ニ於テ尚遺憾アルカ如シ」（長田、一九九三、一五三頁）とあるように、主として復古派からの批判が相つぎ、その結果家族国家観を基礎とする第二期国定教科書が出現してくる。この教科書では、「勅語」の「家」、「祖先」、「天皇」など、天皇を中心とする国家観すなわち家族国家観が全面的に押し出されていた。明治政府が意図した国民への倫理的締めつけが徐々に効果をあらわすようになってくる。

2　大正期・昭和前期の教育

この時期は、国際主義と国粋主義が葛藤した時期である。大正期の国際主義が優勢な時代から昭和期に入ると徐々に国粋主義が強まり、第二次世界大戦へと突入していくのである。

（1）新教育運動——自由主義教育

一九一七（大正六）年、沢柳政太郎によって設立された成城小学校は、後の自由主義の学校の出発点であり、児童中心・個性尊重を唱道してこの学校を作ったのである。沢柳、小西重直、長田新ら、欧米の教育を視察し、日本の教育の改革を痛感した人々によってその理念が構築されている。その創設趣意書には、「我が国の小学教育が明治維新後、半世紀に為した進歩は実に嘆賞に値しますが、同時に又、此の五十一年の歳月に由って今や因襲固定の殻が出来、教育者は煩瑣な形式に囚はれかけました。……されば今こそ此の固まりかけた形式の殻を打砕いて教育の生き生きした精神から児童を教養すべき時であろうと思ひます。実に我が国現今の教育に単に小学校教育のみならず、あらゆる方面に亙って種々の意味に於て革新を要望されています。殊に現に行はれつつある欧州大戦乱は我国の教育界に向つてもひしひしと一大覚醒を促しています」と述べられ、欧米の新教育運動を反映したものとなっている。〔鈴木、一九九六、二三二―二三三頁〕

一九二七（昭和二）年、成城小学校創立一〇周年の祝賀会で沢柳はその教育成果を次のように述べている。

「また友人がだいぶ新しい教育をやっている奇抜のことをやっているそうだと申してくれます。これも賞讃の意味で申してくれる人があります。これに対して私共は新教育ではない。真の教育、本当の教育をなそうと思っておるのである。決して新しきを追い、また奇抜を念とするのではない。真の教育、本当の教育こそ私共の目標であると申します。もっとも本当の教育でありましたら、それは何時までたっても古くさくなるものでない、常に新しい教育でありましょう。かかる意味において新しい教育とはつよいが、常に目先を変えていくという新教育は私共のとらない所であります。」〔沢柳、一九八七、六―七頁〕

沢柳は、従来の教師中心の、教科書中心の教育を否定し、児童一人ひとりの可能性を伸ばす教育を求めており、欧米の新しい教育思想を成城小学校に持ち込んだのである。

「成城小学校の教育を目して自由教育をなしつつあると申す者がありますが、この名称も私共の自ら唱える所ではありません。教育や学習の基調は児童の自由なる拘束されない自発的活動にあると信じます。ゆえにできるだけ児童の自由な活動を尊重します。……成城小学校の教室のありさまは一見雑然としています。児童はかなり盛んに私語しています。世の常の学校のごとく静粛に行儀よく話す声も聞えず秩序が見るからに正しくありません。しかし三十人を一学級としている点のみ見ても教育上に何等の差支えありません。もしやかましく教育をなすに差支えがありましたら、児童の注意を呼んで静かに申すこともありますが、必要なきにただ無言不動の態度を要求しないのであります。」〔沢柳、一九八七、八頁〕

この内容は、ジョン・デューイがシカゴ大学附属学校について説明している教育内容と酷似していることからもわかるように、アメリカの新教育運動の影響を受けていることは事実である。

さらに彼は、「対象十一年欧米の教育視察から帰りまして、ダルトンプランをよほど加味することにしました。もっともその主意は創立よりやっていたのですが、ただプランの如く組織立たなかったまでです。これは児童にかなり自由を認めるものです。かかる点から成城の教育を自由教育と申す者がありますが、その名称は往々にして誤解を生みますし、自由を目標としての教育ではありません」〔沢柳、一九八七、九頁〕と述べ、具体的にドルトンプランの導入をあげている。

成城小学校の精神は、当時小学校の訓導であった小原国芳の玉川小学校、赤井米吉の明星小学校へと拡がりを見せる。

これ以外にも、千葉命吉による広島県師範学校附属小学校の実践、手塚岸衛による千葉県師範学校附属小学校の実践、木下竹次による奈良女子高等師範学校附属小学校の実践さらに、野口援太郎、下中弥三郎らによる池袋児童の村小学校の実践等々、さまざまな児童中心の教育実践が出てくる。

これらのほとんどは欧米の教育思想の影響を受けた実践であった。これらの動きに危機感をもった人々により、より日本的教育へと回帰する動きが生まれる。

(2) 臨時教育会議

一九一七年、これらの自由主義的な教育に対抗する「教育ニ関スル重要ノ事項ヲ調査審議」するための「臨時教育会議」が設置された。「殊ニ時局各般ノ影響ニ因リ我カ思想界ノ変調漸ク測ルヘカラサルモノアラントス」と述べ、自由主義・社会主義等の外国からの「悪い」影響を排除することが求められた。特に同年に成立したロシア革命は、政府に大きな衝撃を与えた。そのためこれらの動きを封じ込めることが大きな課題となった。思想教育すなわち修身（道徳）教育の必要性が求められた。

この会議の中で委員の一人関直彦は次のように述べている。「吾々ハ少年子弟ヲ教育スル上ニ於キマシテ吾々帝室、畏レ多クモ吾ガ帝室ヲ尊崇スル観念ヲ深ク沁ミ込マシテ行カヌト云フト国家ハ甚ダ危険ナ状態ニ因ハレハセヌカト云フコトヲ憂フルノデアリマス」〔長田、一九七三、二四二頁〕のように小学校教育において皇室崇拝の精神を養わねばならぬとした。

また女子教育についても、山川健次郎は「女子教育は民族繁栄に害あり」として、女子の高等教育に対して否定的な意見を述べている。また、高木兼寛も「既ニ先年取調べタ所ヲ以テ見レバヨリ高等ノ教育ヲ受ケタ者ノ産ム子供ノ数ハ非常ニ少イノデアリマス、之ハ結婚期ガ遅レルト云フコトヲ以テモ証スルノデアリマスガ、尚ホ子供ヲ産マナイ女ノ数ガ殖ヘテ来ルノデアリマス」〔長田、一九七三、二四三頁〕と述べ、それは女性の出産率の低下が民族の繁栄にマイナスという論理であった。彼らの意見はこの会議の共通意見であるように思われる。「国民道徳教育ノ徹底」を主張し、知識の教育よりも、徳育を強調したこの答申は、近代化への主張は含まれていたにもかかわらず、「勅語」のなかの近代資本主義倫理の面よりは、天皇中心の倫理観を全面的にうち出していったことが特徴的である。一九一八（大正七）年から使用された第三期国定教科書が、大正デモクラシーを背景とした国際協調精神が盛り込まれた内容にもかかわらず、「天の岩屋」「大国主命の国土献上」「八岐の大蛇」などの神話が取り入れられていることから見て、天皇制イデオロギー注入の強化を意味している。

（3）教科書にみる道徳教育

第三期国定教科書を取り上げることによって、道徳教育がどのような過程を通して子どもたちの間に浸透していったかについて述べてみたい。修身科は諸教科の中心的な役割をはたしたのであるが、国語科の授業においてそれ以上の道徳教育が為されたといわれる。次に尋常小学国語読本と尋常小学修身書（大正時代から昭和初期）の道徳教育について述べてみたい。

まず修身書について述べてみよう。低学年ほど社会生活を送るに必要なきまりが教えられ、天皇についての記述はあまりない。時刻の厳守、食物に気をつけよ、物を大切に、うそをつくな等々の記述は多々あるが、天皇については、巻一ではわずかに「テンノウヘイカバンザイ」の記述しかなされていない。学年が上がるにつれて、孝行、忠義といった臣民として守らねばならぬ儒教倫理が出てくる。

巻四から巻頭に「勅語」がのせられ、「明治天皇」、「皇室を尊べ」等々の天皇に関する記述が出てくる一方、半分以上の頁が近代市民の倫理の内容となっている。「志を堅くせよ」ではジェンナーの種痘の話が出てきているし、「迷信におちいるな」では、眼を患った人が迷信を信じたために病気が悪化した話、「生き物をあはれめ」では、ナイチンゲールの話などが出てきている。

この教科書は国家主義、軍国主義、儒教主義と近代市民倫理との融合したものであると言うことができる。第二十七課の「よい日本人」が当時の道徳教育における理想的な日本人像を示している。「我が大日本帝国は万世一系の天皇を戴き、御代々の天皇は我等臣民を子のやうにおいつくしみになり、我等臣民は数千年来、心をあはせて克く忠孝の道に尽しました」のような天皇を中心とした家族国家観によって教育され、「祖先の志を継いで、忠君愛国の道に励まなければ」ならないのである。「父母に孝行」を、「兄弟は仲よく」、「主婦はよく家を治め子供を教養」しなくてはならない。信義、礼儀、衛生、誠実、忍耐、勤労、倹約、身体の健康等々と続いている。

第六学年の巻六になると徳目は同じであるが内容的にはより高度なものとなっている。巻六の「目録」を記述してみよう。第一課皇大神宮、第二・三課国運の発展、第四課国交、第五課忠君愛国、第六課忠孝、第七課祖先と家、第八課沈勇、第九課進取の気象、第十課工夫、第十一課自立自営、第十二課公益、第十三課共同、第十四課慈善、第十五課清廉、第十六課良心、第十七課憲法、第十八―二十課国民の務、第二十一課男子の務と女子の務、第二十二課勤労、第二十三課師弟、第二十四課教育、第二十五―二十七課教育に関する勅語、となっており、これら巻六と同じ内容が巻一から五の修身書の中では、子どもの発達段階に合わせてより平易にして記述されている。だがこれらの修身書はあまりにも教訓書すぎるため、子どもたちにとってはあまり面白くなく、道徳教育の教科書としては期待したほど効果があがらなかったと言われている。

それに対して、国語読本は、その教材の面白さゆえに、道徳教科書として大きな効果をあげていった。巻六「入営した兄から」では、入隊した兄から弟への手紙の形式になっているが、軍隊の紹介がさりげなくなされ、軍隊が身近な存在となるように工夫がなされている。修身の時間に、お国のために奉公せよという題目を唱えるよりはずっと効果的であろう。

また巻八、第二十四「広瀬中佐」では、「とどろく砲音（つつおと）、飛来する弾丸。荒波洗ふデッキの上に、やみをつらぬく中佐の叫。「杉野はいづこ、杉野は居ずや」……今はとボートにうつれる中佐、飛来る弾丸に忽ちうせて、旅順港外うらみぞ深き」と当時の子どもたちなら誰でもが知っているこの話は、日露戦争中、日本軍がロシアの占領していた旅順港を封鎖する際のことであり、主人公の広瀬中佐は部下思いの軍人というだけでなく、命をかけて軍の命令を遂行した人物であった。国語読本は立派な修身書であったのである。

(4)『国体の本義』の影響

昭和時代に入ると、従来の国家主義の高まりだけでなく、軍国主義の動きが顕著になってくる。一九三七（昭和一二）年、『国体の本義』が刊行され、三十万部が印刷され、小学校から大学にいたるさまざまな段階の学校に配布された。

『国体の本義』は「進歩した欧米諸国の教育」を否定するのではなく、その「個人主義」を否定するのである。「明治維新以後、我が国は進歩した欧米諸国の教育を参酌して教育制度・教授内容等の整備に努め、又自然科学はもとよりよい精神諸科学の方面に於いても大いに西欧の学術を輸入し、以て我が国学問の進歩と国民教育の普及とを図って来た。……その成果は極めて大なるものがあった。但しそれと同時に個人主義思想の浸潤によって、学問も教育も動かすれば普遍的真理というが如き抽象的なもののみを目標として、理智のみの世界、歴史と具体的生活とを離れて世界に超えんとし、智育も徳育も知らず識らず抽象化せられた人間の自由、個人の完成を目的とする傾向を生ずるに至った。……この傾向を是正するには、我が国教育の淵源たる国体の真義を明らかにし、個人主義思想と抽象的思考との清算に努力するの外ない」と述べ、正統な国体論を展開している。この精神の中心は、「和の精神」と「明き浄き直き心」であり、わが国の精神を普及させることにより、世界の平和が可能となるという考え方である。日本人としての本分を全うすることにより、世界の人々と仲良くなるという考え方は、自己の考え方を世界の人々に押し付けることにつながり、排他的な自民族中心主義となっていく。この結果、西欧の学術を評価するという言とは逆に、その精神である自由主義、個人主義を否定し、家族主義的国家観を全面に打ち出してくるのである。この考え方は、結果として、侵略戦争を正当化し、かつ非合理的な精神に裏打ちされた国体論の下に、全体主義的な愛国思想へと導いていくものであった。

(5)「国民学校令」の発布

一九四一（昭和一六年）年に制定された「国民学校令」は戦時下の学校を如実に表している。この法律によって、小学校が国民学校へと改称された。

「第1条　国民学校ハ皇国ノ道ニ則リテ初等普通教育ヲ施シ国民ノ基礎的練成ヲ為スヲ以テ目的トス」と述べられ、「皇国ノ道」を小学生に求めたのである。さらに国民学校令施行規則（一九四一年）では、

一．教育ニ関スル勅語ノ旨趣ヲ奉体シテ教育ノ全般ニ亘リ皇国ノ道ヲ修練セシメ特ニ国体ニ対スル信念ヲ深カラシムベシ

二　国民生活ニ必須ナル普通ノ知識技能ヲ体得セシメ情操ヲ醇化シ健全ナル心身ノ育成ニ力ムベシ

三　我ガ国文化ノ特質ヲ明ナラシムルト共ニ東亜及世界ノ大勢ニ就テ知ラシメ皇国ノ地位ト使命トノ自覚ニ基キ大国民タルノ資質ヲ啓培スルニ力ムベシ

となっており、「我ガ国文化ノ特質」を主張し、「東亜」に「皇国ノ地位」を確立すべきとなっており、侵略を正当化した内容となっている。

一九四一年から第五期国定教科書が作成された。修身の教科書『ヨイコドモ』下には、「日本ヨイ国キヨイ国。世界ニ一ツノ神ノ国。日本ヨイ国強イ国。世界ニカガヤクエライ国」といった神国日本の色彩が出ており、また国語読本巻六「姿なき入城」では、「いとし子よラングーンは落ちたり。いざ汝も勇ましく入城せよ、…いとし子よ、汝ますらおなれば、大国の御盾と起ちて、たくましく、ををしく生きぬ」と滅私奉公の精神を唱え、国民に国のために死ぬことこそ美徳だと教えている。

天皇中心主義、軍国主義の影響力について当時の教科書編纂監察官井上赳は次のように述べている。

いよいよ編纂を実行に移してみると、私が予想した以上に困難が続出した。まず編集方針が出来上がると、待っていたといわぬばかりに、数百頁にわたる教材細目を整然と並べ立てた大きな紙片数枚が、軍の教育総監本部長の名に於いて図書局へつめることになった。軍のいちばんねらっているのは国語読本である。

〔中村、一九七〇、二五〇頁〕

当時の軍が本来重視しなければならない修身の教科書ではなく、国語読本をいかに重視していたかがうかがわれる。

大正期・昭和前期の流れを見ると、大正期の国際主義のなかから、欧米の新しい教育方法が導入されるとともに、それらとわが国の教育とどのように融合させるべきかという課題が中心となっていた。しかしながら、ロシア革命をはじめとする自由主義・社会主義思想が日本に流入するとともに、天皇制を中心とする国家体制に危機意識をもった政府は、さまざまな諸策を講じる。臨時教育会議に始まり、国民学校令まで続く、国家主義の教育思想の強化は、天皇を中心とする政治体制及び日本古来の文化を重視する自国民中心主義を過度に強調し、『国体の本義』で述べられた「西洋の学術」への肯定的側面を否定し、さらに「人間の自由」、「個人の完成」を否定し、国粋主義思想の下、「滅私奉公」の精神をもって人々に国家への忠誠を求めたのであった。これが『国体の本義』が求めた「具体的な思考」の実態であった。

この時期は、国際主義と国粋主義との争いが国粋主義の完全な勝利に終り、「国体論」を中心とした思想が、社会主義的な考え方だけでなく、民主主義的・自由主義的なものまで完全に否定し、さらに基本的人権をも奪う苛酷な教育政策として機能していった。

3　昭和後期・平成期の教育

第二次世界大戦が終結し、日本を占領・統治したアメリカ軍を中心とする連合国は、戦後日本の教育の基本を策定するため、一九四五（昭和二〇）年「日本教育制度ニ対スル管理政策」を出す。

「A．教育内容ハ左ノ政策ニ基キ批判的検討、改訂、管理セラルベキコト

（1）軍国主義的及ビ極端ナル国家主義的イデオロギーノ普及ヲ禁止スルコト、軍事教育ノ学科及ビ教練ハ凡テ廃止スルコト

（2）議会政治、国際平和、個人ノ権威、思想及集会、言論、信教ノ自由ノ如キ基本的人権ノ思想ニ合致スル諸概念ノ教授及実践ノ確立ヲ奨励スルコト」

この内容は、極端な軍国主義を廃し、民主主義社会の確立を求めたものである。

「C. 教育課程ニ於ケル技術的内容ハ左ノ政策ニ基キ批判的ニ検討、改訂、管理セラルベキコト

（1）急迫セル現情ニ鑑ミ一時的ニ其ノ使用ヲ許サレテイル現行ノ教科目、教科書、教授指導書ソノ他ノ教材ハ出来得ル限リ速カニ検討セラルベキアリ、軍国主義的乃至極端ナル国家主義的イデオロギーヲ助長スル目的ヲ以テ作成セラレタル箇所ハ削除セラルベキコト

（2）教育アル平和的且ツ責任ヲ重ズル公民ノ養成ヲ目指ス新教科目、新教科書、新教師用参考書、新教授用材料ハ出来得ル限リ速カニ準備セラレ現行ノモノト代ヘラルベキコト」

〔鈴木、一九九六、三〇一頁〕

連合国最高司令部から出されたこの文書は戦後の日本の教育方針を決定づけるものであった。日本を二度と軍国主義国家にさせないための教育政策こそが戦後の日本が世界の国々と平和共存し、かつその繁栄につながるという認識が定着したのである。この時期は、第二次世界大戦後の平和主義、国際主義とそれらの動きに対し、日本文化の固有性を主張する自民族賞賛主義の対立である。後者は、連合国側から押し付けられた憲法、教育基本法を否定ないし改正することを求め、新しい民族主義の萌芽を招来するかのような動きとなる。平成時代に入ると、憲法改正、教育基本法の改正等さまざまな動きの中で、平和主義・国際主義が徐々に縮小していく。この節では、教育の中で、平和主義・国際主義と自民族賞賛主義がどのように葛藤していったのかを論じる。

(1) 戦後教育の基本理念をめぐる論争

第二次世界大戦の終了とともに、日本の教育の理念に関する論争が始まった。これは「教育勅語」か「教育基本法」かの論争とも言うことができる。昭和二〇年九月、文部省は「新日本建設ノ教育方針」を出し、戦後の日本の教育方針を模索しようとした。しかし戦前と同様、「国体護持」をその中に盛り込み、「教育勅語」の存続を図ったため、根本的な変革を意図したものではなかった。当時の文部大臣前田多門は「吾人は茲に改めて教育勅語を謹読し、その御垂示あらせられし所に心の整理を行はねばならぬと存じます。教育勅語は吾々に御諭し遊ばされて、吾々が忠良なる国民となる事と相並んで、よき人間となるべきこと、よき父母であり、よき子供であり、よき夫妻であるべき事を御示しになってをります」〔久木他、一九八〇、第3巻一二頁〕と述べ、「勅語」の教育体制に変化がないことを示唆した。

これに対して戦後の民主主義の高まりの中で、「勅語」に対する批判が続出してきたのも事実であった。これらをうけて後に文部大臣になる田中耕太郎は次のように述べている。

> 教育勅語は神格化された天皇を背景としている。従ってさような天皇の発言なるが故に正しいという間違った判断が生じてきた。神格化が否定されると我々はその内容を客観的に検討し得、また検討しなければならぬようになった。〔久木他、一九八〇、第3巻二九頁〕

田中は当初、「勅語」を肯定する立場であったが、このような田中でさえ、民主化の流れのなかで、このように言わざるをえなくなってくる。

（2）「教育基本法」の成立

一九四七（昭和二二）年、「教育基本法」が制定された。明治以降日本人の精神的支柱として教育界に大きな影響を及ぼした「教育勅語」にとって代わるものとなる。

「われらは、さきの日本国憲法を確定し、民主的で文化的な国家を建設して、世界の平和と人類の福祉に貢献しようとする決意を示した。この理念の実現は、根本において教育の力にまつべきものである」。

「われらは、個人の尊厳を重んじ、真理と平和を希求する人間の育成を期するとともに、普遍的にしてしかも個性ゆたかな文化の創造をめざす教育を普及徹底しなければならない。

ここに、日本国憲法の精神に則り、教育の目的を明示して、新しい日本の教育の基本を確立するため、この法律を制定する」。

この法律の主旨は戦前の教育が国家による強力な管理の下に置かれ、それが極端な軍国主義、侵略戦争につながっていったことへの反省の上に立って書かれたものであり、「教育勅語」の上からの勅令主義によって臣民に下されたものでなく、議会によって国民の総意として決議されたことに注目する必要がある。

「第1条（教育の目的） 教育は、人格の完成をめざし、平和的な国家及び社会の形成者として、真理と正義を愛し、個人の価値をたつとび、勤労と責任を重んじ、自主的精神に充ちた心身ともに健康な国民の育成を得して行なわれなければならない

第3条（教育の機会均等） すべての国民は、ひとしく、その能力に応ずる教育を受ける機会を与えられなければならないものであつて、人種、信条、性別、社会的身分、経済的地位又は門地によつて、教育上差別されない

②国及び地方公共団体は、能力があるにもかかわらず、経済的理由によつて就学困難な者に対して、奨学の方法を講じなければならない。

第５条（男女共学）　男女は、互に尊重し協力し合わなければならないものであつて、教育上男女の共学は、認められなければならない」

これらの規定は、「教育勅語」が理念的な抽象的なものであるのに対し、具体的、現実的なものであり、個人の基本的人権、教育を受ける権利を保障する画期的なものであったと言える。この法律は、アメリカ第一次教育使節団の勧告に基づくものであるとはいえ、首相の諮問機関である教育刷新委員会がその骨組みを作成したことは事実である。しかしながら、当時の人々にとって「教育勅語」への思い入れは強く、一九四八（昭和二三）年、衆議院・参議院でそれぞれ「教育勅語等排除に関する決議」をしなければ、決着がつかなかった状況であったことも、また事実であった。

（3）「期待される人間像」についての論議

一九六六（昭和四一年）中央教育審議会答申「後期中等教育の拡充整備について」の別記として「期待される人間像」が出された。この答申は、賛否両論の論議が出されたが、それ以降の道徳教育の方向を決定づけるものとなった。第２部「日本人にとくに期待されるもの」の中にそれが明確に出ているので述べてみる。

第１章「個人として」の(1)「自由であること」では、

「今日、自由だけが説かれて責任は軽視され、権利だけが主張され義務が無視される傾きがあることは、自由の誤解である。自由の反面は責任である。これが自由の第一の規定である。人間とは、このような意味での自由の主体であり、自由であることがさまざまな徳性の基礎である。」
2.「個性を伸ばすこと」では、
「人間性のじゅうぶんな開発は、自己だけでなされるのではなく、他人の個性の開発をまち、相伴ってはじめて達成される。……人間性の開発という点から見ても基本的な意味を持ち、それらを通じて人間の諸特性は育成されてゆくのである。」
2.「自己をたいせつにすること」では、
「享楽に走り、怠惰になって自己の健康をそこなうことがあってはならない。健全な身体を育成することは、われわれの義務である。そしてわれわれの一生の幸福も、健康な身体に依存することが多い。われわれは、進んでいっそう健全な身体を育成するように努めなければならない。古来、知育、徳育と並んで体育に重要な意味がおかれてきたことを忘れてはならない。」
3.「強い意志をもつこと」では、
「人の一生にはいろいろと不快なことがあり、さまざまな困難に遭遇する。とくに青年には一時の失敗や思いがけない困難に見舞われても、それに屈することなく、つねに創造的に前進しようとするたくましい意志をもつことを望みたい。不撓不屈の意志をもつことを要求したい。」
5.「畏敬の念をもつこと」では、
「われわれには精神的な生命がある。このような生命の根源すなわち聖なるものに対する畏敬の念が真の宗教的情操であり、人間の尊厳と愛もそれに基づき、深い感謝の念もそこからわき、真の幸福もそれに基づく。」

以上第1章の「個人として」を引用したがここでは、人間として生きるには、「個性」と「強い意志」が大切であることが必要であるとされていることは当然であるが、「自由」の項では「義務」を求め、「自己をたいせつにすること」の項では「享楽」や「怠惰」をいましめていることが、特徴的である。さらに「畏敬の念をもつこと」の項では「宗教的情操」を強調していることは、21世紀の教育の課題を予見したものといえよう。

第2章「家庭人として」の(1)「家庭を愛の場とすること」では「家庭に関する種々の道徳は、それらの愛情の体系を清めつつ伸ばすためのものである。道を守らなくては、愛は育たない。古い日本の家族制度はいろいろと批判されたが、そのことは愛の場としての家庭を否定することであってはならない。愛の場としての家庭を守り、育てるための家庭の否定であってはならない」。

戦前の「家族制度」についてその否定的な面を厳しく分析しないまま、家庭教育の重要性が述べられている。家父長制、男尊女卑、女性の社会参加の否定等のさまざまな問題点を温存しているとの批判があるのは当然のことである。

第4章「国民として」では、愛国心が強調されている。昭和四一年では、愛国心を語ることは、あまり歓迎されていなかった。第二次世界大戦までの、偏狭な愛国心への反発のため、愛国心そのものが否定的に受け止められており、この文言は復古的なものとして攻撃の対象となっていたが、現在では、当然のこととして受け止められている。しかしながら、「日本国の象徴たる天皇を敬愛することは、その実体たる日本国を敬愛することに通じる」という記述は、戦前の天皇制復活と受け止められ、多くの人々は「期待される人間像」の答申そのものを否定していく。

天皇制という微妙な問題点へもあえて踏み込んだこの答申は、戦後の道徳教育へ大きな影響を与えた。すなわち、これ以降のさまざまな答申の核心部分となり、いろいろな表現の違いがあるにもかかわらず、今日まで連綿として受け継がれていく。戦後の混乱期に、多くの重要な規範が失われたのも事実であるが、それは民主主義社会になったからではなく、民主主義の理解の浅さからであり、決してそれが戦前の修身教育への、また教育勅語への礼賛へのつながるものではないことは言うまでもない。

(4)「教育基本法」の理念の修正の動き

臨時教育審議会第4次答申

「期待される人間像」は当初、さまざまな批判を浴び、表面から消えたように見えたが、一九八七（昭和六二）年に出された臨時教育審議会より出された「教育改革に関する答申」の中に、形を変えて出てくる。

この答申では国際化社会、情報化社会を反映し、国際性を養い、情報教育の必要性が述べられ、そのための生涯学習の必要性が求められている。

「都市化の進展や家庭の機能が変化する中で、今日、家庭や地域社会の教育力が低下している。このため、子どもの立場を中心に、家庭・学校・地域社会の役割と限界を明確にし、それぞれの教育機能を活性化するとともに相互の連携を図ることが重要である。とくに乳幼児期に親と子の基本的な信頼関係（親と子の絆）を形成するとともに、適時・適切なしつけを行うことは家庭が果すべき重大な責務である。」

と述べられ、家庭教育の必要性が主張され、さらに、

「国際社会に適用するに日本人として、主体性を確立しつつも自らを相対化する態度と能力を有することが要請される。また、人間関係の基礎としての社交能力が体得されなければならない。例えば、海外にあっては、その国の国旗、国歌等に対して敬意を払うなど国際的に常識とされている基本的マナーを身に付け、

現地の文化や習慣を尊重する謙虚さを失わないようにするなど、子どものしつけに対する家庭、学校における配慮が必要である。」

と述べられている。これらの記述は当然の内容であり、「期待される人間像」の精神は引き継がれているが、教育現場により配慮したものとなっている。

「教育改革国民会議」の提案

これらがより鮮明に出てくるのが、二〇〇〇（平成一二）年に、教育改革国民会議が出した「教育改革国民会議報告――教育を変える17の提案」である。

人間性豊かな日本人を育成するために、教育の原点は家庭であることを自覚し、親が人生最初の教師であることを自覚し、周囲はそれを支援することが主張される。

そして、学校は道徳を教えることをためらわないことが求められて、学校は子どもに対して、社会性の育成を重視し、自由と規律のバランスをとることが重要であるとし、

「○小学校に「道徳」、中学校に「人間科」、高校に「人生科」などの教科を設け、人間として生きていく上での基本の、型を教える。

○言葉の教育を大切にする

○伝統や文化を尊重し、古典、哲学などの学習を重視する。芸術・文化・体育活動などの教育を柱にする

○自然体験、芸術・文化体験などの体験学習を充実する。異年齢交流を促進する。」

のように、教育の核心部分は何かを述べている。この中で「道徳」、「人間科」「人生科」のような生き方を求める教育が提起されているが、学習指導要領の改訂のたびに、「道徳」の授業だけでなく、教育課程の編成の中で、この精神がより鮮明に出てきている。

時代が下り、二〇〇三（平成一五）年に中央教育審議会より出されたこの答申では、教育基本法そのものの改正を意図したものとなっており、「期待される人間像」がより具体化し、より実現へと近づいたものとなっている。

第2章「新しい時代にふさわしい教育基本法の在り方について」、(1)の「教育基本法改正の必要性と改正の視点」では、

○現行法の「個人の尊厳」「人格の完成」「平和的な国家及び社会の形成者」などの理念は今後も大切。
○21世紀を切り拓く心豊かでたくましい日本人の育成を目指す観点から、重要な教育の理念や原則を明確にするため、教育基本法を改正する。

①信頼される学校教育の確立
②「知」の世紀をリードする大学改革の推進
③家庭の教育力の回復、学校・家庭・地域社会の連携・協力の推進
④「公共」に主体的に参画する意識や態度の涵養
⑤日本の伝統・文化の尊重、郷土や国を愛する心と国際社会の一員としての意識の涵養
⑥生涯学習社会の実現
⑦教育振興基本計画の策定

である。また、宗教に関しては、国公立学校における特定の宗教のための宗教教育や宗教的活動の禁止については引き続き規定するが、「宗教に関する寛容の態度や知識、宗教の持つ意義を尊重することが重要であり、その旨を適切に規定することが適当」とされており、「期待される人間像」の影響が見出される。

明治以降、日本の教育思想は、第1期明治期では、開明派と復古派の対立、第2期大正期・昭和前期では、国際主義と国粋主義の対立、第3期昭和後期・平成期では、平和主義・国際主義と自民族賞賛主義との対立が論争の軸となってきた。それは、いいかえると海外の思想を柔軟に受け入れるか、自国の文化の良さを強調するかの二点に集約される。日本においては、古来から海外からさまざまな文化が入り、それらが日本的なものと融合することにより、日本の文化の質が高まってきたという経緯がある。仏教、儒教をはじめ大陸からの文化の移入はそれである。明治以降は大陸からではなく、西欧諸国の文化を積極的に受け入れることにより、日本の文化は世界に通用するものとなった。日本においては、昔から和魂漢才という言葉がある。それは明治以降、和魂洋才という言葉に置き換えられたが、それは、「日本の精神」をもって、外国の文物を取り入れることであった。外国の文化を受け入れ、それと日本の文化を融合させ、新しい日本独自の文化を創造することを意味している。

日本の教育思想は、この流れの中で考えることができる。しかしながら、欧米列強の植民地化への動きへの対立軸としての和魂洋才が、日本自身を帝国主義へと歩ませ、植民地経営、海外侵略といった攻撃的なものへと変質していったことへの反省は当然のことながら求められる。国際志向と国内志向の二つの流れが、今後とも対立、拮抗することと思われるが、世界の国々の人々と平和共存することこそが日本の文化をより豊かにすることであるという共通認識が教育現場のなかで、未来の成員である子どもたちに教えられることが今ほど求められる時代はない。

引用・参考文献

姉崎洋一他編　二〇〇六年『解説　教育六法』三省堂。

石川松太郎代表　二〇〇三年『日本教育史』玉川大学出版部。
稲垣忠彦・久冨善久編　二〇〇二年『日本の教師文化』東京大学出版会。
梅根悟監修　一九七七年『日本教育史』Ⅰ・Ⅱ・Ⅲ、講談社。
梅根悟監修　一九七七年『道徳教育史』Ⅰ・Ⅱ、講談社。
海後宗臣・仲新・寺﨑昌男　一九九九年『教科書でみる近現代日本の教育』東京書籍。
沢柳政太郎　一九八七年『教育論抄』成城学園。
柴田義松・斉藤利彦編　二〇〇五年『近現代教育史』学文社。
鈴木博雄　一九九六年『原典・解説　日本教育史』図書文化。
田中圭治郎編　二〇〇六年『道徳教育の基礎』ナカニシヤ出版。
玉城肇　一九五四年『日本教育発達史』三一書房。
中野光・志村鏡一郎編　一九七八年『教育思想史』有斐閣。
長田新監修　一九七三年『日本教育史』御茶の水書房。
中村圭吾　一九七〇年『教科書物語』ノーベル書房。
久木幸男他編　一九八〇年『日本教育論争史録』第一法規出版。
寄田啓夫・山中芳和　二〇〇二年『日本の教育の歴史と思想』ミネルヴァ書房。

（田中圭治郎）

第7章　教育方法

1　教育方法の概念

教育方法とは教師が教育目的を達成するために、児童・生徒にはたらきかけ、学習活動を展開させるための一連の技術である。

この分野では、明治以来、教科の教育方法を教授法として課題にしてきた経緯がある。しかし、広義の教育の方法を問題にするなら、教育課程・指導計画の編成、教材・教具の選択、組織の方法、学習指導の形態、教科以外の教育活動の方法、さらには、評価の問題、ガイダンスやカウンセリングなどの原理および過程の諸問題を含むものである。

教育方法を考えるということは、上記のような諸課題に具体的に取り組んでいくことであり、それぞれ問題解決をめざして、教育の方法を提起していくことになるのである。

教育という営みが、発達の原理を踏まえつつ、文化の伝達と創造を大きな使命とし、より良き人間形成を図るものであることをおさえた上で、教育方法を考察することが大切である。

ここでは、学校教育を前提に考えるが、学校教育は、教科の指導と道徳および総合的な学習の時間、特別教育活動とによって、陶冶と訓育を通して、豊かな感性、創造的知性、自主的精神、意欲・関心・態度を育てるといった教育を行なって、学力の形成と人格の形成を組織的、体系的に図ることを任務としている。したがって、学習指導、生徒指導、進路指導、生活指導等を通して、真理と正義を愛し、個人の価値を尊び、勤労と責任を重んじ、自主的精神に充ちた心身ともに健康な国民の育成を目指すものである。

教育の本質的なことは、デューイの言うように、豊かな経験とコミュニケーションの在り方に依拠するのであるから、このことを念頭において教育の方法を考察することが大切である。いわゆる経験の原理を踏まえることである。この経験も社会的関係の中で他の人達と共通理解・共通認識が形成されるような社会環境での経験が大切である。その意味で、総合的な学習の時間で取り上げる協同作業による体験は貴重である。

2　教育課程編成の原理

教育課程とは、一般的にいって、「学校教育の目的・目標を達成するために、文化的諸領域や人間の経験活動から選択した教育内容を、児童・生徒の心身の発達に応じて、授業時数との関連において、各学校が組織・配列した教育内容の全体計画」であると考えられている。教育現場で、各学校が教育課程を編成する時の拠り所となっているものは、現実的には、学習指導要領の総則に示された教育課程編成の一般方針である。

公立学校の場合は、学習指導要領をふまえて、各都道府県・指定都市の教育委員会から、地方の実情を勘案した指導の方針が示され、その上で、各学校の教育方針を具現化するものとして実際の教育課程が編成されるのである。この前提には、理念・哲学があり、過去の評価があり、まさに学校の文化を象徴するものであると言えよう。

こうした学校の意図的な教育以外に、児童・生徒たちは、人間形成の上で友達関係を含め、いろんな影響を受けるのであり、これを潜在的カリキュラム（hidden curriculum ヒドゥン・カリキュラム）と呼んで、意図的、無意図的な教育事象の総体として、学校文化を総称してカリキュラムと呼んでいる。もちろん、一般的に教育課程のことをカリキュラムと同義に使用している場合も多い。

各学校の教育課程編成における一般的な留意事項として学習指導要領では、

①　法令及び学習指導要領に依拠すること
②　児童・生徒の人間として調和のとれた育成を目指すこと
③　地域や学校の実態を十分考慮すること
④　児童・生徒の心身の発達段階や特性を十分考慮すること

とされている。

さらに、児童・生徒に生きる力をはぐくむことを目指し、自ら学び、自ら考える力の育成と基礎・基本の定着の上で、個性を生かす教育の充実を図ることを理念として掲げている。

そして、道徳教育の目標や体育・健康教育、ボランティアなどの体験的な学習の一般方針を掲げているので、こうした事項を生かせるような教育課程を編成しなければならないとされている。

3 学習指導の基礎理論

「教育とは、経験の意味を増加させ、その後の経験の進路を方向づける能力を高めるように、経験を改造ないし再組織することである」〔デューイ、一九七五、一二七頁〕とデューイが言うように、学習を支援することは経験による行動の変容を意図するものであって、経験の原理は学習の原理となるのである。

既存の経験の知識に加えて、新しい経験を積む過程で、推論したり、観察したり、仮説を立て、行動し、確かめていくという、こうした動的な過程が、デューイの言う創造的思考を行なわせることになり、学習活動が成立するのである。「思考力の育成を目指す教授＝学習過程は、具体的問題状況から出発する探求のプロセスと対応したものでなければならない」し、「思考力の訓練は、知覚→思考→行動（実践）という過程が、課題の設定と解決という実践の立場から統一的にとらえられることによってのみ可能となる」〔村田、一九九二、八六－八七頁〕。教師はこうした学習の意図をしっかりふまえて指導することが必要である。学習経験から事物の関連の発見――教訓――を得ることができるのであり、学ぶプロセスの中で、経験を通して思考を訓練し、深めさせることが肝要である。児童・生徒の一人ひとりに反省的思考を行なわせ、学習を定着させていくことが大切であり、考えつつ、学ぶという探求の姿勢を持ち続けさせることが何よりも考慮されなければならない。

豊かな経験やコミュニケーションを学問や知識の体系と有機的に繋ぎ合わせ、先人から積み上げられてきた文化を効果的に、かつ生きた知識として身に付けさせる方法が駆使されなければならない。教育の本質を十分おさえた上で、教授技術を活用することが基本である。

具体的な授業については、教材研究を十分に行い、学習指導案（教案）を作成して、授業のイメージをしっかりと構築して、教室に臨むことになるのである。導入段階での発問の仕方、展開段階での発問の仕方、まとめ段階での発問の仕方など、同じ発問とはいえ、すべて違う観点や、ねらいがあることを理解しておかなければならない。それにしても、発問は教師が児童・生徒に対話を通して働きかける重要な行為であり、児童・生徒がこれに応答して、コミュニケーションをすることにより、既存の経験を更新して、子どもたちの内部に起こった内的矛盾をアウフヘーベン（上位概念で統合）する過程として、学習を成立させるための大切な教師と児童・生徒との相互行為なのである。子どもたちの側からの質問も大切にされ、活用されなければならない。こうした対話を通じて、教室がひとつのものとなり、児童・生徒たちの集団思考が深まるのである。

また、指導の原理として活用できるものはコメニウス、ルソー、ペスタロッチーらも重視した直観の原理がある。ペスタロッチーは直観をすべての認識の絶対的基礎としており、彼は『シュタンツだより』の中で「私の経験では、一切の教育法は如何なる命題も現実の関係に結び付けられた直覚的な経験の意識に依って自分自身を真なるものとして彼等に示すということに依存する」と述べ、直覚的な方法によって、事物に対する的確な概念を把握する方法原理を記している［ペスタロッチー、一九四三、八六頁］。直観の原理は今日の視聴覚教育に繋がっている。

また、教育の本質は子どもたちの発達を援助することであるから、子どもたちの学ぼうとする自発性を大事にしなければならない。このことはルソーやペスタロッチーのいう合自然の陶冶であり、フレーベルも考えた人間の自然に起こる発達を尊重することであり、自発的な精神の発達を援助すべきと考えたシュプランガーも同じように説いているのである。

教育の目的は人間の形成であるが、この中身としては、陶冶と呼ばれる面と訓育と呼ばれる面の統合された人格の形成を目指さなければならない。陶冶は知識や技能などを育てる側面であり、訓育は態度や性格、情緒、集団における協調性などの側面を育てることである。訓育に基礎付けられて、陶冶が成果を上げるとともに、陶冶に裏付けられて、訓育の成果が身に付くのであって、両者は相互に関係し合って育成せられるものである。今日の状況をみると、親も、世間も、陶冶の面のみに関心を寄せ、訓育が学校においてすら、おろそかにされているように思われる。訓育を軽視しては立派な社会人は育成できるものではない。

授業は一般的に三段階教授法で行われている。つまり、導入・展開・まとめ、に分けて、それぞれ五分・四〇分・五分位の時間配分になっている。発問も効果的に行なうことが望ましい。導入段階の発問と展開段階の発問、さらにはまとめ段階の発問とは、意図に合わせて行なうわけであるから、当然異なった発問の仕方と内容にならなければ、よい発問とはならない。導入の段階から、本時の最後に理解し、到達すべき内容を質問する授業者にいたっては、発問の意図を全く理解できていないと言わなければならない。また、板書も大切である。誤字を書かず、筆順を間違えないことは当然のこととして、要点やキーワードを要領よく、楷書で丁寧に書くこと、横書きなら左側から整然ときれいに書くことなどは必須の要件である。色チョークをフルに活用して、児童・生徒の注意を喚起することが必要である。補助プリントを適宜活用することも非常に効果的だと言える。発声は大きく、明瞭に、理解できるテンポに合わせて、しかも間を考えながらリズミカルに話す訓練をすると良い。コミュニケーション能力が授業運営において、教師の基本力量として大切だとされる所以である。

さらに、学習指導ではメディアの活用を適宜行なうこと、つまり、視聴覚教育の手法を利用できる力量も具えておかなければならない。具体的には、黒板・白板、以外に実物、掛軸、地図、彫刻、地球儀、設計図、模型、写真、スライド、ＯＨＰ、教材実物投影機、レコード、映画、テレビ、ＶＴＲ、コンピュータ・システム（パソコン・ディスプレー装置・投影機とスクリーンなど）、ＣＡＩシステムなどの授業での活用力量を付けておくことである。したがって、パソコンのソフトが、Windowsであればパワーポイントも駆使できなければならない。このように、教材作成能力と教育メディアを活用できる能力とが必要である。

実際の授業では、デューイのいう経験の原理を活かして、学習者に豊かな経験をさせて事物のより確実な理解へ向かわせる工夫が必要であり、コメニウス、ルソー、ペスタロッチ達が重視した事物の直観から学習をより確かなものにしようとする直観の原理を活かした視聴覚教育の利用を試みたり、ルソーやペスタロッチらが説き、シュプランガーも説いている自発性の原理を活用して、やる気を起こさせたり、学習を効果的に行わせる手法など理論を現場で活かしていくことも学習の成果を高めるために考慮することが必要である。

次に、学習指導の過程・プロセスについて考えると、ブルーム（B. S. Bloom, 1913-）のマスタリー・ラーニング（mastery learning）「完全習得学習」を挙げることができる。展開の順序は

①　事前テスト　これから学ぼうとする知識や技能を調べ、未到達であれば、補習授業を行なう。
②　一斉教授　達成目標を示して、数時間の授業を行なう。
③　形成的テスト（formative test）　学習目標を達成した生徒はさらに学習を深め、未達成の生徒は治療的個別学習を行なう。
④　小集団学習　グループに分け、まとめの指導を行なう。
⑤　総括的テスト　努力・意欲を含め、評価を行なう。

上記のような指導のプロセスで授業を行なうのであるが、落ちこぼしを作らない指導方法として評価されてい

る。

その他、ブルーナー（J. S. Bruner, 1915–）の発見学習法（discovery learning）がある。「ブルーナーの発見学習法は、観念や原理が生成されてきた過程を、教科の基本構造の習得を通じて、学習者に追体験させることを学習指導の本質とする」［脇坂編、一九九四］ものである。さらには、範例方式によって、判例の理解から、類型を理解し、法則性を発見していくという学び方がある。このねらいは、最終的には人間の理解までを目指すものである。

そして、忘れてならないのは評価の課題である。学習のプロセスの中で、形成的評価を行い、授業をコントロールしていくこと、到達度評価により、授業を反省して、次の計画に活かすこと、つまり、Plan（計画）→Do（実践）→See（評価）のＰ・Ｄ・Ｓ・サイクルによって、授業をより良いものにしていくという、フィードバックによる授業展開に活かす評価の在り方を教育の現場で実践することが、肝要である。さらに、「総合的な学習の時間」やグループ学習や問題解決学習の場面では、ポートフォリオを活用しての評価を行なって、効果的な学習指導に繋げていく必要がある。Plan. Do. See. は一体のものである。授業の在り方を示すサイクルである。

4　教師の在り方

学校の教師にとって、教師としての在りようは、一生涯にわたる成長を目指す課題であろう。ここで、そのあり方について考えてみたい。

第一の要素が心のつながりである。

（１）児童・生徒との心のつながり

教師と子どもたちとの意思疎通は何にもまして大切である。ヘーゲルも子どもとの心のつながりを重視しているし、ケルシェンシュタイナーも子どもに対する愛情を取り上げて、このことを、強く自覚しているようである。ケルシェンシュタイナーは、「純粋な愛情」について次のように言っている。

「社会的人間（教育者）の生活を支配する法則は、人間に対する純粋な愛情である。教育者を根本的に動かすものは、（理論人——学者のように）認識（学問的活動）でもなく、（想像人——芸術家のように）造形的活動でもなく、（宗教人のように）超越者（神・仏）に関係する宗教的活動でもなく、現に生きている人間にたいする純粋な愛情である。」

［Kershensteiner, G., Die Seele des Erziehers und das Problem der Lehrerbildung, 1955, S. 38］

と述べて、子どもとの深い心のつながりを示唆しているのである。

ペスターロッチー、フレーベルも心のつながりを等しく重視している。

また、デュルタイは心のつながりを教師の本質的特性として十分に自覚されなくてはならないと言って、こうした心を大切にする教師を「教育的天才」とまでいうのである。

教師と児童・生徒との心のつながりによって、教師と児童・生徒との信頼関係が生まれ、教授や指導が可能になるのである。

（２）清純で教育愛に燃える人格

デュルタイがいうように「わだかまりのない心根の人」や「心の底にすっきりした素直さをたたえた人」のよ

うに、心に邪念や不満を持たず、こどもたちに全面的に開かれた心をもって接しられることが重要である。まさに、自己自身の在り方が問われるのである。

「自己自身の本音に耳を傾け」、本音で語り合える実存的な対話が必要なのである。教育は子どもたちに良心の覚醒を起こさせることが必要であるが、教師と子どもとの、本音の対話を通して、内面的根源的覚醒をめざさなければならない。

名もなく、ローカルの教師であっても、正味の人間をはぐくむ教師の力が貴重なのであって、そうした教師こそ尊敬すべき教師であり、こうした教師たちが全国に沢山輩出されなければならない。

(3) 公共性

私学であろうが、公立の学校であろうが、教師は公共性を有していると言うべきである。教育基本法も国民全体に責任を負うといっているが、けだし当然である。

教職は奉仕性をもつ職業であり、人様のために生き、人が立派に成長したことを心から喜べる人でありたい。そうした仕事に生き甲斐を感ずる人でないと教職に適性があるとは言えない。

公務員的性格を有しているといってもよい。公共の広場で子どもたちを愛情をもって教育するという仕事である。公共の広場でということは公共の利益を踏まえ、国民や、人類の願いを実現していくという社会的営みでもある。

ここで、教育基本法にもうたわれている政治的、宗教的中立性の要請が求められるのである。一党一派に偏しないで国民全体の立場を堅持しつつ、公共の教育の場でその専門的な職責を果たす人である。

(4) 自己成長をめざす志

教師の生活においても、日々これ新たな営みが求められる。一人ひとりの個性に対応するには、常に新たな取組が求められるし、教師自身も進歩していることが必要である。人の成長を促進する仕事の性質上、教師も成長していることが不可欠である。そうでなければ、人の成長を援助することはとてもできるものではない。

教師は生涯にわたって、教育に関する研究と実践にはげまなければ、その職責を全うすることはできないといっても、過言ではないだろう。

こうした意味で、愛の心の教育を行なった偉大な教育者——山鹿素行、中江藤樹、二宮尊徳、吉田松陰、福沢諭吉、竹崎順子、西田幾多郎、篠原助市たちから学ぶことも多い。

(5) 教職専門性

教職は言うまでもなく、専門職である。最近、民間人から校長等を採用するという悪しき世相があるが、専門性をわきまえぬ暴挙である。何のための教職課程なのか。何のための教員免許状なのか。教育行政の節度のなさを憂えるものである。ＩＬＯ——ユネスコの『教員の地位に関する勧告』を見ると、「教職は専門職と考えられるべきである。それはきびしい不断の研究により得られ、かつ、維持される専門的知識と専門的技能を教員に要求する公共役務の一形態であり、また、それは教員があずかる生徒の教育と福祉について個人及び共同の責任感を要求するものである」(文部省訳)という認識が述べられており、教職は専門職と言ってよいだろう。

この専門職としての教職の要件としては、「厳しい継続的な学習研究を経て獲得され、維持される専門的知識と技術をもち、また責任をもたされた子どもの教育や福祉に対してもつ個人的および共同的な責任感をもつこと、こうした職業的任務に専念し、効果的な学習指導を促進するような雇用労働条件が保障されていること、教員団体が教育の進歩に大きく貢献しうるものであり、したがって教育政策の決定に関与すべき勢力として認められなければならない」ことをあげている。

教師は教育に関する専門的な研究と実践に専念するとともに、人間としての人格完成へ向けての研鑽に常時勤めなければならない。

教師はより良き人間の形成に寄与するとともに、人類や社会にとって重要な提言のできる人でありたい。

(6) 教師への期待

教師には教育理念・哲学が必要である。初等・中等教育のいずれの段階においても、子どもたちを将来、一人前のまともな人間にするのだという強い信念をもって、その教育に全力を尽くすべきである。未来の大人、親になるための基本を教育の過程の中で築き上げておかなければならない。未来を見通した希望の持てる教育実践を行なうべきである。教師は単なる記号・知識の伝達者ではなくて、子どもたちの探求し、思考し、知恵を創造できる力を育てなければならない。また、知識の陶冶だけでなく、心の持ち方、精神の修養、人間としてのあるべき道徳性の涵養などという訓育の面にも力を尽くすべきである。そして、地域や社会の人々と連携して、教育の実を上げなければならない。教育の理論を良く学び、現場の教育実践のケースに応じた活用を図れる力量をつけることなどが期待されている。

5　コンピュータ（情報処理システム）と教育

今日では、視聴覚教育や学習指導メディアの、究極のメディアがコンピュータと言えるのではないでしょうか。コンピュータと教育の問題を考えるとき、コンピュータとは何か。過大にも過小にも評価するのではなく、コンピュータの本質を理解しておく必要がある。

先ず、コンピュータの特徴は、①大量記憶ができること、②計算をはじめとするデータの高速処理ができること、③制御の機能をもつこと、である。これがコンピュータの本質であり、このことをふまえて、コンピュータを正しく理解し、活用することが大切である。もうひとつ大事なことは、コンピュータと通信技術の結合によって、全く新しい、画期的と言える情報化社会が生み出されたことである。情報のネットワーク化が世界を決定的にグローバル化したのである。P・F・ドラッカーが言うように、これからは知識社会であり、知識が財産となるのであり、これがアイデアと情報とから成っている。

こうした中で、情報リテラシー教育が要請されて来たのである。情報処理システムを活用して仕事の合理化・能率化が行なわれ、教育の場においても、コンピュータを使って、教育の事務的要素を機械化すると共に、コンピュータを使った教育も行なわれようとしている。それが、CAI（Computer Assisted Instruction）などと言われ、教える機械の一端を担っている。しかし、あくまでも、学習指導のメディアのひとつであって、人間に代わって機械が教育のすべてを担いうるものではない。カントも言ったように、人間しか、人間を作ることができないからである。

しかし、情報技術の発展に伴う問題点も心得ていなければならない。一つは、コンピュータとリスク管理の問題である。地震、火災、水害、雷、台風などの自然災害、ハッカー、コンピュータ・ウィルス、テロなどの犯罪、誤操作などの人為的ミス、さらに、ストライキや戦争などの社会的要因によるリスクに対する危機管理である。プライバシー保護の問題、また、大量の情報化による情報過多の問題や、情報偏向、情報依存の弊害などである。

6　学習指導の今日的課題

道徳教育をカリキュラムの中に生かすこと、また宗教に関する寛容の態度及び宗教の社会生活における地位の尊重を通して、宗教的なものの見方や考え方を学ぶことも必要であろう。学級活動・ＨＲ（ホーム・ルーム）活動が、形骸化している現状から鑑みて、こうした特別教育活動においても、本来行なうべき、人間の生き方や在り方を考える時間などを確保することが望ましい。私は、クラーク博士の「少年よ、大志を抱け」のように、大きな志をもつような、逞しく生き抜いていけるような展望のもてる教育が必要であると考えている。

自ら学び、自ら考えるという自己教育力を養成し、生涯の学習を通して、自己実現をめざし、逞しく生きていく人間を育成するという大きな任務と役割が課せられているのである。この様な内容を教育課程に含め、教育実践を行なっていくなら、今日社会で起こっている問題解決への展望も見えてくるであろう。

アメリカの著名な経営学者であったＰ・Ｆ・ドラッカーによると、今日の社会は脱ビジネス社会から知識社会へ移行しているという。この時代では、知識は力であり、経済活動の資本である。彼は「これは社会の当然の帰結である。われわれは、額に汗して筋肉を使った時代から、工業の時代を経て、ついに知識労働の時代にはいった」〔ドラッカー、一九八九、二四九―二五〇頁〕と分析した。現実に進行している高学歴志向の結果、知識労働者の比率はますます増大している。したがって、教育の責任はますます重要になるとともに、教育に要求されるものは何か、知識とは何かということが真剣に問われている。知識は日進月歩であり、常に更新されていく。人は知識を身につけることだけでなく、学習の方法を学ぶ必要が起こっている。つまり、学び方を学ばなければならなくなった。このことは、学校教育の在り方を示唆していると同時に、生涯学習時代の要請をも示している。

知識社会では、知識労働者の数が増えるから、職場においては、従来のようなライン的管理による、上からの統率のもとで仕事が行なわれるのではなく、専門家集団がプロジェクトを組んで、組織的に仕事を行なうことになるであろう。ここでは、「そこに働く人間一人ひとりの自己規律が不可欠であり、互いの関係と意思の疎通に関して、一人ひとりの責任の自覚が必要になる」〔ドラッカー、一九八九、三〇四頁〕のであり、自律した人間が要請されるのである。自律することとは、秩序ある社会の中で、一人ひとりの人間が、一人前の社会人として、建設的に生きていくために必要不可欠な条件である。教育は価値観と規律を抜きにしては目的達成は不可能であり、教育を通してしか、自律的な人間を形成することはできないのである。教育は常に自律的人間の形成という目標を実現するよう最善の努力を注がなければならない。今日の現実社会を直視し、今後の動向を洞察した上で、教育の在り方や教育の方法を考えていかなければならない。これからの知識社会で自律的な生き方をしていくためには、的確で基礎的な学力の上に、専門的な力を身に付けることが何よりも大事であり、これこそが真の生きる力となるであろう。

知識を力として生きていくとき、やはり大切なことは、地球という惑星の中で、人類が人間のみならず、自然や他の生物と共存して、いかに充実した生を生きるべきかという知恵を発揮することであろう。かくて、自律的な生き方こそ教育のめざす最大の目的だと言えよう。

引用・参考文献

天野正輝　一九九七年『教育方法の探求』晃洋書房。
鰺坂二夫・稲葉宏雄・天野正輝　一九七三年『現代教育方法学』ミネルヴァ書房。
安藤輝次　二〇〇一年『ポートフォリオで総合的な学習を創る』図書文化。
天野正輝編　一九九八年『現代教育実践の探究』晃洋書房。
池田　進　一九七一年『実存的教師』第一法規。
崎野　隆　二〇〇二年『「経験と思考」を通しての教育実践』大谷大学学報第81巻第1号。
佐藤　学　一九九六年『教育方法学』岩波書店。
篠置昭男・脇坂義朗編『教育実践の探求』昭和堂。
下程勇吉編　一九六六年『教育原理』法律文化社。
下程勇吉編　一九七三年『教育原理』ミネルヴァ書房。
下程勇吉　一九五九年『魂の教育者の連峰』刀江書院。
下程勇吉　二〇〇〇年『教育人間学の根本問題』燈影舎。
新堀通也　二〇〇〇年『志の教育』教育開発研究所。
高旗正人・南本長穂編　一九九二年『学習指導』ミネルヴァ書房。
デューイ、松野安男訳　一九七五年『民主主義と教育』(上・下）岩波書店。
デューイ、宮原誠一訳　一九五七年『学校と社会』岩波書店。
P・F・ドラッカー、上田・佐々木訳　一九八九年『新しい現実』ダイヤモンド社。
J・S・ブルーナー、鈴木・佐藤訳　一九六三年『教育の過程』岩波書店。
ペスタロッチー、長田　新訳　一九四三年『シュタンツだより』岩波書店。
南澤貞美編　一九九一年『自律のための教育』昭和堂。
細谷俊夫　一九六九年『教育方法』岩波全書。

筧田・尾崎・若原監修　二〇〇〇年『教育の原理と課題』昭和堂。
村田　昇編　一九九二年『教育哲学』東信堂。
村田　昇編　一九九三年『これからの教育』東信堂。
山崎高哉編　二〇〇四年『教育学への誘い』ナカニシヤ出版。
山崎高哉編　二〇〇三年『応答する教育哲学』ナカニシヤ出版。
山崎高哉　一九九三年『ケルシェンシュタイナー教育学の特質と意義』玉川大学出版部。
ランゲフェルド、和田修二訳　一九七三年『教育の人間学的考察』未来社。
教育六法　二〇〇六年　三省堂。
学習指導要領　一九九八年、一九九九年　文部科学省。

（﨑野　隆）

第8章　多文化共生と教育

現在、日本の教育は、いじめ、不登校（登校拒否）、校内暴力等さまざまな問題を内包している。従来の教育の問題点が噴出しているのである。戦後日本は民主主義の精神の下、子どもたちの権利を認め、その可能性を信じ、個性尊重、自由尊重の流れの中で、新たな方向性を求めてきた。日本国憲法、教育基本法の精神の基礎の上に、明るい未来への可能性を秘めた希望に満ち溢れた教育であった。ところが、戦後五〇年を経過し、それらの方向性の是非が問われるようになったのである。

1　教育の国際化と国際理解教育

(1) 教育の国際化

現在、日本社会は、国際化の時代に入ったと言われている。われわれは国際化という言葉に取り囲まれて生活している。われわれの日常生活において、マスメディアから流れ出る情報は、国際化というキーワード抜きにしては語れない。諸外国との経済摩擦、政治摩擦が生じる時、必ず国際性、国際的という言葉が人々の口から出てくる。教育現場でも同様である。国際化は情報化と並んで教育の大きな柱となっている。

今日、国際化という言葉の使用頻度は大なるものがある。われわれは、国際化という言葉を安易に使用し、この言葉を使用することで、自分が国際人になったような錯覚に陥っている。「モノとカネの国際化」は、すでにわれわれの日常生活の中にまで入り込んでいることは事実であろう。食糧、衣料等外国製のさまざまな物質をわれわれは、食べ、身に付け、住居に使用している。金融面でも、円が強力になり、国際金融市場でさまざまな通貨が飛び交っている。

これに反し、人の国際交流はあまり活発でない。しかし、日本企業が海外に進出するとともに、人の交流が徐々に活発となり、現在ではかなりの数の成人、子どもが海外生活を送っており、彼らが異文化体験を持って続々と帰国している。また、数はそれほどではないが、日本に滞在する外国人が増えはじめている。それは、長期滞在者、短期滞在者を含めるとかなりの数になる。わが国の風土は、従来、画一的な人間像を追い求め、異質な者を日本的なものに「同化」してやっと彼らを自分の仲間と認める雰囲気があった。

しかしながら、国際的な視野をもった子どもを養成することで、子どもたち自身、自己ないし自国の文化を認識し、かつ外国の文化を尊重する態度を形成させ、それが国際協調ひいては世界平和につながるという考え方が大切であることが認識されてくる。そのためには、学校教育の中で、国際化、国際理解教育のカリキュラムを実施し、われわれの同化志向の体質を異文化に寛容な体質へと変容させることが必要となってくる。

一九八六年に出された「教育改革に関する第二次答申」の第４節の「世界の中の日本人」の中で、「日本人が国際社会において真に信頼される」ためには、「広い国際的視野の中で日本社会・文化の個性を自己主張でき、かつ多様な異なる文化の優れた個性をも深く理解することのできる能力」が不可欠であり、「日本人として、国を愛する心を持つとともに狭い自国の利害のみで物事を判断するのではなく、広い国際的、地球的、人類的視野の中で人格形成を目指すという基本に立つ必要がある」としている。さらに、この答申では二一世紀のための教育の目標として、「公共のために尽くす心、他者への思いやり、社会奉仕の心、郷土、地域、そして国を愛する心、社会的規範や法秩序を尊重する精神の涵養が必要であり、さらには自分と異なるもの、異質性、多様性への寛容の心などを育成することが必要である」とする。この答申では、外国の文化への理解を深めるとともに、自国の文化への理解も求められているのである。しかしながら、他者を理解するためには自己を知る必要があって当然であるが、これが時として国粋主義に陥りがちになってしまう。国際化の中に含まれる国粋主義の陰をいかに克服することができるかが、われわれに求められた大きな課題となろう。

江渕一公は教育の国際化について次のように述べている。「『教育の国際化』とは国を異にし、文化的に異質の背景を持つ子どもたちの教育目標や内容や方法の制度の共通化が進み、各国学校間の就学者相互受け入れを可能にする程度に互換性が確立され、そうした交流を通じて諸国民に国を超えた〝地球人〟としての意識が発達していく過程であるということになろうか。そして、そのような観点からすれば、いわゆる「国際人的資質」の形成とは、そうした子どもたちが、より人間性豊かな生活を営むために必要と考えられる情報や技術や価値観の相互交換の態度・能力（広い意味でのコミュニケーション）を獲得し、それらの共有化を通して、国益を異にし、また文化的背景を異にする人々との間の相互理解を深め、共通のルールを模索しつつ共同の活動に従事しうることになることであると言ってよいのかもしれない」〔江渕、一九八七年、二一頁〕。彼によれば、共通化、共通のルールを探すことにより、人々が共同の活動が可能になるし、それにより〝地球人〟としてふさわしい、〝国際人的資質〟を求めることができるとする。

(2) ユネスコと国際理解教育

第二次世界大戦終了後、自信を喪失した日本人は国際社会で生きていくためには、新設の国際連合とともに歩むことがわが国の進むべき道であると確信した。教育に関して言えば、ユネスコ(国際連合教育科学文化機関)憲章の精神に則って進めることが必須であると感じたのである。

この機関の目的は「国際連合憲章が世界の諸人民に対して人種、性、言語又は宗教の差別なく、確認している正義、法の支配、人権及び基本的自由に対する普遍的な尊重を助長するために教育、科学及び文化を通じて諸国民の間の協力を促進することによって、平和及び安全に貢献すること」である。

この精神に基づいて一九五二年ユネスコ第七回総会において「世界共同社会に生活するための教育実験活動」が発足し、一九五四年から日本を含む一五カ国の中等学校三三校で具体的実践がはじめられ、一九六〇年からそれらはユネスコ協同学校計画と呼ばれるようになる。一九七四年に出された「国際理解、国際協力及び国際平和のための教育並びに人権及び基本的自由についての教育に関する勧告」では、「国際理解、国際協力及び国際平和は、異なった社会的及び政治的制度を有する諸国民の間の友好関係の原則並びに人権及び基本的自由の尊重に基づいた不可分の一体をなすものとみなされるものとする」と述べられている。また、一九八五年の「学習権宣言」では、「もしわたしたちが戦争を避けようとするならば、平和に生きることを学び、お互いに理解し合うことを学ばねばならない。〝学習〟こそはキーワードである。学習権なくしては、人間的発達は有り得ない」と述べられている。しかしこれらユネスコの方針については、一九七四年の総会に参加した天城勲が「それまでのユネスコにおける国際理解の重点の変遷、各国の置かれた立場の違い、特定の理念の強調さらに当時の国際事情等と幅広く含めなければ成立しえなかった事情がある。従って国際理解教育についてはきわめて包括的な観点に立っている反面、理論構造については必ずしも筋が通っていないうらみがある」〔天城、一九九一、一頁〕と述べているのは的を射た指摘であろう。とりわけいろいろなテーマを雑炊的に取り入れ、それを国際理解教育としたために論点がぼやけてしまったのも事実であろう。また、外国と仲良くしようという理念が先行し、時として実態が伴わない場合が多々あり、子どもたちには抽象的概念が与えられるのみで、国際理解教育という言葉が空洞化しやすいのである。それにもかかわらず一九八七年には八五カ国、一七〇〇校の初等・中等学校等で教育実践が行われているのは、ユネスコを中心とする国際理解教育が、その限界をもちながらも地道に努力を積み重ね、それが世界中の国々から一定の評価を得ているからだと言えよう。

ユネスコ第四四回国際教育会議宣言（一九九四年一〇月）において「児童・生徒・学生・成人が人間同士互いに尊敬しあい、平和、人権、民主主義を促進しようとする人格の発達に寄与しうる原理と方法の上に教育の基礎を置くこと」が求められ、「教育の諸施設において国際理解のための教育の成功に寄与しうる雰囲気を確立し、それらの教育の場が寛容の実習と人権の尊重、民主主義の実践さらに文化的アイデンティティの多様さと豊かさの学習のための理想の場となるように、適切な段階措置を講ずること」が必要となり、さらに「他の文化に心が開かれており、自由の価値を理解し人間の尊厳と違いを尊重することができ、非暴力な方法によって紛糾を防ぎあるいは、それを解決することのできる思いやりと、責任感のある市民を育成することをめざして、カリキュラムや教科書の内容、さらに新しい技術を含む教材の改善に、特別の注意を払って取り組む」〔堀尾、一九九五年、一八四頁〕ことなのである。

ユネスコ国際教育会議の「平和・人権・民主主義に関する総合的行動要綱」（一九九四年一〇月）によれば、「多元主義社会、多文化世界の市民は、以下のことを受容できなければならない。すなわち、状況及び問題について市民が行なう解釈はそれぞれ個人生活や当該社会の歴史、当該文化の伝統に基づいていること、したがっていかなる個人、集団も問題に対して唯一の解答を持つべき者でないこと、各々の問題について複数の解決法が存在していることゆえに、各自は理解・尊敬すべきでありまた共通の基盤を探る観点で平等な立場から交渉を行なうべきことなどである。したがって教育は、個人的アイデンティティを強化しなければならないし、個人間、集団間の平和・友情・連帯を強化する考え方と解決の方法が励まされなければならない」［江渕、一九八七、六頁］ことが強調された。多元主義社会、多文化世界において、相手を理解し、尊敬の念をもつことが、自己と他者との共通の場をもち、共通認識を育むことを意味するのである。

（3） 地域社会における国際理解教育

外国に行ったことがなく、外国の人たちと接触したことのない人たちにとって、国際理解教育、異文化理解教育はあまり関係のないものであった。従来、国際化とは関係のないように見えるアメリカ合衆国オクラハマ州の片田舎コロンバスに住みながら、そこから敢えて国際化を求めたチャドウィック・アルジャーは、地域からの国際化のための新しいアプローチとして次の三点を取り上げている。

(1) もっと多くの人々を国際的に関わらせるという考え方ではなく、すべて誰もが国際的なことに関わっており、人びとはそれに気づくようにすることが必要である。

(2) 人々が国際意識や国際理解を獲得するよう助力するのではなく、人びとが気づかないうちに関わりつづけているという状態から脱して、責任を持ち、責任を果たす参加者になるように努力しなければならない。

(3) 視野の狭さを克服するために、有名な国際人を地域に呼んでこなければならないのではなく、すでにたくさんの国際的な人材が地域に存在していることに気付き、こうした人々の専門的な力を見いだして活用することが重要である〔アルジャー、一九八七、一一頁〕。

以上の三点は、自分たちの住んでいる地域社会の中からの国際化の可能性を意味する。つまり、身近な自己の周囲の人たちとの接触による国際理解、異文化理解なのであり、それは、他に依存するのではなく、自己の問題として、つまり自分の生き方の視点を変えることで可能となるものなのである。

アルジャーは「海外のことがらに直接影響を及ぼしているのは、権力をもった国際人だけ」ではなく、各個人のさまざまな国際的活動、すなわち手紙のやりとり、アマチュア無線、海外雑誌の購読等によって可能であるとする。彼は、さらに「現在それぞれの国の主要都市にすむエリートたちによってコントロールされている国際的な動き」をわれわれ一人ひとりが生活している地域社会に取り戻さねばならないとする。「ふつうの人びと」が、自分たち自身と世界との関わりを理解する必要が今日ほど求められている時はない。

従来のように一部の者のみの国際化が求められた時代とは異なり、今日ではすべての人々が国際化することが求められている。外国に行ったことがない、外国人とは言葉が通じない、外国人との接触がいやという人たちが多数存在するにもかかわらず、異文化をもった人たちと接する機会は多くなる。自分のもっている文化遺産を確認するとともに、他の文化遺産をもった人々の存在をも認めることが必要である。

各人が人間とは何か、人類が共存しあうにはどうすればよいか、すなわちわれわれ一人ひとりお互い人間存在を認め合うとともに、自分の行き方を確認することが求められる。われわれが生活している地域社会の中での国際化は、自己の内なる国際化によりはじめて可能となるのである。

現在、われわれは日常生活の中で、外国の人々と接し、いろいろな摩擦を生じているが、今後これらの摩擦を避けて通れなくなる時代がやってくる。多くの日本人が外国に行き、外国人と接し、また、外国の人たちが日本にやって来て、日本人と接する。これらの摩擦をマイナスとして捉えないで、プラスとして捉える必要がある。接触があるからこそ、摩擦があり、摩擦なしには相互理解はありえないのである。特に最近は、人的交流の量が増大し、従来の一部のエリートといった限られた人たちとの交流だけではなく、普通の一市民同士の交流が日常的になってきている。そのため、地域社会の中で、単に子どもたちだけでなく、大人も外国の人々について、また文化について学習する必要に迫られている。

地域社会の国際化は、地域社会を構成するすべての成員の人格、人権を認め、お互いに協力して、地域社会を築き上げるといった身近なところからはじめることが必要であり、それが地域の活性化につながるのである。遠い外国に住む人々との交流とともに、身近に住む従来の日本の価値観とは異なる価値観をもった人々の権利を認め、彼らをわれわれの社会に暖かく受け入れることが、国際交流のめざすところであろう。

2　異文化理解と多文化教育

(1)　文化的多元主義と多文化教育

文化的多元主義の考え方は、古来ヨーロッパをはじめ、複数の民族によって構成されている国家では、程度の差こそあれ存在していたが、近年、移民国家アメリカ合衆国において活発に論議されてきた概念である。多民族国家ゆえに民族的多様性を認め合うことによって国家を形成してきたアメリカ人にとって、各民族の文化を尊重することは必須のことである。最近、ヨーロッパ、カナダ、オーストラリアにおいて、移民労働者の子どもたちの教育が問題となっているが、その問題解決にアメリカの実践例が参考とされる。アメリカの事例と研究は、今後、世界の多民族国家にとって大きな示唆を与えるであろう。ここでは主としてアメリカの文化的多元主義を中心に述べてみる。

クロス、ハッペルらは、アメリカの文化的多元主義について次のように述べている。「①アメリカ合衆国において、われわれは、人種的神話、典型的アメリカ人像と人種問題との間の密接な関係を社会的に無視してきたし、また、過去、現在において、地域社会、国または国際レベルでの非生産的な争いを繰り返してきた。②社会的な争いを生み出すのは、各個人の文化的相違ではなくて、文化的相違に対する反応であるという事実を社会的に無視していた」[Cross, Happel, Doston, Stile, 1977, 4]。

この見解は、アメリカ人がアングロサクソン的な価値観（WASP: White Anglo Saxon Protestant）へと一元化され、その考えが地域、社会、国家、国際的レベルにおいて、普遍化していくことを示唆している。アメリカは、人種の坩堝であり、それが「一つの人種」へと形成されていくということと、人種主義が併存していることを示している。つまり、「一つの人種」がすべての人種と融合したものではなく、アングロサクソン人種へとすり替えしたものであるため、それ以外の人種は、アメリカ人としては認知されず、程度の差はあるが、差別されていく。差別は、個々人の文化的相違を認め合わないで、アングロサクソン的なものを最高の価値とすることから生まれる。この考え方を補強するものとして、人種に関係なく、各人の能力に応じて社会的階層が規定され、貧富の差も個々に帰すというアメリカ建国以来の理想主義がある。すなわち、本来、人種に関係なく個々人の平等が保障されねばならないにもかかわらず、人種による差別が存在することをあえて無視している。

（2）多文化教育とグローバル教育

「西洋民主主義社会は、国家の主要な目標が、人権を擁護し、平等を推進させることであり、また、すべての人種的民族的、文化的集団を社会の一員として構成させることであるという、人類平等主義のイデオロギーを持っている」［Banks and Lynch, 1986］とバンクスとリンチが述べているように、一九六〇年代と七〇年代、民族文化覚醒の動きの中で、文化的多元主義が出てきたのである。この延長線上に多文化教育が考えられる。バンクスとリンチによれば、この運動の主な目標は、種々の人種的・民族的・社会階級的集団の生徒たちが、教育的平等を経験するような教育改革をめざすことである。

「文化的多元主義は、教育プログラムに移植されうる単なる新しい方法ではない。教育における多文化主義の概念は、現在存在しているよりも、より異なった社会観に基づいている」［Kendall, 1983, 3］のであり、子どもたちを教育する場合、以下の五点に留意しなければならない。

① 子どもたちに、自己の文化や価値を尊敬することを教えること。
② すべての子どもたちが、多文化・多民族社会の中でうまく機能することを学習するのを援助すること。
③ 人種主義——皮膚の色——によって、より影響を受ける子どもたちに積極的に自己概念をもたせること。
④ 文化的に異なった人々のような相違について、積極的な方法により人類の類似性について子どもたちの経験を援助すること。
⑤ 子どもたちに地域社会全体の特異な部分としての異なった文化の人々といっしょに仕事をする経験をもた

せることを援助すること［Kendall, 1983, 3］。

多文化教育は、まず、民族学習、つまり民族集団の歴史・文化についての科学的・人文的学習からはじまり、さらに時期が来ると多民族・多文化教育へと発展していく。つまりこの運動は、さまざまな人種的・民族的集団の生徒が多数派集団の生徒と教育的に同等な業績を得ることが可能になるよう、学校環境を変化させることである。

多文化教育について、江渕一公は「もともと一九六〇年代から七〇年代にかけて黒人の公民権運動が盛んなアメリカで生まれて発展した。『文化的多元主義』と呼ばれる新しい国民的総合理論を基礎にして出現した教育思想であり、実践運動である」［江渕、一九八七、六頁］と規定する。バンクスによれば「多文化教育は、国民国家に所属しながらも、その中で社会の周辺に追いやられてきたエスニック集団や人種集団の問題意識に対応するひとつの手段」であり、「単に他者、あるいは外部集団について理解したり、学んだりすること」ではなく、「自分たち自身の理解を助けてくれるもの」なのである［バンクス、一九九六、一八八頁］。このように多文化教育の概念は、少数民族のための教育から、教育の平等を求める教育として障害をもつ人々・女性の教育権、学習権へと拡大してくる。この考え方は、アメリカだけでなく、多民族国家カナダ、オーストラリアさらに、移民労働者が増大しつつある西ヨーロッパ諸国の教育現場でも注目される。さらに、わが国においてもアイヌの子どもたち、在日韓国人・朝鮮人の子どもたちの教育をどのようにすべきかが問われるようになる。単に外国の教育現状を客観的にみつめるだけでなく、それらをわれわれ自身の問題として受けとめねばならないのである。

多文化教育は、一人ひとりの子どもの可能性を伸ばす教育であり、子どもたちがもっている文化遺産を尊重するとともに、世界共通の普遍性をも学習することが求められる教育なのである。つまり、自己の文化にとどまらず、世界中の文化を視野に入れた、より広い視座に立つものである。この考えに従えば、多文化教育はグローバル教育と類似性をもつ。奥住忠久は「高度情報化・技術化社会を背景に地球的規模で相互関係性を強めつつある『地球社会』化の現代の諸傾向に注意を払い、単に自民族、自国中心の日本人一般の公民性形成だけでなく、日本の文化・伝統に根ざしながら同時に『宇宙地球号』の一員として人類史を共有するとともにグローバルな利益の実現に関心を持ち、その形成に参画する個性の確立した一人ひとりの日本人としての公民性を探ることである」〔奥住、一九八七、二二頁〕とし、グローバル教育の必要性を力説する。

「グローバル教育の目的は、限りある自然資源を所有しており、かつ人種的多様性、文化的多元主義に特徴づけられ、また相互依存性を増大しつつある世界で効果的に生きるために必要とされる知識、技術、態度を青年のうちに開発することである」〔奥住、一九八七、七〇頁〕という全米社会科協議会の指摘のように、それは他国との文化的葛藤と自国内の矛盾を克服する教育なのである。国家間の利害関係の衝突や調整といった「国際社会」を前提に組み立てられた国際理解教育には限界があり、「各国家、民族は独自の利益追求の上にたって動いている」という側面と、「地球市民的連帯、協力の精神」との調和が求められるグローバル教育は、「日本的特殊性や排他的なものからの脱却を促し、世界に通用する普遍性を追求させる」〔奥住、一九八七、三八頁〕ものであると魚住は主張する。

デイビッド・セルビーは、グローバル教育の全体像を図1の四次元モデルで示している。このモデルは、世界を理解することに関わる外側の三つの次元と、自己を理解するための内部の次元とでできている。相互依存度が深まり、ますます多元文化化し、急速に変化していく世界に対応できる学校にしていく、そういう教育の在り方を示唆するものとして、このモデルが作られている

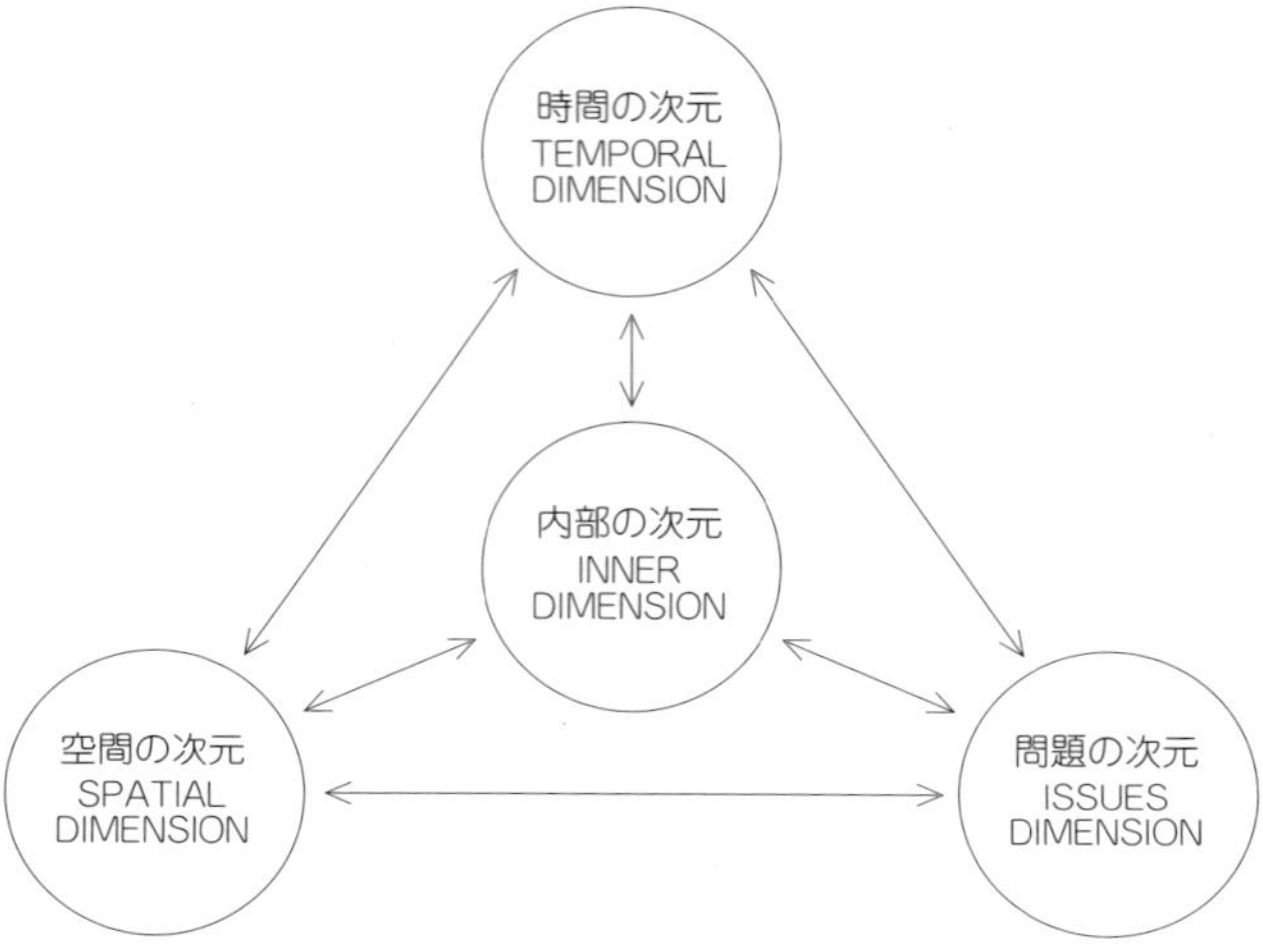

図 8－1　グローバル教育の四次元モデル

（出所）　セルビー，1996年，9頁。

まずはじめに「空間の次元」について。

これは、生徒が小学校から高等学校まで学校教育を通じて、現代社会が複雑に絡み合い、相互に依存し合う一つの大きなシステムとしての性質をもつことを学ぶ必要がある、ということである。

もちろん、地球的な相互依存性は目新しいことではなく、ずいぶん昔から人間は貿易等を通じて交流してきた。ただ、現代においては相互依存の質が三つの点で変わってきている。

A　大陸間、国際間にインパクトを与えるような出来事が急激に増加したことにみられる頻度の変化

B　影響を受ける人々の数やその範囲が大きくなったことにみられる（クモの巣状の世界における）影響の深度の変化

C　影響を受ける人間活動の数は範囲の広がりにみられる規模の変化

以上のように世界は国土と人々の単なる寄せ集めの集合体から、一つの大きなシステムに変わっている［セル

ビー、一九九六、九－一〇頁〕。

第二番目は「問題の次元」である。

ここで重要なことは、小学校から高等学校までの、数学や科学をも含むすべての教科で、グローバルな問題を取り上げ、生徒がそれらを学ぶ必要があるということである。グローバル教育の文献では、グローバルな問題を大きな四つのテーマ――環境、発展（開発）、人権、平和の下に示している。

まず、第一のテーマとして、生徒は地域の環境から地球環境まですべてのレベルでの環境の問題を学ぶことであり、二番目は、社会、政治、経済、文化の発展（開発）についてであり、三番目は人権であり、生徒は権利についてだけでなく、他の人たちに対する責任や、ますます重要になりつつある子どもの権利についても学ぶ。四番目として、平和と紛争の問題についても学ぶ必要がある。まだ年齢の小さい生徒たちの場合は、友達の間での争いごとの避け方や、解決法を学んだり、学年の高い生徒たちはコミュニティや国際間の紛争の問題について考える機会を与えるべきなのである。

また、これら四つのテーマを横断するものとして、生存・生活・健康に関する問題、人種や男女の不平等、多文化主義など、他にも取り上げられるべき大きな問題がある。問題の次元で大切なことは、これらのグローバルな問題について、いろいろな議論やさまざまなものの見方があることを、生徒たちが学べるようにすることである〔セルビー、一九九六、一四－一五頁〕。

第三番目は「時間の次元」である。

あらゆる文化の偉大な哲学者や詩人たちは、過去と現在と未来が深く結びついていて、それぞれの間の関係を理解することなしに、過去も、現在も、未来も完全に理解することはできないと私たちに語っている。それなのに学校は、なぜ歴史など過去のことばかり重視して、未来のことを忘れているのだろうか。このことは歴史を軽視するのではなく、歴史と、これから起こるだろうことを絡めて考えさせることも必要なのである［セルビー、一九九六、一八頁］。

第四番目は、「内部の次元」である。

四次元モデルの外側の三つ――空間、問題、時間の次元は場所や出来事や時間が相互に接合し合い、関係しあっていて、混沌とした状態であるとも言えるが、「関係性にもとづく全体性」（relational holism）によって維持されている。つまり、これら三者はお互いに関係をもって存在している。これは私たちの外部の世界と、内なる世界の関係についても当てはまる。私たちの内なる世界も、混沌とした外部の世界と相互に密接に関係し、影響しあうのである。このことをより大きく捉えれば、私たち一人一人の幸福は、地球という惑星の平安と深く結びつき、互いに補完しあう関係にあると言える。

第四番目の「内部の次元」は外側のそれぞれの三つの「次元」とも影響しあっている［セルビー、一九九六、一九頁］。

バンクスによれば、多文化教育の目標は、グローバル教育の重要な目標とも関わっている。「グローバル教育の重要な目標は、生徒が、国境を超えた異文化間交流の能力を育て、また地球上に住むすべての人々の運命に相互にいかに深く関わり合っているかを理解するために、必要な洞察力や理解力を高められるように支援すること」であり、「自国内の文化に対して理解や共感を示す市民は、そのような理解や共感をほとんど示さない市民と比較して、自国以外の文化において、より有能に自らの役割を果たすことが出来る」［バンクス、一九九六、三頁］のである。多くの教師たちは、多文化教育とグローバル教育とを同じ意味として理解している。しかしながら、バンクスは、両者は区別される必要があるとする。つまり、グローバル教育では、メキシコ系アメリカ人についてよりは、メキシコについての方に力点が置かれると、彼は主張する。

多文化教育は、国家の枠の中で、国家を形成するさまざまな民族、障害をもつ人々と女性の教育権、学習権を認めることにその基盤を求めている。しかしながら、それらは、単に一つの国家にとどまるだけでなく、世界的な広がりを必要とする。多文化教育の世界化・普遍化はグローバル教育と相通じ合うものである。バンクスが述べるように、グローバル教育は、外国の人々への関心が、ときとして国内の権利を奪われた人々への関心の低下を招来するという限界はあるかもしれないが、世界中の人々が多文化教育を共有することにより、さまざまの国の教育を受ける人々の権利をよりいっそう保障することとなるであろう。

3　多文化共生の教育——教育における文化的多元主義

(1) 国際理解教育・多文化教育と多文化共生

国際理解教育は、外に開かれた教育だけでなく、内に開かれた、つまりわれわれの地域社会で一緒に生活している人々にも開かれねばならない。つまり、異文化を持った人々とわれわれはどのように隣人として接していくのか、また異文化をもった子どもたちを学校現場でどのように受け入れていったらよいのかなのである。天野正治は、「帰国子女の教育、在日の人たちの教育、国内に居住する外国人子弟の教育、難民子弟の教育」に本格的に取り組むには、「異質との共存」、「異文化との共生」をめざす教育が必要であるとする。天野は「『国際化』や『国際理解』はまさに足もとから始まるのであり、われわれは『異質なもの』を許容する社会環境を築き、異なる考え方や生活習慣を有する人々と共に生き、互いに学び会い、理解し合って、お互いを『豊饒化』していかねばならない」〔天野、一九九三a、二二九頁、一九九三b、二二九頁〕とする。さらに天野はドイツの異文化間教育学者のニーケの「土地の人々と移住者の同じ権利を有しての共同生活」や「移住してきた少数派の文化的、生活世界的特殊性を自明のこととして承認する連帯」が求められるという言葉を引用しているが、この指摘は真に的を射ているのである。

異なった文化をもった人々が共生、共存できるためには、相手のもっている文化を理解することが求められる。「各国家間・民族間の交流に関わる問題の研究は、必ずしも新しいものではないが、近年では、そうした交流における文化的側面を重要視し、そうした諸国民・民族間の経済的・社会的交流がそれぞれの文化に及ぼす影響についての研究にとどまらず、逆に文化がそうした交流に影響を与えていることについて注目するようになってきた」〔小林、一九八七、三頁〕と小林哲也が述べるように、国家に力点を置くのではなく、文化に力点をおく国際理解教育が必要となろう。異文化理解教育が真に求められるのはこのためなのである。「日本のように『単一社会』信仰のもとに少数民族が存在していてもそれを無視し、対等に扱わない同化＝排外主義の社会は、多文化主義社会とは相容れない社会」ではあるが、「多文化主義社会への備えを欠いた国際化は考えられない」〔江渕、一九八七、三三〇頁〕という江淵一公の主張は、異文化理解教育の神髄を言い表している。

われわれは異文化と接触した時、自己の視点からそれを見つめる。そこで問題となるのがエスノセントリズムである。これは自民族中心主義、自民族至上主義と訳され、自分が属している民族の視点から考えるのであるが、これは時として他民族排斥になり、あまり良い意味に使われない場合が多い。メルヴィル・ハーコウィッツは、エスノセントリズムを寛大なエスノセントリズムと好戦的なエスノセントリズムに分け、従来言われているエスノセントリズムは好戦的なそれであるとする。それは自分たちの価値を基準に用いて別の価値体系を判断するのみならず、自分たちの価値を相手に強く押し付けようとする行為である。われわれは他民族を考える時どうしても自分の民族の視点から考えるのであり、完全な世界人、地球人になれないし、またすべてにおいて客観的な視点から考えられない。そのため好戦的なエスノセントリズムはすべての時代において、すべての地域において多くの人々の心を支配する。しかしながら、ハーコウィッツは、寛大なエスノセントリズムを求める。これは自分たちの価値観を基準に用いて別の文化の価値体系を判断するが、文化的差異は許容する行為のことである［シタラム、一九八五、二一九頁］。「他の諸民族は想像していた人々と異なることを知る必要がある。他民族と接するため準備すべき最も重要なことは、その民族についてのイメージを容易に変えることができるようにしておくことである。このことは言うはやすく行なうはかたい」［シタラム、一九八五、一七頁］と他の文化をもった人々への理解の必要性とその困難性をコギル・シタラムもその著『異文化間コミュニケーション』の中で指摘する。

Ｌ・Ａ・サモーバーはその著『異文化間コミュニケーション入門』の中で、異文化間コミュニケーションのためには、まず最初になすべきことは、自分自身を知ることであるとする。「自分たちの好き嫌いや、自己中心主義の程度を知っていれば、それなりの対処をすることもできる。――思想、人々、すべての文化に対する自分たちの先入観に気づいていないと問題が起こる」［サモーバー・ポーター・ジェイン、一九九〇、二七四頁］とするのである。同様なことを鍋倉健悦も「私は、常々、異文化間コミュニケーション研究の最終目的は、他国の文化を理解することによって、自国文化の理解を深めていくことだと考えている。なぜなら、自分の文化がよく理解できれば、人間は、ステレオタイプや偏見といったくびきから自らを解き放すことができるからである」［鍋倉、一九九〇、三〇頁］と述べ、異文化を理解するためには、自己の生き方を問う必要があるとする。

「内なる異文化化」とは、「自分自身のものとは異なった文化的価値観、世界観の存在を認識して、自らをそれに適応させることが出来る能力である」〔岡部、一九八八、二八〇–二八二頁〕と岡部朗一が言うように、自己の存在、他人の存在をきびしく見詰め、人類共通のより高い価値へと志向することである。そのためには、克己心を持ち自分自身を厳しく律することが求められるのは当然である。

世界人権規約（一九六六年）において、「教育が人格の完成及び人格の尊厳についての意識の十分な発達を指向し並びに人権及び基本的自由の尊重を強化すべき」であり、また「教育が、すべての者に対し、自由な社会に効果的に参加すること、諸国民の間の理解、寛容及び友好を促進すること並びに平和の維持のため」と述べているが、さまざまな国々、都市、地域、民族、人種を越えて、われわれ一人ひとりが自主的、主体的に、お互いの尊厳を認め合うことが、今日ほど求められる時代はないであろう。

（2）文化相対主義・価値相対主義の限界とその克服

文化的多元主義のさまざまな問題点についてマーゼマンとイラムは次のように述べている。

① 特に文化的・言語的な集団の地位の不均衡が存在する場合、さらに支配的集団と被支配的集団が存在する場合、憲法上の規定は平等または公平さを保障することに十分でない。

② 多文化的なものが発達したか、または人権が尊重されるかを測り、評価するのは難しい。というのは、寛容や異文化理解を質で判断することは、難しいからである。

③ 一国の文化が歴史的社会構造の中ですでに確立されているならば、政府の法令によって多文化的な考え方を促進させるのは不可能であろう。

④　公式の言語についての政策は、多文化教育的考え方の進展の重要な一部分である。そして、そのような政策での教育的枠組みは、言語的文化的質についてどれほど関わり合いを持つかを示している。

⑤　民族集団間の明白な敵意又は服従関係といった政治的な現実は、政策決定者や教育者たちの民族的調和への願望よりはるかに勝るであろう［Masemann and Iram, 1987, 177］。

これらの点を見ると、多文化教育を進めることの困難さがうかがわれる。いくら法律的・政策的に行なおうとしても民族集団の敵意・偏見がある限り容易ではなく、長い時間をかけて徐々にしか進展しないことがわかる。

また、ハーコウィッツは文化的相対主義が寛大なエスノセントリズムがうまく機能するための重要な考え方だとする。文化相対主義はすべての問題解決の切札のように見えるが、今野敏彦が「文化の相対的な性質というものが規範や価値に対する保守的な態度にまた、直結しうるということが明らかになる。文化が相対的であるならば、自らの社会に存在するものが何であろうと、明らかにその社会にとって適切であり、まったく問題にする必要がない」［今野、一九八三、七〇頁］と述べ、文化的相対主義が自己の社会を無条件に肯定するために使われ、人類共通の人間性を求めるより高い絶対的価値への志向がないと批判する。しかし、このような批判は一面では正しいが、文化相対主義は自分の文化を絶対視するのではなく、シタラムが「異文化を理解するためには、自分自身の文化について知っているのと同じくらいにその文化を知ることが必要」［シタラム、一九八五、二七三頁］と述べているように、自己の文化、他の文化をよく知り人類共通の価値を求めることが前提になっているのはもちろんである。もしそのような前提が欠如した文化相対主義は、今野が指摘した欠点を当然のことながら内包している。ニーケは文化相対主義に対して次のように考えている。多文化社会における共同生活のためには、あらゆる文化が受け入れられ得る理想的状況を作り出すことが必要とされる。もちろん異質な者との出会いは、自己自身の価値観・世界観を揺るがすことになる。そこでニーケは自分自身の立場をも相対化できるようにならねばならないと考える。さまざまな価値観・世界観との対決によって、個人を慣習的アイデンティティーの偏狭さから成熟させ、普遍的価値視点への道が求められるべきとされる。ここでニーケは理性の力を信頼することによって一層高次で普遍的な価値スタンダードが獲得され得るとしている。それゆえ文化相対主義の克服は可能であり、異質さや闘争は実り多き理想的状況への一ファクターと化す。彼は世界認識および社会的共同生活の形式を設立するために、唯一受容可能な原理として『理性』を信頼している〔田中、二〇〇四、一八-一九頁〕。このようにニーケは文化的相対主義を乗り越える手段として「理性」を信頼している。

堀尾輝久も「多様性を〝超える〟普遍性という発想とともに〝多様性を通しての〟普遍的なるものをどうつくっていくかという発想が重要だ」とし、「これまで、私たちは、人間、それぞれ差異はあるが人間として平等だといった感覚を重要だと考えてきたが、同時に、その具体的な差異をすばらしい個性として認めあうことが重要なのだ」〔堀尾、一九九五、一二一-一三頁〕と述べ、多様性の中の普遍性追究こそが、われわれに求められる教育的課題だとする。シタラムの「人類共通の価値」、ニーケの「理性」、堀尾の「普遍的なるもの」を求めることが、文化相対主義・価値相対主義を維持するための根本理念であるだろう。セルビーは、「普遍的価値観とは、人間の尊厳に対する尊重、男女平等、環境への配慮、正義、平和、人権というような（国連の様々な宣言に表されている）ものです。文化的相対主義か普遍主義かは、未だに解決されずに残っている重要な課題です。私見を大胆に述べますと、普遍的価値の侵害が起きるとき、文化的相対主義の限界が来ると、言えるでしょう」〔セルビー、一九九六、二二一-二二三頁〕と述べており、文化相対主義は、普遍主義の土台の上に存在することがわかる。将来、われわれは、この両者をともに、求め続けることが真の多文化社会における教育であることを認識する必要があろう。

引用・参考文献

天城　勲　一九九一年「巻頭言—国際理解教育の視点」『日本国際理解教育会報』Vol. 1。
天野正治　一九九三年「ドイツにおける異質との共存を目指す教育」『共存社会の教育』（帰国子女教育研究プロジェクト中間報告）東京学芸大学海外子女教育センター。
天野正治　一九九三年「多文化社会ドイツにおける教育の課題」教育思想研究会編『教育と教育思想』第13集
チャドウィック・アルジャー、吉田新一郎訳　一九八七年『地域からの国際化——国際関係論を越えて』日本評論社。
奥住忠久　一九八七年『グローバル教育の理論と展開』黎明書房。
江渕一公一九八七年「異文化間教育と日本の教育の国際化（主題設定の趣旨と提案・討議の総括）」異文化間教育学会編『異文化間教育』一号、アカデミア出版。
岡部朗一　一九八八年『異文化を読む』南雲堂。
小林哲也　一九八七年「『異文化間教育』創刊にあたって」『異文化間教育』アカデミア出版会。
今野敏彦　一九八三年『偏見の文化』新泉社。
L・A・サモーバー／R・E・ポーター／N・C・ジェイン、西岡司他訳　一九九〇年『異文化間コミュニケーション入門』聖文社。
K・S・シタラム、御堂岡潔訳　一九八五年『異文化間コミュニケーション——欧米中心主義からの脱却』東京創元社。
デイビッド・セルビー、菊池恵子訳　一九九六年「地球時代の多文化理解」『国際理解教育』vol 2、日本国際理解教育学会。
田中潤一　二〇〇四年「異文化間教育の概念」、田中圭治郎編『総合演習の基礎』ミネルヴァ書房。
鍋倉健悦　一九九〇年「異文化間コミュニケーションへの招待」、鍋倉健悦編『日本人の異文化コミュニケーション』北樹出版。
J・A・バンクス、平沢安政訳　一九九六年『多文化教育』サイマル出版会。
堀尾輝久　一九九五年「21世紀に向かう教育」『人間と教育』5号、労働旬報社。
Banks, J. A. and Lynch. J. (eds), 1986, *Multicultural Education in Western Societies*, Preface 1.
Cross, D. E. Happel, M. H. Doston, G. A. and Stiles, L. J. 1977, "Responding to Cultural Diversity", Cross, D. E., Banker, G. C. Stiles, L. J. (eds), *Teaching in a Multicultural Society*, The Fee Press.

Kendall, F. E. 1983, *Diversity in the Classroom ; A Multicultural Approch to the Education of Young Children,* Teachers College Press.

Masemann, V. L. and Y. Iram, 1987, "The Right to Education for Multicultural Development : Canada and Israel", Ray, Dougrous and Norma B. Tarrow, *Human Right and Education,* Pergamon Press.

（田中圭治郎）

第9章　国際化社会への学校教育の対応

1　グローバリゼーションと学校教育

二一世紀の地球世界は、社会制度のさまざまな側面において、かつてないほどの文明的試練を経験するであろうと言われている。通信技術と交通手段の驚くべき発展による三つの現象、すなわち、グローバリゼーション、リージョナリゼーション、及びローカリゼーションが同時進行するきわめて複雑な時代に突入すると思われる。こうした中で、グローバリゼーションは人の国際的移動や、物、情報、技術、金などの国境を越えての移動をますます活発化させるとともに、相互依存性を高め衣食住の生活形態や言語、政治・政治・教育などの社会制度や、人々の私生活にいたるまで地球規模での共通化を進める。さらに、民族や地域を基盤とする紛争や分裂が起こる一方、さまざまな統合や連携も模索されはじめ、そのような意味での地球規模での課題に対する国家を超えた機関や組織の構築など、「地球規模社会」を形成しつつあるかのように見える。

わが国においては一九六〇年代に入り、急激な経済的発展に伴い、日本人の海外での活動範囲が物理的・社会的に拡大し、経済面での「モノ」や「カネ」の世界各国との緊密な交流が達成されたが、それにつれ異質な文化をもつ者が互いに接触しあうときに生じる文化摩擦や文化複合などの国際化にまつわる文化面での諸問題が発生した。それらの異文化接触などの結果として生じる諸問題を解決するため、国際化社会で通用する人間の育成をも含めた国際理解教育の必要性が重要視されだした。

特に日本人の場合、すべての物事の発想の原点に、「日本人らしく」「日本人だから」「日本人として」といったような「日本人」であるか否かを常に問題としてきた推移があるが、しかし、「日本人的なもの」を超越した人類共通の普遍的価値を追求する態度を併せもつことが国際化時代においては重要な課題となる。「日本人的なもの」以外に、「人類にとって普遍的なる価値」にコミットすることこそ、日本人が国際化時代を通じて堅持すべき基本的態度でなければならないと思われる。

学校教育においても教育の個性化・多様化を進めるために、「特色ある学校づくりの推進」としてさまざまな取り組みが報告されているが、二〇〇三（平成一五）年四月より導入された学習指導要領では、「ゆとり」の中で「特色ある教育」を展開し、課題発見・解決能力など「生きる力」を育成することをねらいとした。また、卒業に必要な修得総単位数が減少した一方で、「総合的な学習の時間」が設けられ、各学校は、地域社会や学校、生徒の実態などに応じ、創意工夫を生かした教育活動が行なえるようになった。さらに、学習指導要領で定める教科・科目以外でも、学校独自の裁量で学校設定教科・科目が設置できるようになり、これを卒業単位に含めることが認められ、各学校は独自性を発揮して「特色ある教育」と「特色ある学校づくり」ができる時代となった。特に特色ある学校・学科・コースなど、多種類の学科、コース、学系を設置し、国際理解や外国語能力の育成を目的とする学校など、さまざまな特色のある新しいタイプの学校が設置されてきているが、ここでは日本おける国際理解教育の展開、国際化社会と資質・力量形成、学校教育における国際化への取り組み、及び国際化社会における教育課題について述べてみる。

2　日本における国際理解教育の展開

教育の分野での「国際化」の概念は、一九七一年にパリのＯＥＣＤ本部から出版された「日本の教育政策に関する調査報告書」の中で戦後、はじめて登場したが、この報告書では、わが国の国際化時代の教育のあり方に関して、「日本が他のすべての国々と同じように、世界共同体の一員としての十分な考慮をはらうことなしに、教育問題を考え、どんな計画を立ててみても、それは不完全である。日本もまた、外に広がる世界に依存している。そして、この世界の必要性は国際参加を求める日本自身の必要と両立しがたいものではない。小さくなる世界の中にあって、国家利益は、他国との平等の立場に立って協力しあうとき、もっともよくその目的を果たすことができる」など、世界共同体の一員としての、日本の教育の分野における世界参加の必要性を述べている。さらに、この報告書では、日本の教育が世界参加を実現するうえで必要な条件として、外国語教育の改善、外国留学の問題、外国人に対する日本の教育機関の開放、世界的な役割を果たす教育及び国際協力などの五点について明示している［ＯＥＣＤ教育調査団、一九七二、一三一－一三八頁］。

一九八七年には、臨時教育審議会の最終答申がだされた。その中で国際化への対応のための改革として、①帰国子女・海外子女教育への対応と国際的に開かれた学校をめざす、②留学生受け入れ体制の整備・充実、③外国語教育の見直し、④日本語教育の充実、⑤国際的視野にたった高等教育のあり方、⑥国際社会に通用する日本人として、主体性を確立し自らを相対化する態度と能力を育成することの必要性、などを強調している。また、同年一二月に文部省では教育課程審議会の答申を受けて、幼稚園から高等学校までの学習指導要領を改訂したが、その趣旨はこれからの社会の変化とそれに伴う幼児・児童・生徒の生活や意識の変容に配慮しつつ、生涯学習の基盤を培うという観点に立ち、二一世紀をめざし社会の変化に自ら対応できる心豊かな人間の育成を図ることを基本的なねらいとした。特に国際理解を含め、わが国の文化と伝統を尊重する態度の育成を重視することなど、文化と伝統の尊重と国際理解の推進、のような方針がうちだされた［文部省、一九八九、二六－二七頁］。

さらに、一九九六年にだされた第一五期中央教育審議会の第一次答申「21世紀を展望したわが国の教育の在り方について」が描く教育の在り方を前提としての、「ゆとりの中で生きる力をはぐくむ」ことが教育課程審議会答申でも基調となっている。それに基づき改正された小・中学校の新学習指導要領は二〇〇二年度から全面実施、高等学校では二〇〇三年度から実施された。今回の学習指導要領の「教育課程の基準改善のねらい」としては、①豊かな人間性や社会性、国際社会に生きる日本人としての自覚を育成すること、②自ら学び、自ら考える力を育成すること、③ゆとりある教育活動を展開する中で、基礎・基本の確実な定着を図り、個性を生かす教育を充実すること、④各学校が創意工夫を生かし特色ある教育、特色ある学校づくりを進めること、の四点であるが、これらは校種を越えてすべての学習指導要領の基盤となっている。また、同答申が「各学校段階・各教科などに通じる主な課題に関する基本的な考え方」の中で、国際化への対応としては、中学校及び高等学校における外国語の必修化と小学校での外国語学習の推奨、横断的・総合的な学習、また、教育課程の基準の大綱化・弾力化に関しては、各学校の創意工夫の尊重と「総合的な学習の時間」の創設が提唱され、総合的学習の時間の内容として「国際理解、情報、環境、福祉・健康など」を挙げている［文部省、一九九九、八－一三頁］。

3　国際化社会と資質・力量形成

これまで日本において、具体的な日本人の国際化社会で必要とされる国際的資質といったことが、あまり論議されることがなかったため、国際社会に生きる日本人の育成とか国際理解教育といっても観念的であり、教育実践に役立てることが困難であった。しかし、二一世紀の経済・技術大国としての日本には、世界中の国々からわれわれ人類共通に直面している未解決な地球規模での諸問題解決のための責任と共同・協力が求められている。教育においては、「世界の中の日本人の育成」などが謳われたり、国際理解教育の必要性が叫ばれたりしているが、ここでは日本人が国際化社会で必要とされる資質・力量について考えてみたい。

この分野についての主な調査研究をみてみると、一九八八年にNHKが実施した日本人の国際意識調査がある。この研究結果によると、まず、国際社会の中で日本が求めている「国際人」の条件としては、三名に一名は外国語に堪能であること、四名に一名は人種などの偏見をもたず、どこの人とも対等に付き合える人だと考えていることが明らかにされている。国際社会において日本は将来どのような方向に進むべきかに関しては、「差別のない社会」志向は三九％、「リーダーシップ」志向は二二％、「経済強調」志向は二〇％、「民族の優秀性」志向は九％、したがって「差別のない社会」志向が多数を占めているが、かなり分化していることが明らかにされている。この調査を通して日本人の心の「国際化」に求められるのは、「何よりも異質の「他者」を見出し、その「他者」との対話の中から自国の在り方を問い直し、諸外国、諸民族との対等な関係を作りあげていく側面である」と理解することができる〔秋山・天野、一九八八、二一-二二頁〕。

一九八九年には、国際理解教育における指導目標を明確にしようとする意図のもとに、アメリカとカナダの大学・研究所の日本人教授を対象として、日本人が国際社会に生活するうえで基本的に必要とされる能力、態度、資質についての調査が実施されているが、もっとも重要とされる資質は、「相手方の言葉に十分通じ、言いたいことを不自由なく伝えるコミュニケーション能力のあること」（1位）、「人それぞれ文化的背景も好みも考え方も異なり、その多様性に富むことを積極的に評価できること」（2位）、「相手をよく理解するとともに、相手にも自分をよく理解させること」（3位）であった。自由記述回答への内容分析の結果では、「自己確立」と「コミュニケーション能力」が挙げられている〔川端ほか、一九八九、六三-九一頁〕。

一九九〇年には、「日本の児童・生徒の国際的資質能力育成に関する基礎的研究」の調査結果が発表されたが、この研究は求められる国際的資質を調査によって明確にすることを目的としたものである。調査対象者は、現在海外に在住している者、すでに帰国している者の両方を含む異文化体験者とし、被験者は、企業勤務者、教員、国際機関勤務者、学校の保護者、成人した帰国子女、大学生などである。これらの回答から、国際社会で必要とされる国際的資質及び能力として、①人種や民族に対する差別や偏見の除去、②自分の考えをしっかり持ち、それを肩肘張らずに主張できること、③外国人である相手を理解し、コミュニケートできる能力、④人の生命や権利を尊重する態度、⑤異なる文化の多様性を積極的に評価できること。など五項目を、調査回答者が全体的に特に重要であるとみなしていることがわかった〔中西、一九九〇、二二一-二三三頁〕。

一九九六年には、「在日留学生と日本人ボランティアの交流に関する意識調査結果報告」が発表されたが、この研究により、留学生に対するボランティア活動をおこなっている社会人と大学生が、留学生との交流を通して得た経験から、日本人が国際化社会で必要とされる資質及び能力として、①人種や民族に対する差別や偏見の除去、②異なる文化の多様性を積極的に評価できること、③外国人である相手を理解し、コミュニケートできる能力、④自分の考えをしっかり持ち、それを肩肘張らず主張できること、⑤日本文化についての豊富な知識。など五項目を重要とみなしていることがわかった〔奥川、一九九六、一七頁〕。また、二〇〇〇年には、「在日中国人元留学生に対する日本留学効果の評価に関する調査結果報告」が発表されたが、その中で在日中国人元留学生に対し日本人が国際化社会で必要とされる資質・力量についての調査を実施し同様の結果を得た〔奥川、二〇〇〇年、三〇－三一頁〕。

上記の諸調査研究から国際化社会で必要とされる資質・力量に関する「差別・偏見の除去」「自己表現」「コミュニケーション能力」「人権の尊重」「異文化への興味」などの事項は、さらに「人権の尊重」「文化理解」「表現力」の三大項目に要約できる。

4　国際化社会に対応した教育実践の取り組み

国際化の進展に伴い、今日、教育実践の分野においても数々の新しい施策が実施されているが、その具体的実践事例として高等学校における国際交流プログラム、英語によるコミュニケーション能力の育成を目的とした「スーパー・イングリッシュ・ランゲージ・ハイスクール」での英語教育プログラム、英語以外の外国語教育の現状を考えてみたい。

(1) 高等学校における国際交流プログラム

ここでは、国際理解教育の一環として全国の高等学校で実施されている、外国の学校との姉妹校提携及び生徒の国際交流の内容や問題点、さらに改善の必要性などについて述べてみる。

外国の学校との姉妹校提携実態

外国の学校と姉妹校提携を結んでいる高等学校は二〇〇五（平成一七）年五月一日現在八七六校となっており、提携先は四五カ国にわたり、国別ではオーストラリアが最も多く四一八校、次いでアメリカ三四五校、韓国一九九校、中国一八三校の順となっている。なお、姉妹校提携を結んでいる学校は延べ一七五八校（平成一五年五月一日現在一七〇七校）で三・〇％増加しており、その内訳は表9－1のとおりである。

表9－1　高等学校における姉妹校提携数

	公立	私立	計
学校数（実数）	443校	433校	876校
提携先国など	25カ国	39カ国	45カ国
オーストラリア	151校	267校	418校
アメリカ	168校	177校	345校
韓　国	63校	136校	199校
中　国	61校	122校	183校
ニュージーランド	39校	126校	165校
カナダ	26校	89校	115校
スペイン	1校	58校	59校
イギリス	16校	38校	54校
その他	42校	178校	220校
合計（延べ数）	567校	1,191校	1,758校

（資料）「平成16年度高等学校等における国際交流等の状況」文部科学省初等中等教育局国際教育課より作成。

姉妹校との具体的な交流活動の内容としては、生徒間のインターネットによる情報交流活動、生徒による作品交換、スポーツ交流、芸術・文化交流、親善・表敬訪問、教師の派遣、生徒の派遣、留学生の派遣などがあるが、次に、姉妹校提携をも含めた全国の高等学校などでの生徒の国際交流の現状を考察してみたい［文部科学省初等中等教育局教育課、二〇〇五］。

生徒の国際交流の現状

平成一六年度に外国への修学旅行を実施した高等学校などは一二三五校（公立四六八校、私立七六七校）で行き先は三二カ国にわたり、参加生徒数から見るとオーストラリアが最も多く二三五校、次いで韓国二一三校、アメリカ一七二校、中国一〇二校の順となっている。なお、参加者数は、延べ一六万二二九九人である。一方、外国からの教育旅行を受け入れた高等学校は、七九七校（公立四六二校、私立三三五校）で訪問国は三三カ国にわたり、韓国からの訪問者が最も多く、次いでアメリカ、台湾、オーストラリアの順となっている。訪問者数は延べ一万七七四三人である。

外国へ研修旅行（語学などの研修や国際交流のために外国の高等学校や語学研修施設において学習したり、または交流事業などに参加することを目的とする三ヶ月未満の旅行をいう）した高校生は延べ三万四七八二人、（公立一万四一〇九人、私立二万六七三人）で、実施学校数は一七六五校（公立一〇七八校、私立六八七校）にのぼる。行き先は四三カ国でオーストラリアが最も多く、次いでアメリカ、イギリス、カナダ、ニュージーランドの順となっている。一方、高等学校における外国からの研修旅行生の受け入れは四〇六八人（公立一九一〇人、私立二一五八人）で、研修生の出身国は四二カ国に及び、出身国別に見るとオーストラリアが最も多く、次いでアメリカ、韓国、ニュージーランド、カナダの順となっている。

外国の高等学校等へ三ヶ月以上留学した高校生は四四〇四人（公立一五八三人、私立二八二一人）で、行き先は四九カ国にわたり、アメリカが最も多く、次いでオーストラリア、ニュージーランド、カナダ、イギリスの順となっている。なお、留学生徒数は、平成一四年度と比べると五・九％増加した。一方、日本の高等学校が受け入れた外国人留学生は一五一八人（公立五六八人、私立九五〇人）で、留学生の出身国は五六カ国となっており、出身国別に見ると中国が最も多く、次いでアメリカ、オーストラリア、カナダ、ドイツの順となっており、受入数は平成一四年度と比べると二・七％増加した。

これらから、外国への修学旅行、研修旅行及び外国の高等学校へ三カ月以上留学のいずれに関しても、派遣した数と受け入れた数にはアンバランスがあり、それがゆえに高等学校での国際交流内容は、強いて言えば日本人生徒を海外に送り出すユニラテラル（一方的）な傾向があったように思われる。しかし、今日の国際化された社会においては、海外からの生徒の受け入れをも積極的に進めるバイラテラル（双方的）な教育交流が緊要であると思われる。外国から生徒を受け入れる意義としては、諸外国との間の相互理解と友好の増進に寄与し、外に向けての国際化が達成されることである。また、海外からの生徒の受け入れを転機として、制度面だけではなく当該学校の教職員の意識改革をも含めた、国際的にも通用する教育の提供などの内に向けての国際化が計られることである。さらに、留学生が日本での日常生活を通して、日本人生徒との交流を深めることは、人間的な触れあいによる心の交流と異文化理解のきっかけを与えるという意味があり、そのことが日本人生徒の国際化への大きな助力ともなりえると考えられる。こうしたさまざまな意義をもつ海外からの生徒の受け入れへの対応は、二一世紀に生きる子どもたちの国際化の成否にも関わる課題であり、今後のさらなる充実が望まれる。

（2）外国語教育の改善のための施策

日本の外国語教育の改善は、国際理解にとって不可欠な要因である。最近の中学校・高等学校での外国語教育は、外国語を通して、言語や文化に対する理解を深め、積極的にコミュニケーションを図ろうとする態度の育成を図り、聞くことや話すことなどの実践的コミュニケーション能力の基礎を養うことを目標としている。さらに、英語は、母語の異なる人々の間をつなぐ国際共通語として最も中心的な役割を果たしており、子どもたちが二一世紀を生き抜くためには、国際共通語としての英語によるコミュニケーション能力を身に付けることが不可欠である。このようなことに鑑み、今後五カ年で「英語が使える日本人」を育成する体制を確立すべく、平成二〇年度をめざした英語教育改善の目標や方向性を明らかにし、その実現のために国として取り組むべき具体的な行動計画である「「英語が使える日本人」の育成のための行動計画」が発表された。

「英語が使える日本人」の育成は、子どもたちの将来のためにも、また、わが国の発展のためのも非常に重要な課題であるが、本行動計画では、「英語が使える日本人」育成の目標や、英語教育改善のためのアクションなどが詳細に検討され具体的に示されている。ここでは先進的な英語教育などの推進のための方途として、平成一四年度から英語によるコミュニケーション能力の育成を目的とした、「スーパー・イングリッシュ・ランゲージ・ハイスクール」の取り組みや、高等学校における英語以外の外国語教育の実施状況について考えてみたい。

スーパー・イングリッシュ・ランゲージ・ハイスクール

「確かなる学力」の向上に向けた取り組みの一つとして、今後の英語教育の改善に資する実証的な資料を得るため、平成一四年度から英語教育に重点的に取り組む高等学校などを「スーパー・イングリッシュ・ランゲージ・ハイスクール（SELHi）」に指定し（期間は三年間）、英語教育を重視したカリキュラムの開発、一部の教科を英語によって行なう教育、大学や海外姉妹校との効果的な連携方策などについての実践的な研究を行なっている。SELHiについては、行動計画の中で「平成一七年度までに計一〇〇校の指定を目標」としており、その内訳は、平成一四年度は一八校（公立一五校、私立三校）、平成一五年度は三四校（国立一校、公立二五校、私立八校）、平成一六年度は三五校（公立二一校、私立一四校）、平成一七年度は三一校（公立一七校、私立一四校）である［文部科学省、二〇〇五］。

スーパー・イングリッシュ・ランゲージ・ハイスクール（SELHi）指定校では、さまざまな特色ある実践的な英語教育改善にための取り組みがなされているが、ここでは実践事例を取り上げ、それらについてのソフト面及びハード面での工夫や成果と効果に関して見てみたい〔文部科学省、二〇〇四〕。

①　指導法・教授法などのソフト面での工夫に関しては、「英語によるイマージョン教育の体育・保健・家庭科・情報・日本史・化学などでの実施」「海外の高校生との交流の機会などを活用した生徒の英語運用能力の向上を図るための学習法・指導法の実践」「インターネットを利用し遠隔授業や電子メール交換などによる、生徒の総合的な英語運用能力の向上を図るためのシステムの構築と実践」「他教科との連携（英語教材の開発・総合的な学習での取り組み）」「アンケートやインタビューによる生徒の興味・関心の把握、ALT（外国語指導助手）の専門分野を活かした講座（音楽、スポーツ、映画、調理、観光、歴史、各国史、経済、文化、科学などの生徒の選択）の設定やシラバスの作成」「リスニング・スピーキング能力の向上をめざす英語カリキュラム・教材・指導法の工夫、及びリスニング・スピーキング能力の効果的な測定法の実践」「県下四〇名中二九名のALTによる教材作成協力」などがある。

②　留学・英語合宿研修などのハード面での工夫に関しては、「英語圏への海外修学旅行、海外の姉妹校・提携校との生徒交換プログラム、短期海外語学研修プログラムなどの実施」「他校ALTのホームステイや、県下のALTによる集中英語合宿の実施」「アメリカや韓国からの高校生訪日研修団などの積極的な受け入れ・交流」「E-Learning コースウエア、英語サロン・ライブラリイ、授業外の英語実習及びアクティビティーの開設」「インターナショナルスクールとの交流や連携」などがある。

③　成果と課題に関しては、「英語力の順調な伸長（TOEFL三百点台から五百点台への向上）」「生徒の興味をもった英語学習への取り組みやモティベーションの高揚、英語によるディベートへのスムーズな適応や資料の検索及び相手への反駁への取り組み、プレゼンテーション技術の向上と英語に対する自信、ライティング能力の

向上」「リスニング能力の向上、生徒の英語の内容・表現力・文法・語彙の正確さなどの向上」「生徒の発話機会の増加、読解力（語彙数・文法能力）の向上、書くことの習熟（パラグラフ単位の表現の多様性）」などの成果が述べられている。また、課題としては、「自己表現のための手段としての英語から、アカデミックな分野で使える高い英語力と学力の育成」「効率的な英作文指導の体制づくり」「外部テストの活用法の改善」などがある。

以上のように、スーパー・イングリッシュ・ランゲージ・ハイスクール（SELHi）指定校では英語教育を重視したカリキュラムの開発、一部の教科を英語によって行なう教育、大学や海外姉妹校との効果的な連携方策などについて、先進的・実践的な英語教育を推進し、その成果の普及を図り、今後の英語教育の改善に役立てようとしている。

表9－2　英語以外の外国語を開設する高等学校数一覧

順位	外国語名	公立	私立	計
1	中国語	412校	141校	553校
2	フランス語	146校	102校	248校
3	韓国・朝鮮語	209校	77校	286校
4	ドイツ語	58校	47校	105校
4	スペイン語	77校	28校	105校
6	ロシア語	20校	5校	25校
7	イタリア語	3校	7校	10校
8	ポルトガル語	10校	1校	11校
その他		9校	3校	12校
計		944校	411校	1,355校
開設学校数（実数）		504校	244校	748校

（資料）「平成16年度高等学校等における国際交流等の状況」文部科学省初等中等教育局国際教育課より作成。

英語以外の外国語教育の現状

従来、高等学校における外国語教育は英語を中心に行なわれてきた。しかし、国際化の推進に適切に対応するためには、近隣のアジア諸国の言語をはじめ、英語以外の多様な外国語教育についても重視する必要がある。平成一四年度からは「高等学校における外国語教育多様化推進地域事業」が実施されたが、この事業は英語以外の外国語教育に取り組んでいる都道府県を推進地域に指定し、域内の高等学校を推進校として地域の関係機関と連携し、教育課程上の課題や地域人材の活用方法などについての実践的な調査研究を行ない、外国語教育の振興に資することを目的としている［文部科学省、二〇〇四］。

平成一七年五月一日現在での、英語以外の外国語を開設している高等学校の内訳は表9－2のとおりであるが、英語以外の外国語を開設する高等学校な延べ一三五五校（公立九四四校、私立四一一校）で、開設言語数は一六言語にのぼる。主な言語としては、中国語が最も多く、次いでフランス語、韓国・朝鮮語、ドイツ語とスペイン語の順となっている。なお、開設学校数は二年前と比べると一三・五％増加している。

5　国際化社会における教育課題

今日の国際化された社会においては、モノ・カネ・情報が国境を越えて異動するボーダレスな国際社会の形成が進行する中で、子どもたちが国際的な視野と経験を身に付け、二一世紀の国際社会の中で主体的に生きていく上で必要な資質や能力を育成することが重要視されている。こうした観点から、国際理解教育については、現在、各学校において外国語、社会科などの各教科、道徳、特別活動の時間を通して指導が行なわれるとともに、新学習指導要領に実施に伴い新設された「総合的な学習の時間」においても、さまざまな取り組みがなされているが、ここでは国際化社会で必要であると思われる教育の諸側面について考察する。

まず第一に、異文化を理解する能力の育成が緊要である。自国文化・他国文化・文化比較・生活レベルでの文化理解を経験や学習を通し総合的に捉え、異文化や外国の生活・出来事への関心を深め異文化適応を図れるようになることである。第二に考えられることは、異質な他者を理解しその他者に自己を理解させるために必要である、コミュニケーション能力を高めることである。この目的を達成するためには、外国語の語学力・コミュニケーション能力を高めるとともに、自己主張・論理的表現力を身に付け、自己の考えを相手に的確につたえる能力を育成することが必要である。第三に、国際化社会で生きていくためには、自文化を十分に理解し、日本人としてのアイデンティティの確立が望まれる。このためには日本人としての自覚を身に付け、異文化の中での自文化の矜恃や日本人としての文化的形成が求められる。第四に、相互理解や相手を尊重し相手の人権を認める態度の養成が必要である。そのためには相互の認識を通し、他者の意見を認めあい、人権・自由を尊重する意識を高めることにより、偏見や先入観念を除去し、相互が人間として尊重しあうことである。第五に、個人と国際化社会との関連においては、人間としての同一性の理解、相互依存の認識、世界的な規模での共通課題や世界連帯意識の認識・自然環境や資源の重要性などを理解し、国際化社会で必要な行動様式・社会や文化発展への態度・相互理解や相互信頼の態度などを育成することが必要である。そのことにより国際的な場においても通じる、国際的礼節やマナー・相互理解への行動様式・友好や親善の心・世界的な広い視野を身に付けることができると考えられる。第六に、人格形成の面においては、感受性・愛情・正義感・公平さ・共感性や共有制などの心を養い、自立心・協調性・自己確立・正しい判断力・他への思い遣り・積極性・社交性・寛容の精神・責任感などを身に付けることが重要である。これらの諸側面の資質や能力を育成することが、国際化社会においての教育の重要な課題と思われる。

引用・参考文献

秋山登代子・天野千春　一九八八年「日本人の国際意識——10月国民世論調査から」『放送研究と調査』三八巻五号。
天野正治編著　二〇〇一年『多文化共生社会の教育』玉川大学出版部。
江渕一公編著　一九九七年『異文化間教育研究入門』玉川大学出版部。

ＯＥＣＤ教育調査団　一九七二年『日本の教育政策』朝日新聞社
奥川義尚他編著　一九九〇年『国際化社会の教育』昭和堂。
奥川義尚他編著　二〇〇三年『異文化を知るこころ――国際化と多文化理解の視座から』世界思想社。
奥川義尚（研究代表者）　一九九六年『私立大学における外国人留学生に対する教育研究指導の改善に関する調査研究報告書（Ⅲ）――在日留学生と日本人ボランティアの交流に関する意識調査結果報告』京都外国語大学国際言語平和研究所。
奥川義尚（研究代表者）　二〇〇〇年『私立大学における外国人留学生に対する教育研究指導の改善に関する調査研究報告書（Ⅵ）――在日中国人元留学生に対する日本留学効果の評価に関する調査結果報告』京都外国語大学国際言語平和研究所。
川端末人他　一九八九年「日本人における国際的資質に関する研究序説――在北米日本人大学教授の意識調査を通じて」『東京学芸大学海外子女教育センター研究紀要』５集。
田中圭治郎著　二〇〇〇年『教育における文化的多元主義の教育』ナカニシヤ出版。
中西晃（研究代表者）　一九九〇年『日本の児童・生徒の国際的資質・能力育成に関する基礎研究』（平成元年度科学研究費補助金（総合研究Ａ）研究成果報告書）。
文部科学省　二〇〇三年「『英語が使える日本人』の育成のための行動計画」。http://www.mext.go.jp/b_menu/houdou/15/03/03033102.pdf
文部省　一九八九年『文部時報』第一三四七号、ぎょうせい。
文部省　一九九九年『文部時報』第一四七五号、ぎょうせい。
文部科学省　二〇〇四年「中央教育審議会初等中等教育分科会教育課程部会外国語専門部会（第３回）議事録配布資料」http://www.mext.go.jp/b_menu/shingi/chukyo/chukyo3/siryo/015/04052601/003.htm
文部科学省　二〇〇五年ａ「平成一六年度文部科学白書」
文部科学省　二〇〇五年ｂ「平成一七年度スーパー・イングリッシュ・ランゲージ・ハイスクール指定校一覧」http://www/mext.go.jp/b_menu/houdou/17/04/05040502/001.htm
文部科学省初等中等教育局国際教育課　二〇〇五年「平成一六年度高等学校等における国際交流の状況について」http://www.mext.go.jp/b_menu/houdou/17/10/0510250/001.pd

（奥川　義尚）

第10章　欧米と日本の初等・中等教育

1　学校経営とは

学校経営は、学校としての教育目標を達成するために必要な緒条件を設定し、教育計画を実施するとともに、それらの緒活動を通して目的達成をめざす組織的な営みである。それには教育課程の編成、実施や評価における一連の過程、学習や生活の指導にあたる教授・学習過程（指導法）と組織運営などを含んでいるが、本章では初等・中等教育に焦点をあて、アメリカ合衆国、イギリス、フランス、ドイツ、ロシア連邦などの国々における学校体系、義務教育、教育課程、授業形態・組織、教育条件などを考察し、最後にそれらとの比較をもとに初等・中等教育の日本的特質について述べてみる［文部科学省、二〇〇二、二―九頁］。

2 欧米諸国の学校教育

(1) アメリカ合衆国

主たる学校体系は、5(4)―3(4)―4制、6―3(2)―3(4)制、8-4制など学区により異なり、義務教育は九年または一〇年(七または六~一六歳)で、州により違い通常は九~一二年である。機関としては下級ハイスクール(二~三年)、ミドルハイスクール(三~四年)があり、すべてが普通教育課程である。後期中等教育機関としては上級ハイスクール(三年)と四年制ハイスクール(四年)がある。取得資格としてハイスクール修了証があるが、通常の卒業証書のほか、取得単位の種類や数あるいは州統一の学力テストの成績などに基づき何種類かの修了証が授与される。また、ほとんどのハイスクールが普通教育と職業教育を行なう総合制のハイスクールである。職業教育機関としては、総合制ハイスクールの職業コース(通常四年)のほか、一部の地域に職業ハイスクールや地域職業機関がある。

教育課程に関しては各州が大綱的な基準を定め、この基準の枠内で各地方学区が所管の公立学校に適用される教育課程の基準を定めている。近年、ほとんどの州が各教科の指導内容や知識・技能に関して、従来よりも明確な基準としての「教育スタンダード」を設定するようになっている。また、教育目標に関しても、各州の教育法で包括的な目標を設定し、各学区でも行政規則などにより具体的な目標を定め、行政目標としての全国共通教育目標も定められている。教科構成・時間配当などの基準の内容としては、小学校では教科構成、ハイスクールでは必修教科の構成や卒業に必要な単位数があるが、各教科の時間配当は必ずしも明確に定められていない。学年

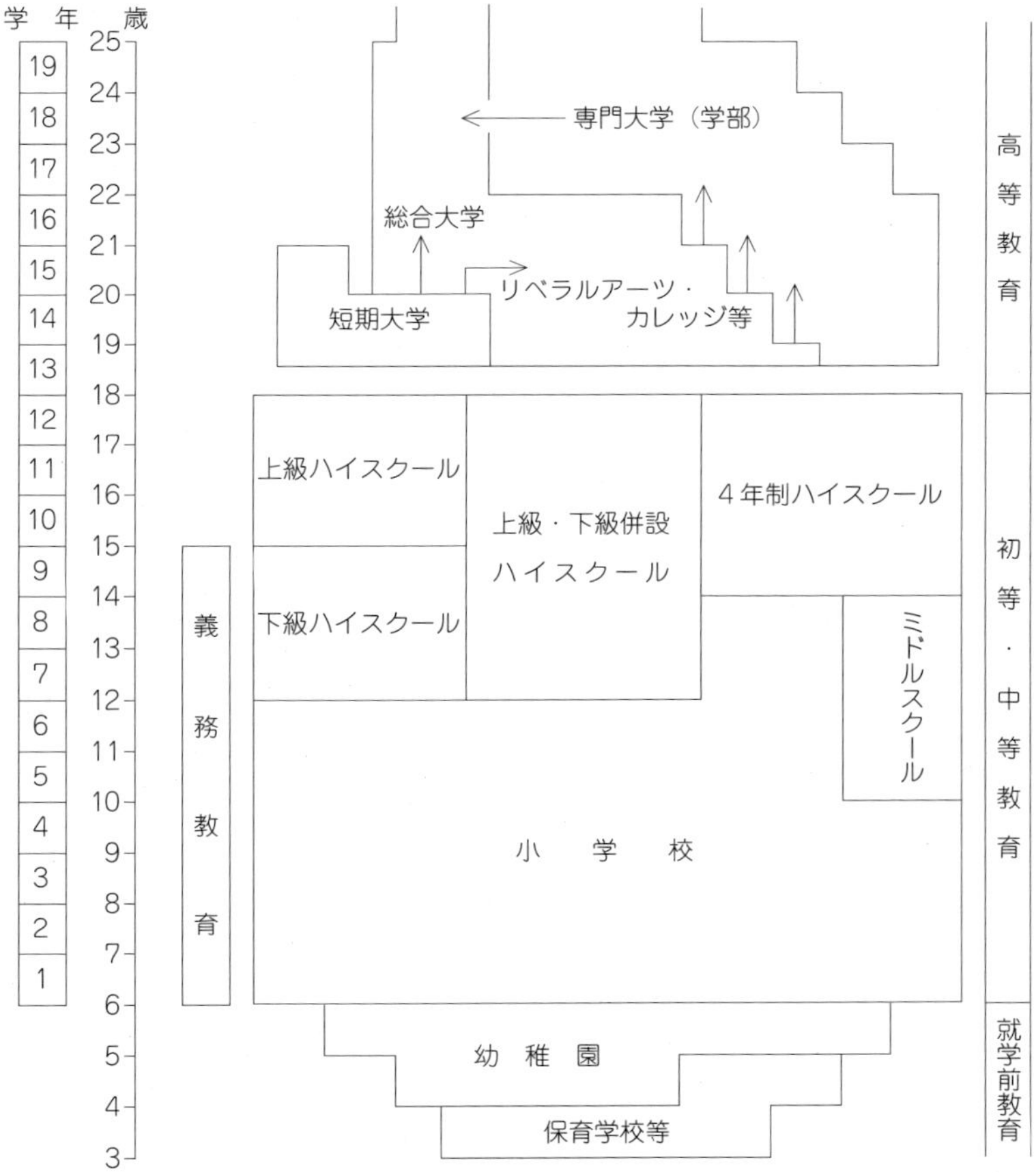

図10-1　アメリカの学校教育

（出典）　文部科学省編『諸外国の教育の動き2004』2005年，vii頁。

暦については、州によっては州法により七月～六月と規定しているところもあるが、実際には学区により異なり通常は九月上旬～五月末または六月半ばまでである。学期は初等学校の場合、学区により多様であるが、通常、三月期制あるいは四月期制である。ハイスクールの場合は二学期制であり、前期は九月上旬～一月半ばまで、後期は一月半ば～六月初旬または半ばまでである

授業の形態・組織に関しては、初等教育の場合、学級担任制による混合能力学級編制が一般的であるが、ただし、英語や数学などの特定教科においては、習熟度別編制や個別学習などの生徒の能力に応じた多様な教育方法がとられ、中等学校では教科担任制や習熟度別編制が実施されている。進級・進学制度については、初等教育では通常、毎年一学年ずつ自動的に進級するが、一部の州では州統一学力テストの合格などの進級要件を定めている。学校長の判断により飛び級も可能であるが、適用はまれである。中等教育では通常、毎年一学年ずつ自動的に進級するが、単位制となっているため、必要数の単位を取得すれば卒業できる。近年、卒業要件として統一の学力テストを実施する州が増えており、進学制度に関しては、中等教育の特定の段階では選抜のための試験は行なわないで、義務教育年限に関係なく初等中等教育段階の一二年間は希望者全員が進学できるようになっている。

教育条件に関して、学級編制の基準については州や学区が定めている場合と学区と教員団体との協約による場合がある。ほとんどの州では、幼稚園は学区平均三一人以下、最大三三人まで、第一～三学年は学区平均三一人以下、最大三二人まで、第四～八学年は教員一人当たりの生徒数の州平均（二九・二人）または学区平均のうち、大きい方を上回らないこととなっている。教員の配置については州や学区、あるいは学区と教員団体との協約に基づいて配置する教員数が定められている場合があり、州によっては学区に対する補助金分配額を決定する際の基準として教員対児童生徒数比率を設定する場合もある。多くの州では、就学前教育は一五人、第一～三学年は

一七人、第四〜一二学年は二三人となっている。通学区域については通常、学区の教育委員会が設ける通学区域があり、通学する学校が指定されているが、近年は通学区域や学区を越えて就学できる学校を選ぶことができる公立学校選択制度を導入する州が増えている。

(2) イギリス

主たる学校体系は6―7(5―2)制で義務教育は一一年間(五〜一六歳まで)である。初等教育は初等学校での六年間で、前期中等教育は中等学校での五年間であるが、機関としては七年制中等学校の前期五年または五年制中等学校があり、取得資格としてはGCSE(中等教育修了一般資格)やGNVQ(全国一般職業資格:基礎及び中級)がある。後期中等教育に関しては、機関としてシックスフォーム(中等学校最後の二年間の課程)やシックスフォームカレッジ(二年間のシックスフォームが独立の学校として設けられている)、または継続教育カレッジ(課程により多様)がある。取得資格としてはシックスフォームではGCE・Aレベル(大学入学資格)及びGCE・ASレベル(前期上級)、また、継続教育カレッジではGNVQ(全国一般職業資格)などがある。

教育内容・方法に関しては、教育技能省が、数学、英語、理科など一二の必修教科について全国共通カリキュラムを定めている。教育目標についても一九九六年教育法において、全国共通カリキュラムの一般的な目標を示し、その基準の内容としては、必修教科の構成、各教科・各キーステージ(教育段階)における到達目標、学習プログラム(各教科において教えるべき知識や技能、理解の内容を示す)などがある。学年度に関しては、法的には九月〜八月で、実際には九月から七月であるが、すべての児童が九月に入学するわけではない。学期は三月

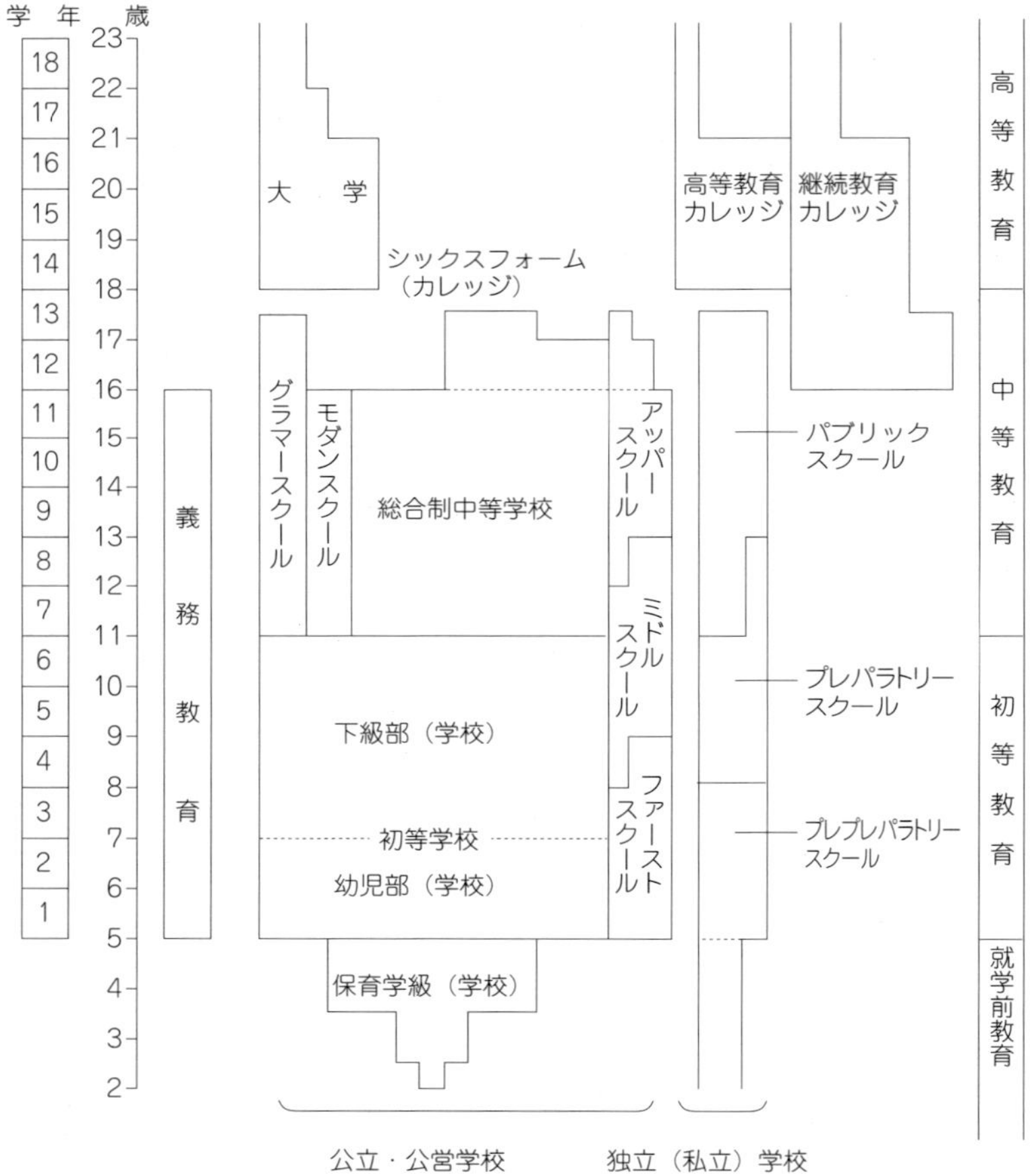

図10−2　イギリスの学校教育

（出典）　文部省編『諸外国の学校教育（欧米編）』1999年，163頁。

期制であり、秋学期は九月上旬～一二月中・下旬、春学期は一月上旬～イースター休暇（三・四月、年により異なる）、夏学期はイースター休暇～七月下旬となっている。

授業形態・組織に関しては、初等学校では学級担任制が一般的で、習熟度別学級編制はあまり行なわれず、通常は混合能力編制である。中等学校では教科担任制がとられ、何らかの習熟度別学級編制が行なわれているのが一般的である。進級・進学の制度に関しては、初等中等教育全体を通して、児童生徒は年齢により各学年に配置され、毎年自動的に進級するが、例外的に親や学校の判断で原級留置する場合もある。修了についても各学校が課程修了者に修了証や卒業証書を出すという制度はない。進学制度については初等学校から中等学校、中等学校から義務教育後の段階（シックスフォーム）への進学に当たっては、一部の選抜制の中等学校を除いて生徒の学力などに基づく選抜は行なわない。

教育条件に関しては、学級編制の基準は一九九八年制定の教育水準や新学校法により規定されており、その内容は初等学校の低学年（第一・二学年）について一学級当たりの生徒数の上限を三〇人と規定しているが、その他の学年については基準はない。教員配置については、一九九三年教育（教員）規則の中に、児童生徒の年齢、能力、適性及び必要に応じた教育を提供するために、適格かつ十分な数の教員を雇用すべきであるという一般的な規定があるのみで具体的な基準はない。なお、各学校が予算の裁量を任され、教員の実質的な任用を行なうことから、各学校がその予算の範囲で教員を配置している。通学区域に関しては、教育当局が就学・通学校を指定する通学区域はないが通常、各学校には、「通学圏」と呼ばれる地理的に合理的な通学範囲が設定され、親は通学圏外の学校を選択することもでき、定員の範囲内で受け入れられる。ただし、希望者が定員を超えた場合には、通学圏内の居住の有無が入学可否の決定基準の一つになる。

（3）フランス

主たる学校体系は5—4—3（2）制で義務教育は一〇年（六〜一六歳まで）である。初等教育機関は小学校（5年）、前期中等教育機関はコレージュ（四年）で取得資格としては修了証がある。後期中等教育に関してはリセ（三年）、職業リセ（通常二年、職業バカロレア取得の場合は四年）がある。取得資格としてはリセでは普通バカロレアと技術バカロレア、職業リセでは職業適任証、職業教育修了証、職業バカロレアがあり、約七割がリセ、約三割が職業リセに在学している。職業教育機関としては、職業リセ（通常二年、職業バカロレア取得の場合は四年）、リセ技術教育課程の一部（三年）、見習い訓練制度（一〜三年）がある。職業教育機関在学者の比率は、毎年、職業リセが約七一・三％、リセ技術課程が約〇・九％、見習い訓練制度が約二七・八％となってる。

教育内容・方法に関しては、国民教育省が学校種毎に全国共通の教育課程の基準を定めており、教育目標については一九七一年法が教育の一般的目標を、また、一九八九年制定のジヨスパン法がバカロレア取得水準をそれぞれ定めている。基準の内容としては教科構成、各教科の週当たりの配当時間数、指導要領などがある。学年度は九〜七月までであり、三月期制で一学期は九月〜クリスマス休暇（一二月下旬）、二月期は一月〜春休み（四〜五月）、三月期は春休み〜七月始めまでとなっている。授業形態・組織に関しては、小学校では学級担任制が原則で、一定の時間内で習熟度別の学級編制を、また、中等学校では教科担任制が原則で、一部の教科で習熟度別の学級編制を行なっている。

進級・進学制度に関しては、初等教育においては進級についての全国的な基準は設けておらず、教員の専門的判断に委ねられている。進級が不適切と判断されている生徒については、教員が教員会議に留年を提案し同会議が決定する。修了については教員会議で学力が一定水準に達していると判断された生徒は修了が認定される。中

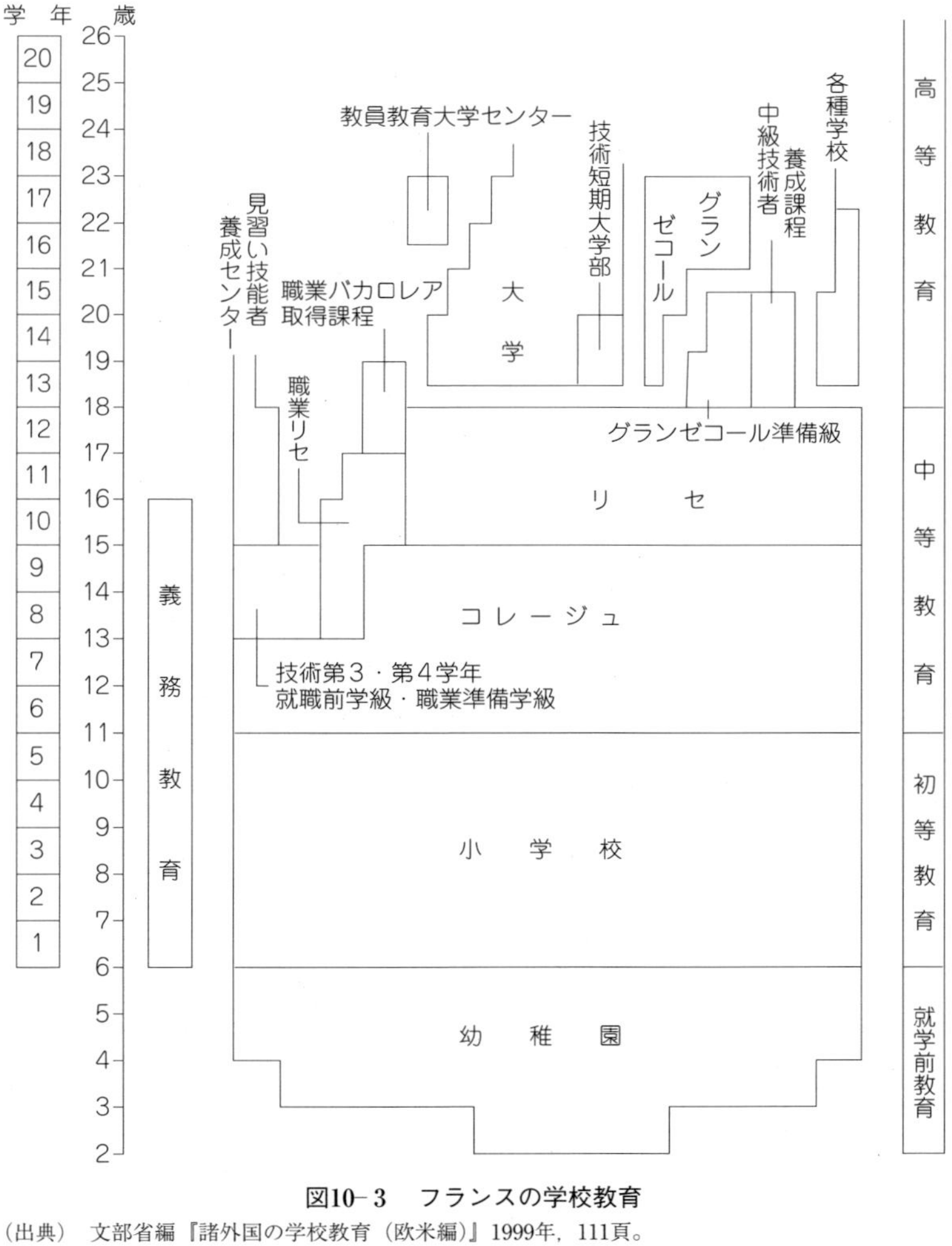

図10-3　フランスの学校教育

（出典）　文部省編『諸外国の学校教育（欧米編）』1999年，111頁。

等教育では、学級委員会（教員、生徒、父母の代表などで構成）が進級の可否を検討し、進級が不適切と判断される生徒には留年が提案される。コレージュの修了は、後半二年間の学業成績に基づき各学校が決定する。リセの修了は、バカロレア取得試験の合格が条件となっている。進学制度に関しては、小学校からコレージュへの進学に当たっては選抜試験は行なわれない。また、後期中等教育への進学は、コレージュの学級委員会による進路指導などを通して行なわれ、通常、入学試験は実施されない。

教育条件に関しては、学級編制の基準は国民教育省が省令や通達で定めているが、その基準の内容は小学校では、学級の性格、割当て予算額などに関する国民教育省の方針に基づき大学区視学官が毎年決定する。コレージュでは、国の定める授業時間数に関する規則などに抵触しない範囲内で各校が独自に定める。リセでは一学級当たり生徒数を第一学年は三〇人以下、第二、三学年は三五人以下となっている。教員の配置の基準は、児童生徒数に応じて算出された延べ教育時間数や法令の定めによる教員の勤務時間数などにより、配置する教員数を決定している。通学区域に関しては、小学校、コレージュ及びリセのいずれについても通学区域が定められており、生徒は原則として区域内の学校に進学するが、一部の地域では通学区域を緩和する動きも見られる。

（4）ドイツ

主たる学校体系は4—5—1〜3制、4—6—1〜3制、4—9（8）制の三本立てで州により異なるが、義務教育は九年（六〜一五歳）で、一部の州では一〇年（六〜一六歳）である。初等教育機関は基礎学校（四年）で一部の州では六年となっている。前期中等教育機関には、ハウプトシューレ（五年）、実科学校（六年）、ギムナジウム（九年のうち最初の六年）があり、修了者にはハウプトシューレ修了証や実科学校修了証が授与される。

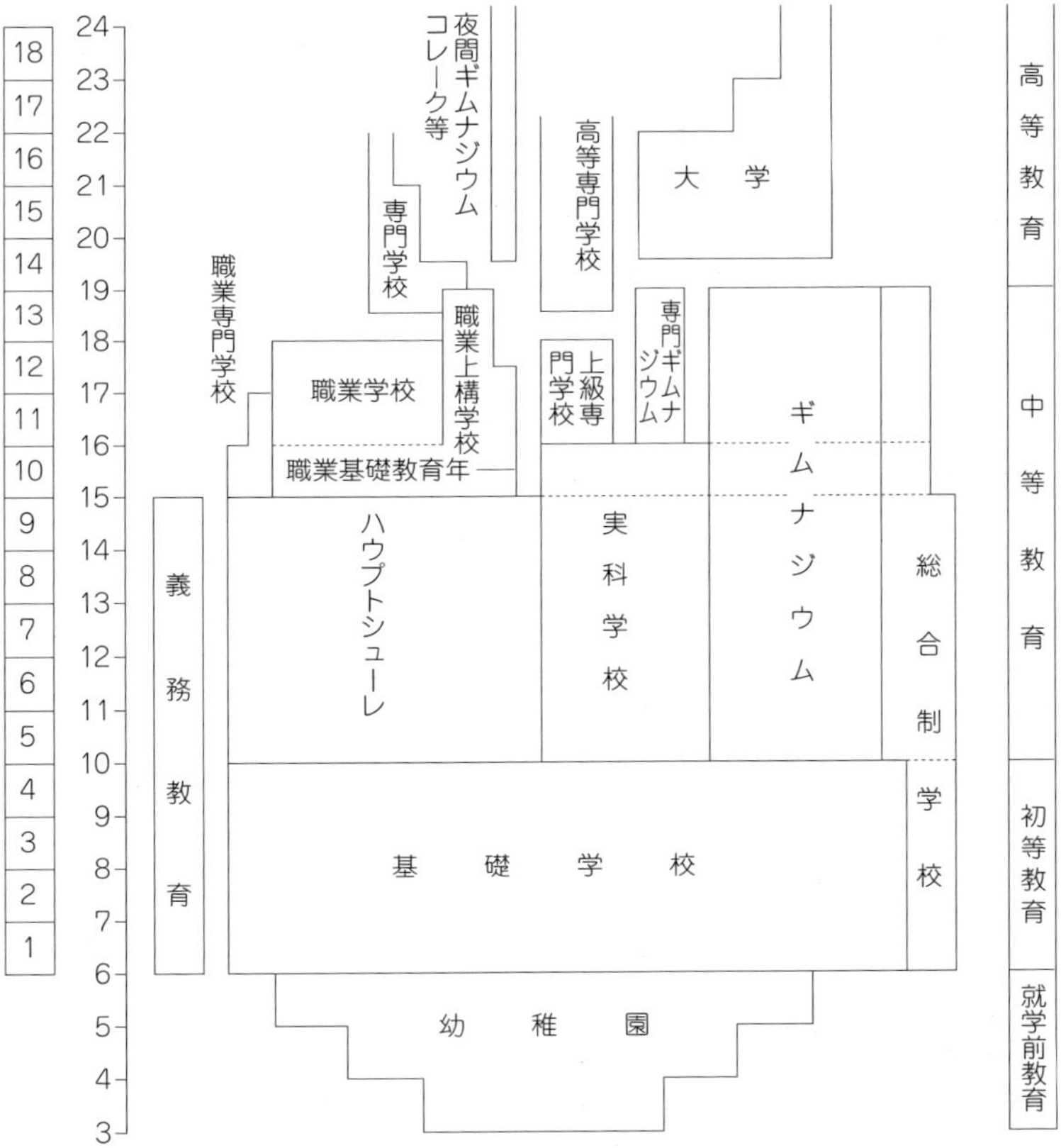

図10-4　ドイツの学校教育

（出典）文部科学省編『諸外国の教育の動き2004』2005年，x頁。

後期中等教育機関としては、ギムナジウム上級段階（一一～一三学年の三年間）と各種職業教育学校（学校種、課程により多様）がある。修了者にはギムナジウム修了資格（アビトゥア）、高等専門学校入学資格、各種の修了資格などが授与される。職業教育機関については、企業と職業学校における二元制の職業教育・訓練（通常三年）と各種の職業教育学校（年限は多様）がある。

教育の内容・方法に関しては、教育課程の基準を各州の文部省が定めており、教育目標については、各州の憲法、学校法において一般的な教育目標を示し、教育課程の基準において各学校種及び各教科の教育目標を定め、基準の内容としては教科の目標・課題、授業に関する指示（州により異なる）がある。学年度は法的には八月～七月であるが、実際は州や年により異なり、学期は二学期制で一学期は八月～一月末、二学期は二月始め～夏休みまでとなっている。授業形態・組織に関しては、基礎学校では学級担任制、ハウプトシューレ、実科学校、ギムナジウムではそれぞれ教科担任制である。

進級・進学制度に関しては、初等教育では各州が定めている所定の成績を修めていることが条件となり、多くの州では通常、基礎学校の第一学年から第二学年では全員進級を認め、修了の基準も所定の成績を修めていることで修了試験は行なわない。中等教育での進級の基準も各州が定めている所定の成績を修めていることで、多くの州では、通常、中等学校の第五学年から第六学年へは全員が進級する。修了の基準も所定の成績を修めていることと、ギムナジウムについては修了試験（アビトゥア試験）に合格することとなっている。進学制度は、基礎学校から中等学校（ハウプトシューレ、実科学校、ギムナジウムなど）への進学に際しては、基礎学校教員の所見などによるが、後期中等教育への進学には、所定の成績を修めていることが基準とされており、通常、試験はない。

教育条件に関して、学級編制の基準は、各州の文部省が法令で定めているが、その内容は各学校種、各学年毎の一学級当たりの標準人数、上限、一定範囲などとなっており、ほとんどの州では、基準としては基礎学校とハウプトシューレは二四人、実科学校とギムナジウムが二八人となっている。教員配置の基準は各州の文部省が省令で定めているが、その内容には教員一人当たりの児童生徒数の基準または一学級当たり教員数を定め、基準とされる教員一人当たりの児童生徒数は基礎学校で二五・一人となっている。通学区域については、基礎学校では各州が通学区域を定めているが、ハウプトシューレ、実科学校、ギムナジウム、総合制学校などについては、州により異なり規定のある場合とない場合がある。

(5) ロシア連邦

主たる学校体系は4(または3)―5―2制で義務教育は九年(または八年)(六または七歳～一五歳)である。初等教育は初等中等教育学校(一一年制)の第一～四学年、基礎学校(九年制)の第一～四(または三)学年と初等学校(四または三年制)である。前期中等教育機関は、初等中等教育学校や基礎学校の第五～九学年で行なわれ、修了者には基礎普通教育修了証書が授与されるが、全員が普通教育課程に在学している。後期中等教育機関としては、初等中等教育学校(第一〇、一一学年)、職業技術学校(通常二～三年制)、中等専門学校(三～四年制)、カレッジ(二～三年制)があり、修了者には中等普通教育修了証書か初級または中級職業教育修了証書などが授与される。

教育内容・方法に関しては、教育課程の基準としては、連邦政府が「全国共通スタンダード」を定めており、また、教育目標の規定としては、「ロシア連邦教育法」や「全国共通スタンダード」があり、基準の内容として

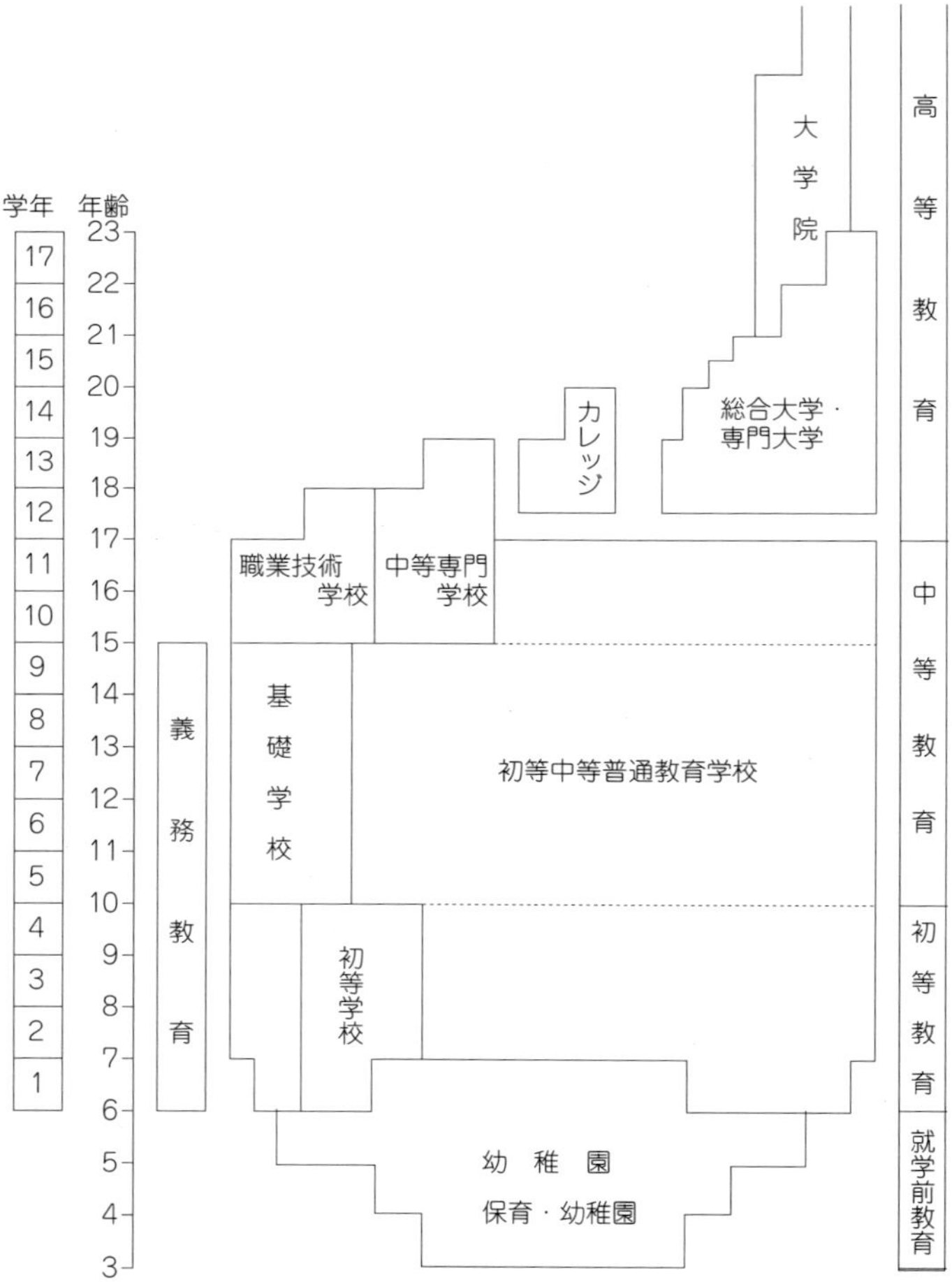

図10-5　ロシア連邦の学校教育

（出典）　文部省編『諸外国の学校教育（欧米編）』1999年，262頁。

は教育の目標、教科構成、時間配当、学校裁量の範囲が定められている。学年暦は原則的には各学校が決定するが、一般には九月一日～六月半ばまでである。学期は一般に四学期制であり一学期は九月～一一月初旬、二学期は一一月～一二月、三学期は一月初旬～三月末、四学期は四月～六月中旬までとなっている。

授業の形態・組織については、初等教育段階では学級担任制であるが、芸術、体育・保健については専科教員が担当し、中等教育段階では教科担任制である。進級・進学制度については、進級の基準として、学年度末の成績において二科目以上で落第点を取ると留年、補助学級へのクラス替え、あるいは家庭教育への移籍となり、落第点が一科目の場合は条件付き進級となる。中等教育の修了は、全国統一テストの合格が条件となる。進学制度については、前期中等教育への進学には初等教育の修了が条件となり選抜はないが、後期中等教育への進学には競争試験による入学者選抜がある。

教育条件に関しては、学級編制の全国一律の基準として「普通教育機関に関する標準規程」があり、その内容は初等中等学校においては二五人以下であり、外国語教育（四～一一学年）、労働教育（五～一一学年）、体育（一〇、一一学年）、物理、化学については都心部では一学級を二グループに分割し、農村部では一学級二〇人以下となっている。教員配置については各学校が決定するが、ただし、「全国共通スタンダード」と「普通教育に関する基準規程」により間接的に規定されている。

3　初等・中等教育の日本的特質

日本の初等・中等教育の特質が何であり、その形成過程を説明するのは難しい。それには二つの理由が考えられる。その内の一つは、学校は国民国家の形成と工業化社会の産物であるので、それがゆえに、どこの国でもフォーマルな教育制度に関しては大きな違いはない。二つ目の理由は、それがどこの国と比較するかによって違ってくることである。しかし、学校制度も社会制度の一つであり、その国の社会制度はその国の文化の影響を強く受け形成されるので、学校制度も国によって多少の違いはある。以上の事を考慮しながら初等・中等教育の日本的特質を考察してみた。

まず第一に欧米各国を見てみると、中等教育に関しては複線型学校体系をとっている国が多いが、日本の場合は単線型学校体系である。ドイツなどでは前期中等教育の段階から、ギムナジウム、実科学校、基幹学校に分かれている。フランスでは前期中等教育はコレージュに一本化されたものの、後期中等教育は多岐に分かれており修業年数も違っている。イギリスでは総合制学校が一般的であるが、総合制の場合には、学校内部で能力別学級編成や特定教科ごとの能力別学級編成が行なわれており、実質的には複線型学校体系に近い形態になっている。しかし、日本の場合には戦後の教育改革以降、ヨーロッパ型の複線型学校体系とは違いアメリカ型の単線型学校体系が制度として取り入れられている点が一つ目の特質である。

第二に年齢や在学年数を基準に学校での教育課程が組織されている点である。日本の義務教育諸学校では、学習の能力や成果に関係なく一年ごとに全員が一学年ずつ進級する。他の国々では、一般に自動進級の制度は通常みられない。欧米諸国をみると、フランスでは小学校（五年制初等教育）やコレージュ（四年制前期中等教育）など、義務教育レベルの学校段階でも毎年約一割の者が落第する。小学校でさえ一回も留年せずにストレートに卒業できるのは約半分で、一割の者は二回も落第する。アメリカの小学校でも平均五%の落第者が出る。落第に比べると、飛び級はそれほど一般的ではないが、アメリカやドイツでも行なわれ、なかでもフランスでは小学校の上級になると二～三％、コレージュやリセ（三年制後期中等教育）では四～七％の年少在学者がいると言われている。この違いの理由としては欧米諸国の学校教育の根底にある学年制＝能力制の考えと比べてみると、日本の場合は学年制＝年齢制の考えがあるからである。このように学習の進度に関係なく、在学年数だけで自動的に進級・卒業していく方式は日本的特色と言える。

第三に子どもの生活に占める学校の比重が他の国と比較して大きい点である。日本の学校の年間教育活動や一週間の授業時数は、欧米諸国と比べてほぼ一般的な水準である。しかし、日本の学校教育では、教科指導だけはなく、特別活動をも重視しており、放課後も各種の活動があるため、生徒が学校にいる時間は比較的長い。なかにはスポーツや文化関係の部活動などのため、夕刻まで学校に残っている生徒も少なくない。このように子どもの生活に占める学校教育の比重の大きいのが日本的特質と言える。

第四に義務教育の水準が比較的高く、また、効率的に学校が効率的に運営されている点である。二〇〇三年のOECD調査国際結果報告書によると、小・中学生を対象にした「OECD生徒の学習到達度調査（PISA）」では基礎学力低下が明らかになった。しかし、IEAが一九八六年に実施した「国際数学教育調査」、同じく一九九〇年に実施した「国際理科教育調査」、OECDが二〇〇〇年に実施した「国際学力評価」などの結果をみると、日本は欧米先進諸国と比べて平均点が高いだけでなく、比較的、分散が小さい点でも際立っていた。過去に学力テストなどで好成績が得られたのは、日本の学校経営がそれなりに効率的に円滑に機能していたからであったと言える。このように義務教育の水準が比較的高く評価され、効率的に運営されているのも特質の一つと思われる。

第五に人材選抜機能が入学試験に集中している点である。それが偏差値教育をもたらし、日本の学校教育を画一的で多様性の乏しいものにしているとの批判もあるが、しかし、今日、大学入試も多様化され、しかも四割ほどの大学で定員割れが生じている。このような現状のもと、計画的・体系的な受験勉強をして大学に入学する高校生は三割強に過ぎないとの指摘もある。にもかかわらず、難関校と言われる大学への入学準備に過熱化が見られる最大の原因は人材選抜が入学試験に集中しており、また、入試試験が学力テストの成績を中心に行なわれることにある。これに対し、高等教育機関への入学が、中等教育の修了を証する資格試験の合否ないしは成績によって決められる場合には、改めて入学選抜を行なう必要がない。フランスのバカロレア、ドイツのアビトゥア、イギリスのGCEなどの試験がそれである。また、入学選抜を実施するにしても、アメリカのように高校時代の評価や進学適性検査（SAT）の結果によって判定されるのであれば、受験勉強の必要はなくなる。

第六に児童・生徒の中に外国人の子弟を多数含み、きわめて多様な学習集団を対象にしている欧米諸国と比べ、日本の学校が同質集団により構成されている点がある。日本の学校教育はほぼ日本人だけを対象としており、外国人の学生や生徒は一部の地域を除き例外的存在にすぎないが、国際化の進展に伴って、外国人労働者の急増ぶりからみて、いずれその子弟の教育が重大な社会問題となってくることが予想される。すでに一部の地域ではその現象が見られるが、今後は学校教育における外国人子弟などの異質な文化的背景をもつ子どもの教育への対応がますます重要な課題となるであろう。

引用・参考文献

市川昭午　一九八八年『教育システムの日本的特質――外国人がみた日本の教育』教育開発研究所。
海外教育事情研究会編著　一九八二年『新しい世界の学校教育』第一法規出版。
国立教育政策研究所編　二〇〇四年『生きるための知識と技能』ぎょうせい。

中嶋博・仙崎武編著　一九八一年『世界の学校』福村出版。
二宮皓編著　一九九五年『世界の学校――比較教育文化論の視点にたって』福村出版。
二宮皓編著　二〇〇〇年『二一世紀の社会と学校――世界二四か国の教育政策から』協同出版。
二宮皓編著　二〇〇六年『世界の学校――教育制度から日常の学校風景まで』学事出版。
文部省編　一九九九年『諸外国の学校教育（欧米編）』大蔵省印刷局。
文部省編　一九九九年『諸外国の学校教育（アジア・オセアニア・アフリカ編）』大蔵省印刷局。
文部省編　一九九九年『諸外国の学校教育（中南米編）』大蔵省印刷局。
文部科学省編　二〇〇二年『諸外国の初等中等教育』財務省印刷局。
文部科学省編　二〇〇四年『諸外国の教育の動き２００３』独立行政法人国立印刷局。
文部科学省編　二〇〇五年『諸外国の教育の動き２００４』独立行政法人国立印刷局。
文部科学省編　二〇〇四年『データからみる日本の教育』独立行政法人国立印刷局。
論文編集委員会編　二〇〇五年『学力の総合的研究』黎明書房。

（奥川　義尚）

第11章　生涯学習

1　生涯学習の意義

パスカル（B. Pascal）は人間を「考える葦」と表現したが、人間を人間たらしめている特徴のうち、最も大きいものは脳の働きであると考えられる。脳は私たち人間に精神を与え、私たちを社会的人間として行動させている。医学の祖ヒポクラテス（Hippocrates）は「人は脳によってのみ、歓びも、苦しみも、悲しみも、涙のでることも知らねばならない。特に、我々は、脳あるがゆえに、思考し、見聞し、美醜を知り、善悪を判断し、快不快を覚えるのである」と書き残しているが、人間のこうした本質的な部分をつかさどるのが脳であり、人間を特色づけているものは、その作用としての知性であるということができる。人は知性をみがくことによって、社会的人間として立派に生きることが可能になる。

このことが、自己実現をめざして、充実した生き方を遂行する力となり、より良い人間社会の構築にも大きく寄与するのである。まさに、カントが言うように、人は教育によってのみ人間となるのであり、教育の重要性を示唆するものである。

元来、人は教育によって社会的人間となり、成長するものであり、家庭教育や学校教育に大きな期待が寄せられるのもけだし当然のことだと言わなければならない。しかし、今日のような変化の激しい社会にあっては、家庭や学校の教育だけで、一生涯にわたって、安心して生きていくことができなくなってしまった。かつて、学校等で学んだ知識は陳腐化してしまい、時代に適応できなくなってしまう。かくて、人は一生涯にわたって学び続けることが必要となり、生涯学習が要請される時代になった。学習なしでは安全に生きることすら危なくなってしまったのである。

急激な社会の変化をもたらしたものは、急速な発展を遂げた科学技術であった。これは、物質的な豊かさを招来したものの、一面では、いろいろな課題をもたらした。環境の汚染と破壊、つまり公害を生み、人間の生活や生命を根底からおびやかしはじめたのである。

人類がかつて経験したことのないような危機的状況を、いかに切り抜けていけばよいのか、といったようなグローバルな課題から、急激な社会の変化に適応し、どのように生きていけば良いのか、という個人レベルの課題まで、実にさまざまな課題が生じてきた。

こうした解決をせまる課題が山積する中で、ポール・ラングラン（P. Lengrand）がユネスコで提唱した生涯教育の考え方が多くの賛同を得て、生涯教育の重要性の認識が世界に拡がったと言えるのである。

わが国では、生涯教育の理念について、昭和五六年（一九八一）中央教育審議会答申では、「人間は、その自然的、社会的、文化的環境との関わり合いの中で自己を形成していくものであるが、教育は、人間がその生涯を通じて資質・能力を伸ばし、主体的な成長・発達を続けていく上で重要な役割を担っている……今日、変化の激しい社会にあって、人々は自己の充実・啓発や生活の向上のため、適切かつ豊かな学習の機会を求めている。これらの学習は、各人が自発的意思に基づいて行なうことを基本とするものであり、必要に応じ、自己に適した手段・方法は、これを自ら選んで生涯を通じて行なうものである。この意味では、これを生涯学習と呼ぶのがふさわしい。

この生涯学習のために、自ら学習する意欲と能力を養い、社会の様々な教育機能を相互の関連性を考慮しつつ総合的に整備・充実しようとするのが生涯教育の考え方である。言い換えれば、生涯学習とは、国民の一人一人が充実した人生を送ることを目指して生涯にわたって行なう学習を助けるために、教育制度全体がその上に打ち立てられるべき基本的な理念である」と述べている。

生涯学習とたいそうに言わなくても、私たち人間は、生まれてから死ぬまで、一生涯にわたって、頭で考え、知性を働かすことにより、人間としてよりよく生きているのであって、何も考えない生活はないのである。

教育によって獲得した人間らしさは、教育によって、より高められ、いろんな解決をせまられる課題の解決を成し遂げ、より高次の人間らしさへと成長していくのである。人間がよりよく生きるためには、「知的生活」を創造的に高めることが必要であり、コミュニティーの発展を図るためにも、豊かな知恵と知的エネルギーを育むことが何よりも重要である。人間が「知的存在」として最大限に発達するためには、「学ぶこと」が何にもまして重視されなければならない。

2　生涯学習の課題

生涯学習の課題には社会的課題と個人的課題とがある。社会的課題の中には社会的必要課題と要求課題がある。個人的課題の中には発達課題と欲求課題がある。

社会的に必要な課題というのは、社会の健全な維持発展の為に、社会人のすべての人が学び、共通理解する必要のある課題である。たとえば、人権問題、障害者問題、女性問題、在日外国人問題などがそれであり、公的な社会教育機関が学習機会を提供することが必要な領域であろう。要求課題に対しては、民間のカルチャーセンターなどが機会を提供することが多い。このような諸々の課題を解決するために、学習が展開されるのである。ここで各ライフステージごとの課題を概観しておきたい。

(1)　乳幼児期の課題

「三つ子の魂、百まで」と言われるように、この時期の教育は生涯にわたって影響を与えるほど人間形成にとって重要な時期である。この時期は教育の影響をもろに受けるという意味もあり、最も可塑性に富んだ時期である。したがって、基本的な生活習慣をきちんと身に付けさせることが大切である。家庭教育の意義をすべての親は悟るべきである。家庭教育をきちんと行なうことは親の責任である。親の悩みに応えて、社会教育としては就学前、就学期の子どもをもつ親のために「家庭教育学級」が開設されている。最近の児童虐待の事例などを見ていると、親が子の親としての役割を果たしていないケースが多い。親同士は手をつないで歩いているが、子どもはほったらかしという状態は、親が子どもを邪魔者扱いしている状況を象徴しているように思えてならない。

(2) 少年期の課題

小学生や中学生の少年期は家庭・学校・および社会という三つの場で生活している。これらそれぞれの生活環境から大きな影響を受けて成長していく時期である。家庭においては基本的な生活習慣とともに、ものの感じ方や考え方、価値観など人格の基本となるものが形成される。また、少年は家庭や地域社会などで、さまざまな経験をもつことによって、年齢の異なる集団での役割分担、協同意識に立つ生活訓練、自然の中での遊びと鍛錬、興味・関心のある事柄への持続的追求体験などを、少年たちの自発的な活動の中で体得していくのである。少年たちは近所の友達と一緒に、自由に遊ぶうちに人間として生きるのに必要なことを学んでいくのである。したがって、少年の発達にとって重要なのは文化の充実・向上という環境である。テレビをはじめマスコミやジャーナリストの担う責任は大きい。

(3) 青年期の課題

義務教育終了後の一五歳から二五歳未満の青年期は、自立意識に芽生え、一人前の人間として独立していく過程にある。青年達自身が自らのあり方をよく考え、創造的な自己開発を促し、よき伝統の継承を担う力を付ける学習が必要である。青年期の学習によって、その後の人生を逞しく生きていく力をしっかりと付けておくことが望まれる。

(4) 成人期の課題

社会的に独立し、責任を果たしうる成人期は、一人前の人間として、主体的に判断して最も充実した人生を創造することのできる時期である。今日のような社会変動の激しい時代には生涯教育の理念に基づいた学習が何よりも不可欠である。また、物や情報や余暇の「豊かな社会」において最も大切なことは「心の豊かさ」である。自己実現をめざした、生きがいのある人生を創造するためには、常に豊かな自己研鑽が必要である。人間は脳の機能による知性によって、人間たり得るのであるから、常に脳細胞を刺激して、より豊かで人間らしく生きるように心がけねばならない。

次に、女性の問題について考察しておこう。

今日の激しい社会変化により、女性の生活も大きく変わった。ライフサイクルを四つに分けてみる。第一期は自分の成長・教育期、第二期は次の世代の育成期、第三期は次の世代の育成義務からの解放期、第四期は老後である。この中で、現代の女性は第三期と第四期をどのように生きるかが大きな課題になっている。子どもの数の減少や平均寿命の伸長により、かつて女性がその生涯の大部分を出産、育児、家事で終えていた時代から大きく変化してこの後の人生がクローズアップされるにいたった。今では、末子が二〇歳になっても、母の年齢は四〇歳代であり、子どもを産み、育て上げてから、さらに三〇年、四〇年間もの長い中・高年齢期を送るという生活が実現したからである。家庭での生活についてみても、家庭電気器具やガス器具、既製衣料品、インスタント食品等の普及により、主婦の家事労働は軽減され、家庭人の余暇時間は増大している。一方、パートタイム労働など女性の就労は増加しているが、職業に関する知識・技術の未熟さなど、課題を多く抱えている。

こうした中で、女性がどのように生きていけばよいのか、とりわけ、第三期以後をいかに生きていくべきかが重要な課題となっている。

（5）高齢期の課題

定年退職後、生活を経済的にどのように支えていくのか、心身の健康保持をどうしていくのか、余暇の活用をどうするのか、今までと違う生活のリズムや地域社会との関わりにどう適応していくのかなどは高齢期の重要な課題であろう。社会的な医療保障や福祉、雇用政策とともに高齢者自身による社会的適応や自立のための学習、精神的な安定策など、生き方についての積極的な学習が不可欠である。

高齢期における一般的な学習課題を考察してみよう。次のような課題が考えられる。

① 生きがいの創造
　(1)家庭や地域における役割の確立
　(2)職業活動、ボランティア活動等への参加
　(3)余暇の活用　　など
② 高齢期にふさわしい社会的能力や自立自助の精神の涵養
③ 心身の健康の保持
④ 若い世代との隔絶の解消

次に、高齢化の段階に応じた学習課題を考えてみよう。

元来、高齢者は性別、年齢、健康状態、経済力、社会的地位などにより個人差が大きいので、多様な学習課題を考える必要がある。

ここでは、高齢者を次のように三つに区分して考えてみたい。

①　成人後期（おおむね五五～六〇歳前後の時期）

この時期は「定年退職時」を迎え、「子どもの独立」など、人生の大きな転換期であるが、なお職業生活を継続する人が多い時期であり、この時期には次のような学習課題が考えられる。

(1)定年退職後の生活設計と心構え
(2)再就職のための知識や技術の習得
(3)新しい人間関係への対応や新しい職業への適応
(4)子どもの自立、生活の変化への対応
(5)健康法や食生活のあり方　　など

②　高齢前期（おおむね六五歳前後の時期）

この時期は、いわゆる第二の定年退職を迎える時期で、職業を通じて生きがいを見出す機会が次第に減少し、家族の構成も末子の独立を迎え、配偶者との二人暮らしというケースが多くなってくる。したがって、この時期は余暇の増大に伴い、職業に代替する仕事を地域社会の中で求められることもあり（余暇の労働化）、次のような課題が考えられる。

(1)子どもの家庭との関係（孫の教育、家庭における自己の役割、財産分けなど）
(2)充実した余暇を過ごすための学習や趣味活動
(3)地域活動への参加
(4)高齢期への心構え

(5)健康法や食生活のあり方　　など

③　高齢期（おおむね七〇歳以降の時期）

この時期は体力が低下し、また病気にかかる割合も増加し、〝老い〟を自覚することが強くなるが、人格的にはますます円熟し、社会のために役立ちたい、人生を楽しみたいといった気持ちを強くもつようになる。そこで、次のような学習課題が考えられる。

(1)人間性を高めるための学習
(2)生きがい創造のための諸活動
(3)「老い」と「死」への対応
(4)身体の変化と病気、健康と長寿の心構え　　など

私達は、発達課題を克服しつつ、学習することを通じて、人間として成長し、成熟していくのである。人生を人間として有意義な、いかに充実したものにするかは、各人の主体的、積極的な生き方に関わっているのである。

3　職業と人間

職業と人間と教育とは、非常に関係が深くて、重要な意味をもつにもかかわらず、あまり考察の対象になっていないように思われる。そこで、このことを考察の対象としてみたい。

そもそも、人間は動物の一種である。動物は食わねば生きられない。食うためには働かなければならない。人間は社会的動物であって、社会を形成して、それぞれが社会的分業の一翼を担って職業という形で働いている。

職業に従事するためには一定の知識が必要である。ここに教育が行なわれるのであるが，当初は親やコミュニティの大人から学んで，その役割を遂行してきたが，やがて，社会の発展とともに組織的な教育――学校教育に依存するようになった。このことから言えることは，学ぶ目的は元来生きるためである。教育は自立を達成し，自律の可能な人を育てなければならない。教育は職業人の養成も期待されているのである。

したがって，子どもたちは将来の職業を念頭に置くことによって，教育の目的をより具体的に認識することができるようになる。職業は少年期・青年期を通して，学びの重要な契機となり得ることを知らねばならない。人間は職業を通して，生涯にわたって学ぶ契機を得ていると言ってもよいのである。

人間は誕生と同時に，あらかじめ存在する文化的な世界の中で，模倣・訓練などを通して発達していくものである。教育は子どもを一人前にするために，子どもの文化化・社会化を援助する営みでもある。問題は人間社会のこの様な「根源的所与性」（ランゲフェルド）の中で，いかにして自己を自覚し，人間になるのかという点である。子どもが親から独立して，自立するのは大変なことであり，「実りある緊張」を通して自己を確立して，人間として自律していくのである。

職業との出会いは，子どもが一人前の社会人として自律するための重要な契機となる。人間が人間になるために職業は重要な現実体験の場でもある。子どもは保護された世界から巣立つ時，その体験が苦痛を伴い，挫折を経て，自らを成長させ自律していくものである。そして，人が自律を成し遂げるのには，自己の責任において主体的に決断する場が必要であり，その意味でも職業は自己を主体者として確認する非常に良い機会である。

職業は社会人として，自己の社会的役割を果たすことにより，自らの生計を維持し，自己実現を図ることを可能にする。そもそも，一人では生きることのできない人間が集団の中で社会生活を営むためには，社会秩序を維持するルールを守る社会人にならなければならない。このことは社会に生きる人間の基本的な条件である。人は職業生活に耐え得る人間に成長してはじめて社会人として認められるのである。人はまず保護者から自立できてこそ、真の自律的な生き方が可能になるのであり、このことからも、職業との関わりは非常に重要である。この問題は教育を問う重要な視点のひとつでもある。

デューイはその著『民主主義と教育』の中でも指摘しているように、「職業の反対は閑暇でも教養でもない。職業の反対は、個人的には、無目的無規律であり、経験的業績の欠如であり、社会的には、無駄な虚飾であり、他人への寄生的依存である」[Dewey, "Democracy and Education" 1944. The Macmillan Company, New York, P. 307]。

職業と無縁に生きるということは社会への一方的寄生以外の何物でもない。職業との適切な関わりを絶って、社会の有能な一員を教育することは至難というより不可能である。私達は職業生活との関わりの中でいろいろなことを学び、さらに一層の自己成長を遂げていくものである。

もちろん、職業とは単なる機械的労働や、営利的業務だけを指すのではなく、あらゆる種類の技術的能力や、専門科学的能力や、有為な市民的資格などをも包含する、個性的・連帯的・生計的な行為を意味するものである。したがって、有為な社会人を形成しようとする人間教育はこのような意味からすれば職業的教育であると言わなければならない。

教育は、本来、社会生活の必要に応じて生まれてきた。経済的活動を中心として、各人各様の有機的な働きを必要とする共同社会のより以上の発達と向上のために、換言すれば職業生活を根底とした社会生活のより一層の発展のために教育は発生したものである。したがって、職業を通した教育は社会的人間の形成をめざす人間教育にとって大変重要な意義があると言わなければならない。

P・F・ドラッカーはその著『新しい現実』(*The New Realities*)の中で、これからは、教育も大きな変化を遂げざるをえないと述べ、知識社会の中で、知識労働者が圧倒的多数を占める時代の「知識」とは何か、「教育」とは何かについて興味ある提言をしている。「知識社会には、収入は豊かだが、生きるに値する生活を送っていないという、教育ある野蛮人はいらない。同じく、社会の役に立たない文化的暇人もいらない。したがって、知識社会における教育は、生徒にたいし、役に立つ技術を教えるとともに、徳を身に付けさせるものでなければならない」〔ドラッカー、一九八九、三五六頁〕。このように、ドラッカーは、知識があっても、野蛮人はいらないという。知識のある野蛮人が増えれば、地球は破壊され、人類の未来はなくなってしまう恐れがある。地球に忍び寄りつつある、スモッグ、海岸の油汚染や海水の汚染、酸性雨、有毒な排水、CO_2等による大気汚染が原因のオゾンホールの現出、放射性物質による汚染など、多くの公害が私たちの住む地球を破壊しつつある。狭小な自己の利益のために、人類の滅亡をもたらす野蛮人をつくってはならないと警告している。

さらに、ドラッカーは、人間の未来を破壊しないために、今日の教育のあり方を直視して、教育に対する考え方の中に、「職業」についての正しい認識や健全な職業観が必要であるというのである。かれは次のように言っている。「実は、生計の資を得るために必要な教育こそ、この問題を解く鍵かもしれない。今日の教育制度は、生徒に対し、やがて彼等が生き、働き、成果をあげていくことになる現実の世界に対する準備を、何らほどこしていない。今日の学校は、知識社会ではほとんどの人たちが従業員として、組織において生きるという事実を、未だに受け入れていない。教育を受けた者は、組織において、成果をあげることができなければならない。しかし、これは、今日の教育制度が前提としているものとは、まさに正反対である」〔ドラッカー、一九八九、三五八頁〕。今までの教育の卒業生に対する期待は卒業すれば、社会の指導者になることであった。人に雇われることなどは、想像もしていなかった。一方では、専門家として、独立して、あるいは、せいぜい数人のパートナーシップと活躍することを、前提としたものであったと指摘したうえで、これからの知識社会を考えると、知識者層が圧倒的多数を占める時代にあっては、ほとんどすべての人が、組織の中で組織人として働くのであるから、そのことを考慮にいれて、教育を考えるべきであるという。現在できていないこととして指摘しているのは、「すなわち、自らの考えを口頭あるいは書面で、簡潔、単純、明確に伝える能力、自らの仕事や貢献や経歴を方向づける能力、そして何よりも、組織によって、自らの望みを実現し、何事かを達成し、自らの価値観を実現するという能力を身につけさせようとしていない。しかし、実は、これは二五〇〇年前、プラトンの対話において、ソクラテスが、生きるに値する人生を送るための鍵として、すでに指摘していることである」［ドラッカー、一九八九、二五八頁］と述べ、真に教育ある人間とは、いかなる存在であるべきかを、考える必要があると提言している。

これから、本当に求められる教育というものは、人類の未来を思い、全世界的な視野の中で、一生涯にわたる教育のあり方を考える、文字通り、グローバルな教育観に支えられたものでなければならない。そのためには、人生の基盤である職業生活を念頭においた上で、一人ひとりが充実した楽しい人生が送れるよう、時宜に応じた賢明な判断のできる自律した人間の形成に努めなければならない。この場合、知性の元になる知識教育とともに、人道に外れない、道徳的人間の形成を怠ってはならない。最近は心の教育の必要性が叫ばれているが、私達は物質文明を謳歌しているうちに、精神や心が腐り、非人道的な人間が多数排出されている現状を打破しなければならない。ドラッカーもこのことを強く指摘している。特に、リーダーには知性と価値観と道徳が要求される。「今日、道徳教育は人気がない。それは、あまりにしばしば、思考や言論や反対を抑圧するために濫用され、権威への盲従を教えるために使われてきた。すなわち道徳教育自体が、これまで、あまりにしばしば、非道徳的であった。……最近の教育界が提案しているように、道徳的な価値観を切り捨ててしまったのでは、教育は間違った価値観を生徒たちに植えつけてしまうだけである。」〔ドラッカー、一九八九、三四五頁〕と述べ、道徳観の必要性を訴えている。いずれにしても、これからは、「教育ある人間」とは、どのような存在であるのか真剣に考えるべき時である。教育こそ、広い視野、適確な判断、人類を破滅に導かない叡智を創造していくものでなければならない。

4　発達課題の解決をめざす生涯学習

一つの世代から次の世代へ移る間の人間の一生とその発達上の一連の過程をライフサイクル（life cycle）という。ライフサイクルには生まれてから死にいたるまでに、いくつかの重要な出来事いわゆる道標（メルクマール）がある。たとえば、入学、進学、就職、結婚、親になること、子どもの独立、退職などは人生の道標である。人は誰もがこれらの節目・道標を越えて、生きていく。これが人生の過程である。

つい先頃まで、「人生はわずか五〇年」であったものが、今日では、平均寿命が大きく伸び、人生は八〇年時代に突入した。出生率と死亡率の低下によって、急激に少子高齢化社会になった。このような変化と相俟って社会も急激に変化しつつある。経済状況の変化や技術革新の進展、核家族化の拡がり、情報化、グローバル化など、先人の誰もが経験しなかった急激かつ大きな変化に遭遇して、不安の中で暗中模索し、指針がなく、一〇〇年一日の如く過去の知識だけでは生きていけなくなってしまった。こうした中で誰もが、否応なしに人生いかに生きるべきかを真剣に考えざるをえなくなった。

子どもの数の減少は、人間のライフサイクルを変え、末子を独立させても、その後四〇年近くも生きていくわけで、人生の後半をどのように充実したものとして生きるかが重要な課題となり、一人ひとりが人生の生き方を問われることになってきたのである。ここに生涯にわたる学習の必要性が生じることになった。

ハヴィガーストは『人間の発達課題と教育』の冒頭で「生活することは学ぶことであり、成長することも学ぶことである」と言い、人間は一生涯学習するものであり、現代のように変化の激しい社会では、変化に適応するためにも学習しなければならないと提言している。また、彼は「発達課題」という概念を提起し、これを「個人の生活の一定の時期に起きる課題で、その成功的達成はその個人を幸福に導き、以後の課題を成功に導くものであり、またその失敗は個人の不幸と社会からの不承認を招き、後の課題の達成を困難ならしめるもの」としているが、彼の言う発達課題を各ライフステージごとに見事に達成しつつ、充実した、生きがいのある人生を送ることが大切である。人によって、何が生きがいになるのかは一概に言えないにしても、生活しつつ、学ぶ中で、自己実現をめざした意義ある人生を送りたいものである。それぞれの人生をどのように生きるかが私たちに課せられた大きな課題である。

私たちは学習を通して、社会的課題や発達課題を解決していかなければならない。ここで話題にしている発達課題の克服は人間が社会でよりよく生きていくのに、避けては通れない課題であり、考えてみれば、人生とは課題解決の連続であり、そのためにも生涯にわたる学習が必要なのである。発達課題については、ハヴィガーストだけでなく、エリクソンやレヴィンソンなども触れているところであるが、人間が一生を生きていくのにはそれぞれの時期のタイムリーな課題を、その都度適確に解決して、逞しく生きねばならないのであるから、先を見通しての学習が望まれるというべきであろう。さらに、人間の発達可能性は死を迎える寸前までであると言われている。したがって、学習によって、より良い課題解決を図り、人生をすばらしい意義あるものにしたいものである。

5 生涯学習の展望

生涯学習の問題は結局のところ、人間の生き方や人類の在り方に関わっていると言わなければならない。ローマ・クラブが一九七二年に『成長の限界』(邦訳、ダイヤモンド社)、『転機に立つ人間社会』(一九七四年)、『国際秩序の再編成』(一九七六年)、「消費の時代を超えて」(一九七六年)、『人類の目標——地球社会への道』(一九七七年)、『限界なき学習』(一九七九年)(いずれも邦訳はダイヤモンド社)と公刊された一連のレポートでも明らかにされているように、人類の危機的状況は、二一世紀に入った今日でさえ、未だに解決への方途を見出せぬまま、現実の大きな課題として迫って来ている。人間中心で他を省みない科学技術の進歩のもたらすものが地球を破滅に向かわせ、人類の生存をも脅かしつつあるとき、私たちは今こそ地球上における人類共同体の生存を保障しうる知恵を出すべく、学び、考察し、賢明な行為を創出しなければならない。人間が賢明に生きるためには学び、考える社会をつくり、知恵を生かした行為を実践するしかない。生涯学習の意義を全世界の人類が正しく理解し、実行に移し、危機を救い、幸せな生活を享受できるようにしなければならない。一例を挙げれば、石油が三〇年以内に枯渇することが識者の間でやっと認識されだしてきた。以前から言われてきたように脱工業化社会にならざるをえないし、資源・エネルギー問題の解決を図るとともに、生き方の発想を根本から考え直さざるをえないのである。

このような状況を考えるとき、人類にとって、生涯にわたる学習は不可欠であり、今日のような変化の激しい社会では、生涯にわたる学びは、よりよく充実した人生を送るためにも不可欠なのである。それならば、生涯学習社会の構築に国を挙げて取り組まなければならない。昭和五六(一九八一)年の中央教育審議会「生涯教育について」の答申以来、平成二年には「生涯学習の振興のための施策の推進体制等の整備に関する法律」が施行されている。平成四年には「今後の社会の動向に対応した生涯学習の振興方策について」(生涯学習審議会答申)が出され、平成一〇(一九九八)年には「社会の変化に対応した今後の社会教育行政の在り方について」(生涯学習審議会答申)により、行政の取組について条件整備が図れるようにしている。先の平成四年の答申の中では、家庭に対して、次のように呼びかけている。「子どもの人間形成にとって、家庭は重要な役割を有している。家庭は最初の学習の場であり、また、学校、社会と並ぶ生涯にわたる学習の場として位置付けられる。家庭は、生涯学習の原点として、乳幼児期から豊かな心、自ら学ぶ力、学習する意欲や個性、基本的生活習慣を培う基盤としての役割を担っている。家庭において、親子や家族が共に楽しく学び、生涯学習に取り組むことは、子どもの人間形成にとって有意義であり、親子相互の理解を深め、互いの啓発・向上にも役立つものである。各家庭において、教育信念を持つと共に、生涯学習に親しむ雰囲気を育て、学びやすい環境を作ることが望まれる」と述べているが、各家庭をはじめ、地域社会も、学校も企業もすべての関係者が学びの環境を醸成することに一層心配りをすることが強く期待されているのである。

地域では、公民館が、村や町の中核として、子どもたちの健全育成や大人たちの暮らしやすい環境整備に向けて全力を挙げて取り組まなければならない。休業状態の公民館をあちこちで見かけるが、行政や社会教育主事をはじめとする関係者の怠慢だと言わざるをえない。各家庭、地域、公民館、生涯学習センター、学校、企業、各行政機関がネットワークでつながり、暖かい人の輪作りがなされたら、どんなに明るい社会になることだろうか。

ネットワーク化で考えておかなければならないことは生涯学習論の理念である「垂直的統合」と「水平的統合」を実現することである。言うまでもなく、垂直的統合は人が生まれてから死ぬまでの一生涯にわたる教育を統合して考え、生涯学習的視点から学習の在り方をその都度点検し、継続的に学習していくことである。一方、水平的統合は各学習関連機関が有機的に密な連携を図り、一人ひとりの学習者がその成果を上げやすい環境づくりを行なうことである。

生涯学習社会の構築のためには、行政も企業もＮＰＯ他あらゆる諸団体も全力で取り組まなければならないが、根本的には人の問題である。人が本当に人類のサバイバルを賭けて生涯学習の必要性を自覚し、自他のために協力して、まともな社会づくり、まちづくりに動き出すことである。自他ともに、一人ひとり力を合わせて、人類の幸せを保障する道を追求してゆくことがとりもなおさず生涯学習につながっていることを悟らなければならない。

今後の、生涯学習論にとって重要な問いは主体形成の問題と学習内容と方法の問題であろう。

引用・参考文献

讃岐幸治・住岡英毅編著　二〇〇一年『生涯学習社会』ミネルヴァ書房。
讃岐幸治・住岡英毅編著　一九九四年『生涯学習』ミネルヴァ書房。
生涯学習・社会教育行政研究会編集　二〇〇三年『生涯学習・社会教育行政必携』第一法規。
新堀通也編　一九八一年『社会教育学』有信堂。
新堀通也　一九八九年『生涯学習体系の課題』。
関口礼子・小池源吾・西岡正子・鈴木志元・堀薫夫著　二〇〇二年『新しい時代の生涯学習』有斐閣アルマ。
竹内義彰編著　一九八七年『教育と福祉の統合』ミネルヴァ書房。

P・F・ドラッカー、上田惇生・佐々木実智男訳『新しい現実』ダイヤモンド社。
波多野完治　一九七二年『生涯教育論』小学館。
南澤貞美編　一九九四年『21世紀を展望する教育』晃洋書房。
南澤貞美編　一九九一年『自律のための教育』昭和堂。
村田　昇　一九九四年『これからの社会教育』東信堂。
ポール・ラングラン、波多野完治訳『生涯教育入門』第一部・第二部（財）全日本社会教育連合会。
ローマクラブ、大来佐武郎監訳　一九七二年『成長の限界』ダイヤモンド社。
Dewey, John, 1944, Democracy And Education MaCmillan Co.

（崎野　隆）

第12章　教養教育の歴史

1　教養教育の位置

本章は、ささやかな歴史的考察を通して、教養教育の可能性や今後の方向について考えようとするものである。前世紀の終わりごろから、わが国では、大学・高等教育における教養教育の振興をうながす声が高まっている。二一世紀に入ると、教養教育の充実を、高等教育にとどまらず、教育全般の大きな課題として取り上げる動きも出てきた。「すべての人が生涯にわたって教養を広げ、深める」ための政策提言（中央教育審議会答申「新しい時代における教養教育の在り方について」二〇〇二年二月二一日）がなされるほどである。しかし本章では、問題の拡散をさけるため、一般に広く用いられる意味、すなわち義務教育終了以降の段階でなされる「高等普通教育」の意味で、教養教育をあつかいたい。

やや単純化して言えば、およそ教育の社会的な機能には二つの面がある。すなわち一つは、個々人の特性を伸ばし、それぞれの職能にそって社会に組み入れていく働き、そしてもう一つは、共通の学習を通して、社会の統合に不可欠な知識、価値観、生活様式や態度等の共有を成員間に図る働きである。社会学者デュルケームの言い方を借りるなら、教育の役割は、社会存続の条件である成員間の「多様性」と「同質性」とを、ともに確保するところにある。

われわれの学校制度は、こうした課題にそって、初等段階で成員間の「同質性」を育てる普通教育を集中的に行ない、中・高等教育とすすむ中で、「多様性」を養う職業教育や専門教育の比重が増すという構造をもっている。大学など高等教育の場合、「専門教育」と「教養教育」という区分立てが当今一般的であるが、その「教養教育」は、通常、対象を分けたり限定したりしない共通教育のかたちで行なわれるものであり、初等・中等段階のように標準化されているわけではないが、普通教育に類するものである。

こういった現行の制度のもとで、高等教育の関心が専門知識や職業技能の修得にかたむくことはどうしてもさけられない。学校教育の「仕上げ」の場とされる大学は、わが国では、専門性を柱にした学部学科制の構造をもっている。大学における教養教育の存在は、その組織原理からは見えてこないものなのである。

だがたとえ専門化が主要課題とされる高等教育機関であっても、それが社会人育成の場である以上、幅広い知識やバランスのとれた人間性の涵養に寄与しなければならないという原則が立てられている。たとえば、大学の目的にかんする学校教育法の条文――「大学は、学術の中心として、広く知識を授けるとともに、深く専門の学芸を教授研究し、知的・道徳的及び応用的能力を展開させることを目的とする」(第五二条)――にもそうした趣旨は明らかである。こうした規定は、抽象的な表現ではあっても、教育をトータルな人間形成と切り離して考えない、われわれの基本的な教育観を反映した普遍性をもっている。

ところで、高等教育における普通教育にたいして、なぜ「教養教育」という表現が使われるのであろうか。「教養」の意味を統一的に確定することは難しい。かつては、学識に裏打ちされた世界観や生活態度といった規範的なニュアンスが共通理解であったと思われるが、今日では、機能性に重点をおいて、知的な問題解決能力一般を指して用いられることもあり、多義的なことばである。ただしいずれの場合も、知性を基盤とした高い人間性といったものを含意しており、高等教育に関連して用いられるのには、歴史的な背景があるようである。

かつて高等教育は、それ自体が選ばれた少数者のものであった。「教養」は、そうした限られた機会の中で養われるエリートたちの人格性の象徴であったにちがいない。しかし現在、高等教育の普及はめざましく、わが国でも「大衆化」の段階をはるかにこえて、進学率五〇％を上回る「ユニバーサル化」の段階に入っている。教養教育も、特権などとは無縁の、万人に開かれたものとなった。われわれが構想しなければならないのは、一般市民にあまねく共有される教養のあり方である。

こうした課題を確認し、それを達成するための指針もしくは反省の糧を得るために、以下、教養教育の歴史をスケッチする。とくに、時代や地域をこえる影響力をもった思想や実践に焦点をあてたい。

2　「リベラル教育」の源流——古代の思想と学問

日本語の「教養教育」に類するもっとも古い概念は、欧米における「リベラル教育」（liberal education）である。「リベラル教育」は「職業・技術教育」（vocational or technical education）と相対立する理念として長く用いられてきた。その起源は古代ギリシアにさかのぼる。

「リベラル教育」を、「自由人にふさわしい学芸教育」の意味に定式化した人物として、哲学者アリストテレス（Aristoteles, B. C. 384–322）の名が挙げられる。アリストテレスは、人間の生活を大きく「多忙」のためのものと「閑暇」のためのものとに分け、職人・農民・奴隷の生産労働から軍人・政治家などの公的活動までもふくむ前者にたいして、哲学や自然研究、さらには音楽や美的な技芸といった「高尚な楽しみ」に向けられる後者の自由人の生活を称揚した。有用性や必要性にとらわれない、知性の自己充足的な活動のために「教えなければならない教育」とアリストテレスが述べた、その「自由人的なもの」の具体的な中身の確定が、次の時代にすすめられることになる。

ヘレニズム期には、知性を偏りなく開発する「一般教養課程」（ギリシア語でいう「エンキュクリオス・パイディア」、英語の encyclopedia の語源）の標準化がなされ、やがてローマ期に入って、その科目群が「自由学芸七科」（ラテン語では septem artes liberales）と呼ばれるものに整理された。すなわち、言語に関わる文法、弁証術（後に論理学）、修辞学の「三学」、そして数と形に関わる算術、幾何、天文、音楽理論の「四科」である。後世の「リベラル・アーツ」の祖型であるこの七科を修得することが、当時の知識人の資格要件となった。このうち「三学」は、後にギリシア以降の歴史や詩文、倫理学といった人文学的諸学をもふくむものに拡がっていく。「自由学芸」は当時の主要な学問を包括する体系であったのである。

実践や実用を重んじるローマ人は、そうした学芸教育を、ギリシア風の純粋学術的な色あいではなく、むしろ社会的な効用において重視した。ローマ市民の理想像である雄弁家の教育を論じたキケロー（Cicero, B. C. 106–43）やクインティリアヌス（Quintilianus, 35?–95?）に共通するのは、文学、修辞学、歴史、法学、哲学などの広範な知識が、高い道徳性や優れた政治的・法律的判断力、そして説得力に富んだ表現力につながることへの確信であった。「自由学芸」教育は、理論と実行力、学識と人格性をあわせ育てて将来の国家的指導者を産む、高度な実学教育の機能をもっていたのである。

3　中世の大学とリベラル・アーツ

キリスト教があらゆる文化的価値を独占する中世社会にあっても、古代の学問を集約した「自由学芸」の教育上の価値は失われなかった。

教会支配の学校教育体制下で、「自由学芸」諸科は、修道院学校や教会の本山学校といった当時の中・高等レベルの教育機関のカリキュラムの主柱となって、修道士の神学研究の基礎課程、あるいは僧侶の職業的訓練の役割をはたした。やがて一二世紀の後半には、スコラ哲学のかたちで体系化された神学、そして古代以来の知識が蓄積された法学と医学のための高度な研究・教育機関として大学が誕生する。ボローニャとパリにはじまり次いでオクスフォードと各地に創建されていく大学には、それぞれの学問分野の教師たちによって「学部」（facultas）と呼ばれる組織が生まれた。そして、神・法・医、三種の専門学部で学ぶ上での予備的課程を修める学芸学部（facultas artium）が設置され、基礎学術としての「リベラル・アーツ」のセンターとなる。ヨーロッパ一円から聖職者、法律家、医師といった高度な専門職をめざして集まってくる若者たちは、まずこの学芸学部で当時の学問のエッセンス――七科すべてが学ばれたわけではなく、実際はアリストテレスの論理学、倫理学、自然哲学が主要科目であったが――の修得に励んだのである。

大学では教科書も講義その他の教室用語もすべてラテン語で行なわれるため、入学者はあらかじめその読み書きを身に付けておく必要があった。かれらのために、修道院学校や本山学校のほかに、俗人の寄贈する文法学校が各地に設けられるようになる。こうして中等レベルの予科的な機関を経て大学の学芸学部で学ぶ「リベラル教育」のコースが定着する。それは専門職業教育に先立つ基礎課程の制度化されたパターンとなったのである。

4 人文主義と「リベラル教育」

一四世紀にはじまるルネサンスの文芸復興は、この「リベラル教育」を人文主義の色に染め変えた。ラテン語に加えてギリシア語も重視されるようになり、人間性の自由な発動をうながした古代人の精神を象徴する「フマニタス」(humanitas——人間性、人間の文化・教養)を合言葉に、自由学芸の中身も変化していく。すなわち、かつて最重要とされた論理学に代わって、文法が、古典文学や古代史の内容をふくむ科目として首座を占め、修辞学も文学の批判的研究というかたちに発展する。数学や自然科学系の学問に進展がなかったわけではない。しかし、自由学芸修得の目的は単に広範な学識ではなく、ギリシア・ローマの古典研究を通して自らの人間性を磨き高めることにあるとする観点が基本となって、「リベラル教育」は教養の高い理想を負うものとなる。「それ(自由人にふさわしい学問)はわれわれがそれによって徳と知とを獲得し実践するにいたるところの学問であり、人間の精神および身体の最高の資質がそれによって覚醒され訓練され発展させられて、あらゆる善きことをなしうるようになるところの学問である」(ヴェルジェーリョ)。

この時期にはまた、大学の外に数多くの文法学校が新設された。今日も中等教育機関として存続するそれらの中に、ギリシア風の呼称を持つ校種(ドイツの「ギムナジウム」←古代ギリシアの体操場、フランスの「リセ」

↑アリストテレスの私塾リュケイオン）があるところに、当時の人文主義の昂揚と影響力の大きさをうかがうことができる。「リベラル教育」と人文教養はこの時期に固く結びついた。そして「リベラル教育」は、専門教育の基礎課程という従属的な性格を脱して、人間性の調和的な発展をめざす教養教育の範型となり、後代まで支配力をふるうことになるのである。

5　教養教育の近代化――イギリスにおける「リベラル教育」論争

一九世紀に時代は飛ぶ。近代的な国家社会の建設をすすめる先進諸国のあいだでは、初等教育の国家的制度化や中・高等教育の拡大振興への取り組みがすすめられた。その動きの中で、中・高等教育の指導理念として数百年間優位を占めてきた「リベラル教育」も、はじめて深刻な批判にさらされ、自己改造をうながされることになる。その経緯をイギリスに見ていこう。

産業革命を終え、世界最大の工業国となったイギリスにあっても、一九世紀前半までの教育制度改革は緩慢であった。中等教育の実態は、貴族や地主階級ら一握りの富裕な階層の子弟がパブリック・スクール（私立の文法学校）で漫然と古典語のドリルを繰り返すことだけであり、かれらを迎え入れる高等教育機関、すなわちオクスフォード、ケンブリッジ両大学も怠惰な有閑知識人のクラブと化して、学術研究はもとより、本来の務めである専門職業教育なども実質的に放棄された状態であった。

一般社会の大変動の外で安眠をむさぼってきたこれらの機関にたいし、世紀半ばには、国家の介入を求める厳しい世論の批判が高まった。その底流には、今や古典学習とほとんど同義語と化した「リベラル教育」が、「産業と民主主義の時代」に存在意義をもちうるか否か疑問視する声がある。そこから、教養教育の目標や方法を再検討する議論が当時の知識人たちの間で広く展開されることになった。その主だった中身を取り上げよう。

（1）古典と科学

討論の口火を切ったのは、産業化の原動力である科学的知識の普及を訴える主張であった。その中でひときわ目立ったのは、教養の代名詞のような古典文芸の不当なあつかいを痛烈に指弾する思想家スペンサー（Herbert Spencer, 1820–1903）の発言であった。

社会進化論の立場から産業型社会をさらに推し進めようとするスペンサーは、生活上の有用性に即した、知識の正しい優先順位の確定をせまる。われわれの通常の生命活動は、自己保存にはじまり、生活必需物の確保、子孫の養育としつけ、つづいて市民としての社会的・政治的活動といった順で緊要性が高く、その最後に趣味と感情を満たす余暇活動が来る。そして生活の必要不可欠の部分を支えているのは、生理学、数学、物理学、生物学、社会学、心理学などの自然や人間・社会についての実証的な知識であって、最後の余暇活動のみが、文学や芸術といった美的な教養の領分ということになる。

スペンサーは、産業社会の一分子である平均的な市民、すなわち職業労働や家庭管理、納税や選挙などの公民的義務からなる日常生活を堅実におくる普通人の利害を代弁している。教育は人びとのそうした実生活をよりよく準備する手段でなければならない。古典語の心得があって「原語でダンテが読めても」、健康な育児ができなければナンセンスなのであって、もともと古典教養などは支配階級の地位を表す無為な「装飾物」にすぎない。科学の教科でカリキュラムを埋め、文芸を本来の末位に引きずりおろすべし……。徹底した合理主義と実学主義によって、生活に根をもたぬ「リベラル教育」を断罪したのである。

スペンサーほど激烈ではなく、科学の導入は「リベラル教育」を生き返らせるという説得力のある論旨で改革派をリードしたのがハクスリー（Thomas Henry Huxley, 1825–1894）である。生物学や地理学の業績で著名なハクスリーは、生活直結の実用主義ではなく、自然科学のもつ人間形成的な意義を強調した。科学の本質は、観察―推理―実験―判断という経験的・合理的な認識方法にあり、この点で人間の知性の訓練手段として科学に勝るものはない。「リベラル教育」が、精神の知的な機能を広く陶冶する趣旨のものであるなら、科学を排除した内容ではほとんど成果は期待できないのではないか、と。

ハクスリーはさらに教養の本質という問題にも踏みこんでいく。同時代の評論家アーノルド（Matthew Arnold, 1822–1888）によれば、教養（culture）の本質は「人生の批評」（criticism of life）にある。人間的な理想や基準にもとづいて実生活で経験するもろもろの事象を批判的に吟味検討する習慣の意味である。ハクスリーは、この定義そのものはよしとしながら、その批評の基準が「すべて文芸によって提供される」という見解に異議を唱える。それは「三百年前なら」通用する主張だが、「現代の際立った特徴」が自然科学の知識の「日増しに増大する役割」にあることを無視した独断である。科学の知識は生活の便宜や産業の繁栄を左右するにとどまらず、自然の法則を、「過去の権威」からではなく「自らの理性」を通して認識させることで、われわれの世界観を誤りから護ってくれる。そうした「精神の科学的習慣」から生まれる「科学的な人生批評」（scientific criticism of life）こそ、「教養」のより正確な定義にほかならない。

人文主義の側はこうした科学者の攻勢にどう反撃したか。ハクスリーの直接の争論相手となったアーノルドは当時から高名な詩人・文筆家であったが、また視学官の職務を通して公教育の拡充に尽力した行政官でもあった。

中等教育の目標を「一般的かつ自由学芸的な教養」(general and liberal culture)と定めたかれの姿勢は決して固陋なものではなく、自身のヨーロッパ各国の教育事情の知見に拠って、イギリスの教育界にはびこる狭量な科学軽視や古典偏重をいましめるものでもあった。知識の中に卑俗とか不純とかいった上下差はない。むしろアリストテレス以来のギリシア精神に鑑み、「人間についての知識」と「自然についての知識」の「等しい尊厳」をわきまえ、すすんで「知識の全領域」に通じることがあるべき姿ではないか、と。

しかしながら、文明批評や社会批判を公にする中で、アーノルドの人文主義者の面目が次第に露わになる。産業化社会の物質主義、あるいはデモクラシーと自由主義が産み落とす無際限な欲望肯定の風潮を糾弾するアーノルドは、それを精神の「無秩序」と呼んだ。繁栄のかげのこの深刻な病理を癒すために教育制度の公的な組織化、とりわけ新興の商工業者ら中流階級のための中等教育の整備が急務である。そこで第一に教えられるべきは、知識でありながら単に事実の認識にとどまらず、学ぶ者の行動や美にたいする感覚までも洗練して「人生の批評」の基盤となる、文学・歴史・哲学などの人文的教科であり、なかでもその精髄である古典である。それらが人間性の全体的な完成という教養の理想へかれらの眼を開かせる。「シモニデスの誕生からプラトンの死にいたる二世紀にわたるギリシアの文芸の諸業績」にまさる「実り豊かな考察の対象を……人はどこにも見出すことはないだろう」。科学の進展とその成果に眼をつぶるのではない。しかし俗悪な現実への無批判な追随の歯止めとなるのは、人間の価値についての「最良の知識」以外にありえない。「教養の使徒」と呼ばれたアーノルドにとって、古代の知識は、スペンサーがいう「もっぱら装飾の用しかなさぬ」もの以上の「何らかの知識」だったのである。

「リベラル教育」論争の主戦場は、こうした科学推進派と古典擁護派との間の教育内容の優位をめぐる討論であった。しかしその枠を超えた議論も現れた。人文的教養教育を推進するためには、古典教育への固執はむしろ妨げとなるという観点である。

哲学者シジウィック（Henry Sidgwick, 1838-1900）は、人文主義的な教養観に共鳴しながら、同時に無益な古典崇拝をしりぞける発言で注目された。「人間を人間たらしめる教養」（humanizing culture）の源泉に、どうして古典が君臨してきたのか。中等教育の場で長く信奉されてきた——難解な文法訓練が判断力や記憶力などの精神機能を強化するという——古典語の形式陶冶の効能の教説はきわめて疑わしく、権威化されている古典文学の美的、道徳的価値という点も実は独善的な盲信に近い、とかれは論断した。

シジウィックの見るところ、アーノルドらの古典賛美は誤った、もしくは過大な評価以外のものではない。したがって「われわれのこの時代に、古典がどうあっても文芸教育の〈土台〉、〈基礎〉、〈骨格〉になければならぬというのは、奇怪な幻想としか考えられない」。古典は人類の英知の宝庫と言われるが、それら抜きでも、当代の「知的生活」を教導するような指針——「鼓舞、範例、および警鐘の材料」——には、「近代の歴史がていねいに教授され、近代文学のよく配慮された選集が与えられるならば」なんら事欠くことはない。あえていうなら、完璧な美的表現とたたえられてきた作品でも、公正かつ冷静な眼で吟味したとき、「虚飾」「安っぽい装飾」「優美さの欠如」「不細工な手並み」などの欠陥を免れてはいないし、他方でわれわれは、「ことばの芸術家」と称賛される著者たちの「止まらない饒舌」や「際限のないマンネリズム」に惑わされてきたのではないか……。

人間性の理解を深めるという点で、文学や歴史の教養としての価値は疑えない。だが、どうあってもそれを古代人から拝受せねばならぬ理由もない。シジウィックの意図は、一九世紀の「リベラル教育」を実質的なものにすることにある。かれには教養教育が「一般大衆」（mass）にも開かれていくという明確な時代の見通しがあり、さらに、人文教養の本質的要求は「偉大な国民文芸のどれかひとつ」を適正に学ぶことで十分に満たされるという実際的な判断もあった。そこから、古典語の大幅削減、英語・英文学コースの必修化、そして自然科学系教科の増設というかれのカリキュラム改革案が出され、まもなくそのすべてが実現される。アーノルドが願う真の「文明化」を達成するためには、人文主義の側にも修正が必要であった。シジウィックにとってそのポイントは、「リベラル教育」を窮屈で形骸化した古典崇拝から解放することだったのである。

（2）大学の理念

古典か科学かという議論は、このように単純な二者択一ではなく、「教養」の本質やその普及の方途をめぐる論議を喚起し活発化させたところに意義があると言えよう。そのきっかけは主に中等教育の内容であったが、大学についてはどうだったのか。

一九世紀のヨーロッパでは、ドイツの大学が、フンボルトらの指導によって研究活動を中軸にしたアカデミックな大学モデルを打ち立て、アメリカをふくむ世界に強い影響力をふるった。しかしイギリスの場合、大学の再生の要は教育機関としての充実、とりわけ教養教育の成功にあるという論調が顕著だったところが注目される。代表して二人の人物を取り上げよう。

大学の使命とは何か。生粋の大学人でもある神学者ニューマン（John Henry Newman, 1801-1890）によれば、それは若者の「知性の啓発」（intellectual culture）以外にはない。大学は学生が技術や職能を養う訓練所ではなく、また学者が研究に専念する施設でもない。静穏な環境の中で、リベラルな学習と豊かな人的交流を通して学生が知性を磨き、「精神の哲学的な習慣」を獲得する場なのである。

大学では当然、学問のあらゆる領域が教えられる。それぞれの教科目は、知識のための知識、すなわち純粋な自己目的的活動として追究された真理を伝えることで、学生たちの精神を「拡張」し、開かれていく物質界・精神界の実相をあくまで「一つの統一体として眺める」心性を育てていく。知性の重要な働きは、知識の多量な蓄積、あるいはその実生活への活用といったことにあるのではなく、宇宙のあらゆる存在・事象は「相関的な機能をもった一つのもの」、つまり互いに結びつき「徐々に真の中心へと収斂する一にして全なるもの」であるという永遠の真理の中に安らぐところにある。学問の諸分野に広く通じることは、実は世界を統括するこの一つの知を深めることにほかならない。知識の統一性を前提としたニューマンのこうした教育観が、すべては全能の神の計らいと考えるキリスト教的な世界観に基づいていることは言うまでもない。

同時に、アリストテレスの影響も明らかである。実生活の利害を離れて神の業を観照する精神の境地が「リベラル教育」の変わらぬ到達点とされている。その成果である「精神の哲学的な習慣」とは、何事も神の秩序のふさわしい位置に収まるはずとする、受容性と包括力に富んだ世界認識の態度ということができる。

「リベラル教育」の古典的理念を復活させようとしたニューマンの教育論は、格調高いがやや難解でもある。しかしかれが「リベラル教育」の目標は「ジェントルマンを育てる」ことだと語ったことによって、その理想に訴求力が加わった。寛容、忍耐、礼節、自己抑制、他者への配慮、等々――教養ある紳士の条件として今日も想起されるこれらの徳性は、ニューマンによれば、世俗的ではあるが、「磨かれた知性が形づくる倫理的性格」の有力な表現にほかならない。大学は、密度の高い人格的接触の中で学識と人間愛と社会性をそなえた若者を輩出する機関、という意味で知性の府たりうるのである。

一方で、ニューマンの高邁な理想とは必ずしもかかわりなく、産業社会の需要にこたえた大学の拡充あるいは増設がすすんでいた。しかし卒業生がどのような職業に就くにせよ、社会全体から見ればかれらがほんの一握りのエリートである状況は変わらない。したがって学生たちが、「啓蒙された公衆」(enlightened public)、すなわち民主主義社会の指導的市民の資質を満たすかどうかは、大学の社会的効用に関わる重要課題である。在野の思想家J・S・ミル(John Stuart Mill, 1806–1873)は、そうした問題関心から大学教育を論じた。

「大学の目的は、熟練した法律家、医師、または技術者を養成することではなく、有能で教養のある人間を育成することにあります」とミルは言う。大学は、社会の進歩、文明の発展を担う市民の中核的部分を形成する公共的な機関であり、その成否の鍵は「一般教育」(general education)にある。それは「知力」(understanding)と「全般的知識」(general knowledge)をかねそなえた「一般教養」(general culture)を培う趣旨のものである。教養の本旨は、単なる知識の量や受容力ではなく、自らの思考と判断によって確実な知識を産出する力、そしてそうした知力の検証を経て消化され必要に供される多方面の知識ということになる。

理性的な思考力の訓練には、観察と論証の模範である実験科学と数学、そして推論の理論的な反省である論理学が欠かせない。自然科学、とくに物理学と化学はここでそうした「知力」を育てる重要な役割をする。

ミルの言う「全般的知識」の範囲は広い。そこには人間と社会をあつかう種々の学問が網羅される。古典の諸学も、哲学・文学・歴史、いずれの分野についても人間性の探求と表現の精華として不動の位置を占める。そして近代の実証科学は、生理学・心理学といった人間の科学、さらに歴史学、経済学、法律学などの社会系の科学まで、文明の現段階を見通し、そこで起きる諸問題の基本的な性格を知るために、たとえ「入門程度であっても」修得しなければならない。卒業生には、「人間精神があつかう主題の中でもっとも複雑」な「政治と市民社会」について世論をリードする、知識人としての務めがあるからである。

しかし「一般教育」の中身はこれにつきない。ミルは道徳と宗教についても、倫理学や教会史といった客観的・学問的知識として教授されるべきだという。権威による強制的な教化は、知性的な生き物である人間への冒瀆であるが、そうした生き物にふさわしいかたちで信仰を形成するのを助けることも、「大学の本分」の一つである。ミルはまた、文学や美術の鑑賞を通した感情教育の意義を力説する。たとえば優れた詩を味わうときの美的な感受性は、つねに人格向上への意欲や同胞愛といった倫理的な感受性を同伴する。「高尚な感情」がわれわれの「高尚な思想」を準備するのである。

ミルは快楽を善とする功利主義の立場をとるが、人間の真の満足と幸福は、快楽の量ではなく質の高さにあるとする理想主義的な捉え方をしていた。物質的貧困の根絶や政治的・社会的平等の達成、さらには人類全体の知的道徳的進歩といった「高貴な快楽」へ、人々の志向を結びつけること——かれにとってあらゆる教育の最終目標はそこにある。われわれの感情的・情緒的側面も、適正な教育の中で磨かれていくならば、知性の活動をより高く方向づけ、実りあるものにする豊潤な土譲となるのである。

ニューマンとミルの教育論には、基本的な世界観や社会認識にへだたりはあるが、ともに、人間の知的な発達と社会的な人格の深まりとの相関への確信がある。人間の「全体的」な完成は、知力だけでなく、もろもろの力の「調和的」な発展によって果たされるというヒューマニズムの精神が、およそ教養教育論の変わらぬ基調となるということだろう。

6　二〇世紀の大学と教養教育

二〇世紀の高等教育の進展を世界的にリードしたのはアメリカである。アメリカの高等教育システムの最大の特徴はその多様性にある。ヨーロッパ諸国あるいは日本の大学が、学術研究ないし専門職業教育を中心に「専門大学」化の方向を歩んだ――イギリスも結局、普通教育を制度としては大学から切り離した――のにたいし、アメリカはその面での高度化に先んじることはもちろん、エリート型でない、開かれた「リベラル教育」、すなわち「一般教養的高等教育」（ベン＝ダヴィド）の組織化によって、高等教育の大衆化にも成功したのである。その新しい「リベラル教育」の柱が、ミルらの思想にも連なる「一般教育」であった。

（1）一般教育の進展――大学のアメリカ・モデル

アメリカの大学教育は、イギリスをモデルにした植民地時代のカレッジ教育にはじまる。それは、将来の聖職者、法律家、行政官といった地域社会のリーダーを、古典学、数学、哲学などの基礎学術的教科の必修課程によって育てようとするものだった。そうした高等普通教育の伝統は、今日も小規模の私立「リベラルアーツ・カレッジ」群の存在に受けつがれている。一九世紀に入ると、研究や職業教育に力を入れるアメリカ型の総合大学が興隆・発展し、二〇世紀には大学院という専門性の象徴的機関も普及する。しかし、高等教育が拡大、多様化していく中でも、学士課程教育から「リベラル教育」の理念が放棄されることはなかった。草創期以来「象牙の塔」的な性格とは無縁で、実社会に密着した市民万人の機関として発展してきたアメリカの大学では、狭い専門性をこえた「共通学習」（common learning）の枠組みがあることが当然と考えられてきたのである。

今日、学士課程のカリキュラムは、個別履修の専攻必修科目と自由選択科目、そして共通履修の一般教育科目の三要素が、ほぼ均等の割合で構成しているのが通例である。職業志向が強まる傾向にあっても、一般教育が「リベラル教育」の砦としての地歩を保ってきた背後には、世紀全体を通してうねりのように繰り返された一般教育振興運動がある。

第一次世界大戦後には、いくつかの有力大学で共通必修の概論コース——社会全般の問題や現代文明の構造を多方面の学問領域から学ばせるもの——や、過去の名著の集中的な読解から西洋文明の継承者としての知的アイデンティティを得させようとする「グレイト・ブックス・カリキュラム」などの試みが行なわれ、他大学にも影響を与えた。第二次大戦後の改革モデルとなったのはハーバード大学で、一九四五年の報告書『自由社会における一般教育』(General Education in a Free Society) は、学生たちを個別のキャリアに向けて準備させるとともに、中等教育とも連携して「市民として、そして一つの共有文化の継承者として分かちもつ共通領域に適応させる」教育も大学の務めであると述べ、一般教育と専門教育のバランスを強調した。そして提唱された人文学、社会科学、自然科学の三系列での配分必修方式は多くの大学で採用され、わが国の新制大学の一般教育の原型ともなった。

近年では、一九八〇年から九〇年代にかけて「一般教育リバイバル」と言われる動きが見られた。すでに完全に大衆化され、人種・民族や年齢、国籍など多種多様な学生が就学する高等教育の新時代を迎えて、「普通教育」としての一般教育の役割を見直し、新たなプログラムを起こす試みがアメリカ全土で行なわれた。そこでは、市民教育として多文化理解や地球規模の現代問題理解が広く採り入れられる一方、学生の八割近くが通う公立大学では、読み書き計算の基礎学習技能の伸長・定着に精力が向けられるような側面もあった。今日もなお、建学の精神、資力や規模、学生の層や学力・関心といったそれぞれの条件のもとで、各大学の模索がさまざまにつづいている。

（2）わが国への一般教育の導入

第二次世界大戦後の学制改革によって、日本の大学にも一般教育が導入された。戦前の大学は基本的にドイツ型の研究大学をモデルとし、教育面では専門職業教育の機関と位置づけられていた。それにたいし、「あまりにも早く」かつ「狭く」行なわれる専門化と職業教育偏重を批判したアメリカ教育使節団の勧告（一九四六年）と占領軍当局の強い後押しをうけて、制度改正がなされたのである。従前の種々の高等教育機関を一元化して発足（一九四九年）した新制四年制大学は、前期二年を一般教育にあてること、そこで学生は（卒業必要単位一二四のうち）一般教育課程…三六単位、外国語…八単位、保健体育…四単位を最低履修することが、一律に義務づけられた。一般教育科目は、人文科学、社会科学、自然科学の三系列からそれぞれ三科目以上の選択履修という規定であった。

この（外国語、保健体育をふくむ広義の）一般教育の形式は、ハーバード大学など当時アメリカの多くの大学で採られていた方式に準じたもので、その意味では知識と視野の広さを養う市民教育の理念を負っている。しかしながら、一般教育の意義や役割についての十分な理解と議論がなされぬまま見切り発車的にスタートしたこの課程には、配置された教員の位置づけや授業体制における専門課程との格差の問題や、高校での普通教育との相違が不明確であることなど、制度上の難点も最初からつきまとっていた。いわば強制された、硬い構造の定量履修方式は、その後わずかな修正はあったものの基本的に変えられぬままつづけられ、各大学の熱意を欠いた機械的な運営とあいまって、一般教育は、学生にとっても魅力のない、形骸化した単なる卒業要件の一部のようになってしまったのである。

（3）教養教育の新局面

二〇世紀の終盤には、わが国の高等教育の大衆化も一段とすすんだ。そこで量の拡大を中身の多様化と質の向上につなごうとする政策がとられ、「大学設置基準」の大綱化（一九九一年）がなされた。教育課程については、大学の自由なカリキュラム編成が認められ、従来の一般教育・専門教育の科目区分も撤廃された。各大学はそれぞれの教育理念・目的にそって、教養と専門性を統合した独自の学士課程構築に取り組むこととなった。四〇年以上をかけて、本来のアメリカ・モデルを受容することになったわけである。

しかし一般教育の義務的な枠組が取り除かれたことは、多彩な実践を促進するどころか、逆に教養教育をいっそう衰退させる結果をもたらした。新設置基準に、教育課程の編成原理として「専門の学芸を体系的に教授するとともに、幅広く深い教養及び総合的な判断力を培い、豊かな人間性を涵養する」ような「適切な配慮」が明示されたにもかかわらず、大半の大学は専門分野を増強し、旧一般教育分野を「全学共通科目」や「教養科目」の名のもとで縮小開設するカリキュラム・シフトをとったのである。

こうした状況にたいし、九〇年代の大学審議会は、前後三回の答申の中で改革要求を提示した。とくに一九九八年の「二一世紀の大学像と今後の改革方策について——競争的環境の中で個性が輝く大学」は、「課題探求能力」すなわち「自ら主体的に学び、考え、柔軟かつ総合的に判断できる能力」の育成を学士課程の最重要課題に掲げ、これまでの専門教育のあり方を改めて、学士課程全体として教養教育を推進すべきことを提言した画期的な答申であった。専門教育を「基礎・基本」のレベルにしぼり、「幅広く深い教養、高い倫理観、実践的な語学能力・情報活用能力」の育成を通して「課題探求能力」を養うという答申のヴィジョンは、これまで専門性の向上を「錦の御旗」に掲げてきた「学部教育」に大きな方向転換をせまるものである。

こうした思い切った提言の背景には、学術の高度化や学際分野の出現、さらには職業界の変貌といった専門性に関わる諸変化に、大衆化による学生層の多様化が重なって、もはや専門性の完成を学士課程の射程に収めることが困難になった現実がある。生涯学習体系への制度の移行が謳われる中で、大学の学士課程では、不十分な専門性よりもむしろ生涯学びつづけるための土台となる「より普遍的な教育」（九八年答申）を優先すべきだという判断がなされたのである。

二一世紀のわが国の大学は、こうして学士課程全体の「リベラル教育」化というべき再編成の課題と向き合うことになった。ただし工学系、医療系などのように職業技術教育の徹底を基本姿勢とする機関もあって、従来の専門学部制の全面変容が起こることは考えにくい。しかし国際、情報、環境、人間、文化、現代社会等の名称を冠した多くの新設学部がすでにそうであるように、今後、一定の専門性を標榜しつつ全体としては総合教養課程的な性格をもつ教育組織が、学士課程の主流となっていくことが予想される。そこでは、将来に向けた「自分探し」を行なう多数派の一般学生のために、普通教育のプログラム開発がさらにすすめられるだろう。

すでに初年次教育や補習教育（remedial education）といった、基礎的な学習力を開発するプログラムが多くの大学で採り入れられている。英語や情報処理技術などのコミュニケーションスキル教育は一貫して盛んであるが、近年は、「生き方」や「職業観」の確立をうながして学生の社会的成長を支援する「キャリア教育」への取り組みも目立っている。現代社会の重要問題を学際的に扱うコア科目や総合科目なども一般化したが、海外研修や課外活動、インターンシップの奨励などもふくんで、学生のリアリティを尊重した体験的学習が重視される傾向が全般的に見られ、かつての学問体系（discipline）を基盤にした講義中心の教養教育のスタイルに大きな変化が認められる。

学士課程が自立した市民にふさわしい知識、能力、態度を養う幅広い学習経験の場となるためには、流行を追う小手先の改装に終わらない、大学の本腰を入れた姿勢が緊要である。教員組織の抜本的な改編をふくめた教育サービス体制の構築がその鍵となるだろう。

引用・参考文献

天野郁夫　一九九九年『大学――挑戦の時代』東京大学出版会。

有本章編　二〇〇三年『大学のカリキュラム改革』玉川大学出版部。

M・アーノルド、多田英次訳　一九六五年『教養と無秩序』岩波文庫。

江原武一　一九九四年『大学のアメリカ・モデル――アメリカの経験と日本』玉川大学出版部。

大﨑仁　一九九九年『大学改革1945～1999』有斐閣。

W・B・カーノカン、丹治めぐみ訳　一九九六年『カリキュラム論争――アメリカ一般教育の歴史』玉川大学出版部。

絹川正吉・舘昭編　二〇〇四年『学士課程教育の改革』（講座「二一世紀の大学・高等教育を考える」第三巻）東信堂。

清水畏三・井門富二夫編　一九九七年『大学カリキュラムの再編成――これからの学士教育』玉川大学出版部。

上智大学中世思想研究所編　一九八五年『ルネサンスの教育思想（上）』（教育思想史V）東洋館出版社。

H・スペンサー、島田四郎訳　一九八一年『教育論』玉川大学出版部。

大学教育学会25年史編纂委員会編　二〇〇四年『新しい教養教育をめざして』東信堂。

大学審議会　一九九八年「二一世紀の大学像と今後の改革方策について――競争的環境の中で個性が輝く大学」（答申）。

土持ゲーリー法一　二〇〇六年『戦後日本の高等教育改革政策――「教養教育」の構築』玉川大学出版部。

E・デュルケーム、佐々木交賢訳　一九七六年『教育と社会学』誠信書房。

J・H・ニューマン、田中秀人訳　一九八三年『大学で何を学ぶか』大修館書店。

T・H・ハクスリ、佐伯正一・栗田修訳　一九七一年『自由教育・科学教育』（『世界教育学選集』36）明治図書。

C・H・ハスキンズ、青木靖三・三浦常司訳　一九七七年『大学の起源』社会思想社。

J・ベン＝デビッド、天城勲訳　一九八二年『学問の府――原典としての英仏独米の大学』サイマル出版会。

前田博　一九七〇年『自由人の育成と一般陶冶』未来社。
H・I・マルー、横尾壮英・飯尾都人・岩村清太訳　一九八五年『古代教育文化史』岩波書店。
J・S・ミル、竹内一誠訳　一九八三年『ミルの大学教育論』御茶の水書房。
Arnold, M., 1960–5, *The Complete Prose Works of Matthew Arnold*, R. H. Super ed., The University of Michigan Press, Ann Arbor.
Curtis, S. J. and Boultwood, M. E. A., 1961, *A Short History of Educational Ideas* (3rd ed.), University Tutorial Press, London.
Harvard University Committee on the Objectives of a General Education, 1945, *General Education in a Free Society*, Harvard Univ. Press, Cambridge, Mass.
Sidgwick, H., 1868, "The Theory of Classical Education," F. W. Farrar (ed.), *Essays on a Liberal Education* (2nd ed.), Macmillan, London, pp. 81–143.

（竹熊　耕一）

教育学の根本問題

2006年11月30日　初版第1刷発行　〈検印廃止〉
2009年3月30日　初版第2刷発行

定価はカバーに
表示しています

著　者　奥川義尚　川村覚昭
　　　　嵜野　隆　竹熊耕一
　　　　田中圭治郎　村島義彦

発行者　杉田啓三

印刷者　江戸宏介

発行所　株式会社　ミネルヴァ書房

607-8494 京都市山科区日ノ岡堤谷町1
電話075-581-5191／振替口座01020-0-8076

共同印刷工業・新生製本

ISBN978-4-623-04749-9

Printed in Japan

執筆者紹介（執筆順，執筆担当）

川《かわ》村《むら》覚昭《かくしょう》　第１章・第２章
京都府生まれ
京都大学大学院教育学研究科博士課程修了
現在　京都産業大学文化学部教授（教育学博士）

村《むら》島《しま》義《よし》彦《ひこ》　第３章・第４章
大阪府生まれ
大阪大学大学院文学研究科博士課程修了
現在　立命館大学文学部教授

竹《たけ》熊《くま》耕《こう》一《いち》　第５章・第12章
熊本県生まれ
京都大学大学院教育学研究科博士課程修了
現在　京都学園大学経済学部教授

田《た》中《なか》圭《けい》治《じ》郎《ろう》　第６章・第８章
大阪府生まれ
京都大学大学院教育学研究科博士課程修了
現在　佛教大学教育学部教授（教育学博士）

﨑《さき》野《の》　隆《たかし》　第７章・第11章
京都府生まれ
立命館大学経済学部経営学科卒業
京都大学大学院教育学研究科留学修了
現在　立命館大学教職教育推進機構教授

奥《おく》川《がわ》義《よし》尚《ひさ》　第９章・第10章
徳島県生まれ
オクラホマ州立大学大学院教育学研究科博士課程修了
現在　京都外国語大学外国語学部教授（Ed. D.）

人名索引

事項索引

●サ　行

●マ・ヤ行

●ラ　行